JN409726

안드로이드 프로그래밍

차병래 · 오덕신 · 김용일 공저

오래전, 뜻하는 대로 삶이 이어지지 않던 한 친구(?)가 있었다. 어느 날, 무심코 바라본 친구의 휴대폰 액정 화면에는 '겨울이 가고'라는 문구가, 최근에는 '생각중...!'이라는 문구가 들어 있었다. 오랫동안 겨울 속에 살고 있는 그 친구의 힘겨움을 알고 있는 나는 그 문구가 유난히 가슴 아프게 다가왔다. 그리고 그 순간, 그 친구에게 봄을 가져다주고 싶다는, 봄을 느끼게 해주고 싶다는 생각을 했던 것 같다.

소설가 E.T.A 호프만의 원작으로 만든 힌데미트의 오페라 <키르디야크>에 의하면, 옛날 파리에 금세공사가 살고 있었다. 그를 보면 사람들은 모자를 벗고 인사를 하며 예를 갖춘다. 그가 귀족보다 높은 지위도 아니니 분명 의아한 광경이지만 이유가 있었다. 그가 만든 금세공품은 워낙 아름답고 훌륭하여 모두가 그를 경배하는 것이다. 그런데 그를 둘러싼 괴소문도 하나 있었으니, 그의 작품을 구입한 사람은 하나 둘씩 죽는다는 것이다. 그런 무시무시한 이야기가 있음에도 불구하고 모두가 그의 작품을 갖고 싶어 하며, 여전히 그의 금세공품은 잘 팔렸다. 어느 날 훌륭한 금장 허리띠 하나가 팔렸으며, 구입한 사람은 금세공사의 외동딸을 사모하는 청년이었다. 청년은 그녀의 환심을 사기 위해 그녀가 가장 존경하는 아버지의 작품을 선물하려고 한 것이다. 금세공사는 그가 딸을 위해 구입한다는 사실을 알고 한사코 팔지 않으려 했지만, 청년은 돈을 치르고 허리띠를 빼앗다시피 가져가 버린다. 이 이야기의 결말은 무엇일까? 밤이 되자 금세공사는 복면에 칼을 품고 나가서 청년을 살해하려고 한다. 바로 그가 자신의 고객들을 죽인 살인범인 것이다. 돈 때문일까? 아니다. 그는 자신의 작품이 위대하다는 것을 잘 알았고, 걸작을 남에게 넘기기 싫었다. 그래서 팔고 나면 후회가 되어 구매자를 살해하고 작품을 다시 거두는 것이다. 사실 화가든 조각가든 작곡가든 옷을 만드는 사람이든 예술가는 혼신을 다한 작품을 남에게 준다. 작품이 팔리면 기분이 좋을까? 잘 팔려서 돈을 번다면 기뻐하는 사람이 예술가일까? 도리어 파는 것이 너무 아쉬울 때, 그 작품이 걸작이고 그가 진정한 장인이 아닐까? 이런 생각을 해본다.

우리 공학도들은 사실 그런 걱정이 필요하지 않다. 새로운 것을 창조 및 개발하기 위한 단지 집요할 정도의 집착과 열정 그리고 정열이 필요할 뿐이다. 앞의 글귀들이 두서없이 쓰여 졌지만 본 교재에 의해서 많은 공학도들에게 겨울의 추운 마음에 하나의 따스한 봄을 느끼게 했으면 하는 마음이다. 최근 4~5년간의 시간은 우리나라 역사상 IT 시대의 암흑기이었다. IT라는 여의주를 움켜주고 희망을 머금기 위해 비상하는 黑龍과 같은 그런 해가 되었으면 한다.

끝으로 이 책이 집필되어 완성되기까지 3번의 시도가 있었는데, 그때마다 격려해준 김형근 사장님과 거칠고 투박한 원고의 오타 및 편집을 꼼꼼히 도와준 편집부에게 감사를 드린다.

저자

CHAPTER 01 안드로이드

1.1 안드로이드(Android) ··· 9
1.2 안드로이드의 부팅 과정과 소스코드 구조 ··· 17
1.3 안드로이드 애플리케이션 생성 절차 ··· 20
1.4 개발 툴 설치하기 ··· 21
1.5 테스트 프로젝트 생성하기 ··· 39

CHAPTER 02 안드로이드 문자열 출력 프로그래밍

2.1 프로그래밍의 시작 : 프로젝트 생성하기 ··· 47
2.2 화면에 문자열 출력하기 ··· 55
2.3 프로그래밍으로 화면 레이아웃 구성하기 ··· 59
2.4 XML로 화면 레이아웃 구성하기 ··· 64

CHAPTER 03 애플리케이션의 구조와 사용자 인터페이스 살펴보기

3.1 Activity ··· 69
3.2 Broadcast Receiver, Service, Content Provider ··· 73
3.3 프로세스 라이프사이클 ··· 74
3.4 화면 구성 요소들의 계층 구조 ··· 76
3.5 레이아웃 객체 ··· 79
3.6 XML을 이용한 화면 디자인 ··· 96
3.7 후킹, 이벤트, 테마 ··· 99
3.8 ListView ··· 104
3.9 GridView ··· 108
3.10 Gallery ··· 113
3.11 Spinner ··· 120
3.12 WebView - 구글 홈페이지 띄우기 ··· 126

CHAPTER 04 폼 요소와 위젯

4.1 ImageButton ········· 131
4.2 EditText ········· 136
4.3 CheckBox ········· 138
4.4 RadioButton ········· 141
4.5 ToggleButton ········· 145
4.6 TimePicker ········· 149
4.7 DatePicker ········· 153
4.8 TabWidget ········· 157
4.9 TabWidget 사용하기 - TitleBar 제거 및 아이콘 추가 ········· 161

CHAPTER 05 그래픽 2D

5.1 그래픽 2D 1 - 안드로이드 아이콘 띄우기, 커스텀 뷰 활용 ········· 167
5.2 그래픽 2D - SurfaceView 활용 ········· 170
5.3 그래픽 2D - onTouchEvent 사용하기 ········· 179
5.4 그래픽 2D - 아이콘 여러 개 띄우기 ········· 182
5.5 그래픽 2D - ACTION_DOWN 사용하기 ········· 189

CHAPTER 06 카메라 서비스

6.1 카메라 애플리케이션 ········· 191
6.2 카메라 서비스 프레임워크 ········· 195
6.3 카메라 서비스 프레임워크의 동작 ········· 198
6.4 카메라 미리보기 ········· 206

CHAPTER 07 전화 통신과 SMS

7.1 전화 통신 ········ 213
7.2 SMS와 MMS ········ 225

CHAPTER 08 블루투스, 네트워크, 그리고 Wi-Fi

8.1 블루투스 이용하기 ········ 235
8.2 네트워크 연결 관리하기 ········ 250
8.3 Wi-Fi 관리하기 ········ 255

CHAPTER 09 센 서

9.1 센서와 센서 매니저 이용하기 ········ 261
9.2 센서 값 해석하기 ········ 265
9.3 나침반 센서, 가속도 센서, 방향 센서 이용하기 ········ 266
9.4 나침반 만들기 - 컴파스 ········ 271
9.5 센서 테스트 ········ 282
9.6 디바이스 진동 제어하기 ········ 288
9.7 DDMS ········ 289

CHAPTER 10 안드로이드 고급 개발 I

10.1 안드로이드 보안 ········ 297
10.2 웨이크 락 이용하기 ········ 300
10.3 안드로이드 텍스트 음성 변환 소개 ········ 301
10.4 음성 인식 ········ 304
10.5 MP3 Player 만들기 ········ 307
10.6 비디오 플레이어 ········ 324

CHAPTER

11 안드로이드 고급 과정 Ⅱ

11.1 init 프로세스 ······ 331

11.2 JNI(Java Native Interface) ······ 342

11.3 NDK(Native Development Kit) ······ 344

11.4 Zygote ······ 346

CHAPTER

01 안드로이드

1.1 안드로이드(Android)

안드로이드 플랫폼은 운영체제, 미들웨어, 키(key) 애플리케이션들을 포함한 모바일 디바이스에서 사용하는 소프트웨어 집합이다. 개발자들이 윈도우에서 애플리케이션을 개발하듯이 안드로이드 SDK를 사용하면 안드로이드 폰에서 동작하는 애플리케이션을 만들 수 있다. 안드로이드에 관련된 정보는 안드로이드 사이트 http://www.android.com에서 얻을 수 있으며 [그림 1]과 같다. 이번에는 안드로이드의 특징과 안드로이드 아키텍처에 대해 살펴본다.

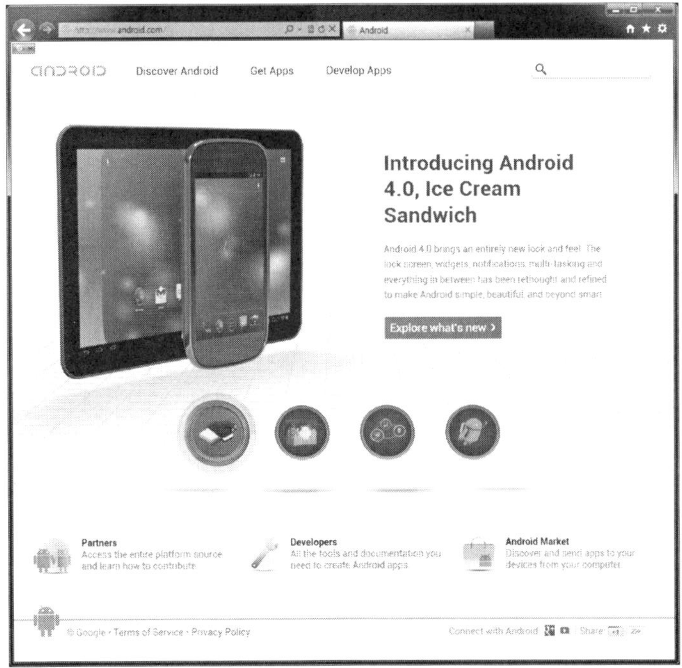

그림 1 안드로이드의 공식 사이트

1.1.1 안드로이드의 개념

구글의 모바일 플랫폼을 '안드로이드'라고 한다. 안드로이드는 원래 그리스어로 '인간을 닮은 것'이라는 뜻인데, 19세기 프랑스의 작가 빌리에 드 릴아당(Villiers de L'Isle-Adam :1838-1889)이 처음으로 과학소설에서 사용했다. 이 작가는 <미래의 이브(Tomorrow's Eve)>라는 소설을 썼는데, 여기에서 등장하는 여성 로봇을 '안드로이드'라고 불렀다. 그래서 구글의 안드로이드 로고에 다음과 같이 로봇 이미지를 사용하고 있다.

그림 2 안드로이드 로고

아무튼 안드로이드도 기존의 WIPI, BREW, GVM 등과 같은 모바일 디바이스를 위한 플랫폼이다. 아주 단순하게 생각하면 PC에서 작동하는 윈도우와 같은 운영체제라고 생각해도 된다. 좀 더 정확히 설명하면 안드로이드 플랫폼은 운영체제, 미들웨어, 키(key) 애플리케이션 들을 포함한 모바일 디바이스를 위한 소프트웨어 집합이다. 개발자들이 윈도우에서 애플리케이션을 개발하듯이 안드로이드 SDK를 사용하면 구글 폰에서 동작하는 애플리케이션을 만들 수 있다.

애플리케이션들은 자바 프로그래밍 언어로 작성해야 하고, Dalvik위에서 실행된다. Dalvik은 구글이 만든 가상 머신인데, 리눅스 커널의 최상위 영역에서 동작한다. 즉 자바 가상 머신 같은 역할을 한다고 생각하면 쉽게 이해할 수 있을 것이다.

1.1.2 안드로이드의 특징

1) 애플리케이션 프레임워크 제공

윈도우와 비슷하게 일종의 마법사(wizard)가 프로그래밍할 수 있는 프레임워크(framework)를 제공한다. 프레임워크는 일종의 틀이다. 빵 굽는 틀이 있으면 일정한 모양의 빵을 쉽게 구울 수 있다. 서로 다른 애플리케이션이어도 기본적인 틀은 비슷하기 때문에 대부분의 SDK에서는 틀을 만들 수 있는 마법사를 제공한다.

2) Dalvik 가상 머신

자바 가상 머신(Java Virtual Machine)과 같이 일종의 가상 머신인데, 모바일 디바이스를 위해 최적화되었다. 그런데 왜 Dalvik이라는 생소한 이름을 사용하는 것일까? Dalvik 이름을 명명한 사람은 Bornstein이라는 사람인데, Bornstein의 조상들이 아이슬랜드의 한 어촌인 Dalvik에서 살았기 때문에 이렇게 명명했다고 한다.

3) 최적화된 그래픽

안드로이드에서는 기본적으로 2D 그래픽 라이브러리를 제공한다. 또 OpenGL ES 스펙에 기반한 3D 그래픽 라이브러리도 제공한다.

4) SQLite

데이터를 저장하고 검색하기 위해 SQLite를 사용한다. 안드로이드에서 제공하는 데이터베이스 시스템이라고 생각하면 된다.

5) 미디어 지원

일반적인 오디오, 비디오, 그리고 정지 이미지 포맷들을 지원한다. 현재 안드로이드에서 지원 가능한 포맷은 MPEG4, H.264, MP3, AAC, AMR, JPG, GIF 등이다.

6) GSM 테크놀러지, 블루투스, EDGE, 3G, WiFi, NFC, 카메라, GPS, 나침반, 가속도계 지원

하드웨어 의존적이지만, 지원가능하다.

7) 풍부한 개발 환경

디바이스 에뮬레이터, 디버깅 도구, 메모리 및 성능 프로파일링, Eclipse IDE (Integrated Development Environment)를 위한 플러그인을 제공한다.

8) 통합 브라우저 제공

스마트 폰에서 사용할 수 있는 웹 브라우저를 제공한다.

1.1.3 안드로이드 아키텍처

안드로이드 운영체제의 주요 요소를 [그림 3]과 같이 나타낼 수 있으며, 안드로이드 아키텍처를 간략하게 재구성한 것이다.

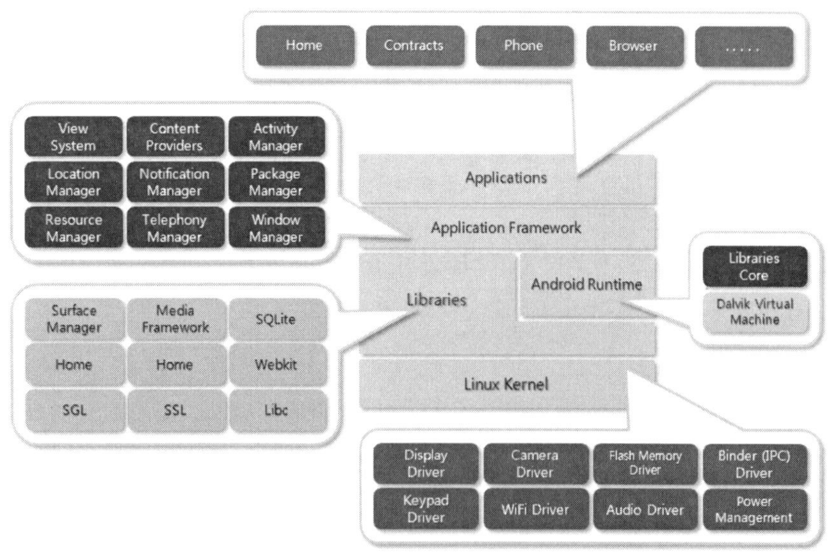

그림 3 안드로이드 아키텍처

1) 애플리케이션

안드로이드에서는 이메일을 확인할 수 있는 클라이언트, SMS 프로그램, 캘린더, 지도, 브라우저, 주소록 등을 키 애플리케이션으로 제공한다. 모든 애플리케이션들은 자바 언어로 작성되었다.

2) 애플리케이션 프레임워크

애플리케이션들이 사용하는 프레임워크를 제공한다. 이 프레임워크를 사용하여 자신만의 애플리케이션을 개발할 수 있다. [그림 3]에서 살펴본 것처럼 애플리케이션 프레임워크에서는 애플리케이션을 개발하기 위한 각종 클래스와 메서드들을 제공한다.

3) 라이브러리

안드로이드 시스템의 라이브러리들은 애플리케이션 프레임워크를 통해 개발자들에게 제공된다. 다음에 나열된 것은 핵심 라이브러리들 중 일부분이다.

- 시스템 C 라이브러리 : 임베디드 리눅스 기반의 디바이스를 위해서 튜닝된 표준 C 시스템 라이브러리이다.
- 미디어 라이브러리 : MPEG4, H.264, MP3, AAC, JPG, PNG의 정적 이미지와 오디오, 비디오 등의 다양한 포맷들의 재생 및 녹화를 지원하는 라이브러리이다.
- Surface 관리자 : 디스플레이 시스템 접근을 지원하는 라이브러리이다.
- LibWebCore : 최신 웹 브라우저이다.
- SGL : 2D 그래픽 엔진이다.
- 3D 라이브러리 : OpenGL ES 1.0 API에 기반하여 구현된 3D 라이브러리이다.
- FreeType : 비트맵 또는 벡터 폰트 렌더링을 지원하는 라이브러리이다.
- SQLite : 강력하며 경량화된 관계형 데이터베이스 엔진으로, 모든 애플리케이션에서 사용할 수 있다.

4) 안드로이드 런타임

안드로이드는 자바의 핵심 라이브러리의 기능을 대부분 포함하고 있다. 모든 안드로이드 애플리케이션은 Dalvik 가상 머신에 자신의 인스턴스를 가지고 동작한다. Dalvik에서는 최소 메모리만 사용하도록 최적화된 Dalvik Executable

(.dex) 포맷의 파일들을 실행한다. Dalvik VM은 자바 언어 컴파일러로 컴파일한 클래스를 'dx' 도구로 .dex 포맷으로 변환해서 실행한다. Dalvik 가상 머신에서는 스레딩과 저수준 메모리 관리와 같은 기능을 리눅스 커널에 의존한다.

5) 리눅스 커널

안드로이드 플랫폼은 보안, 메모리 관리, 프로세스 관리, 네트워크 관리, 드라이버 모델 등의 핵심 서비스를 리눅스에 기초하여 구현되었다. 이 리눅스 커널은 하드웨어와 나머지 소프트웨어 스택 간의 추상화된 계층(Layer) 역할을 한다.

1.1.4 Dalvik VM

Android 플랫폼의 핵심은 바로 Dalvik VM이라 불리우는 런타임 환경이다. 애플리케이션 개발은 Java 언어를 사용하면서 왜 런타임 환경은 Java VM이 아닌 또다른 VM를 사용했을까 라는 것이 이슈인데, Stefano Mazzocchi의 블로그 글에서 이에 대한 해답을 찾을 수 있다. 결론만 말하자면 SUN과의 라이센스 문제때문인데, SUN이 PhoneME라는 이름으로 Java ME 관련 코드를 오픈 소스화하긴 했지만, 실제로 Java VM을 핸드셋에 탑재하기 위해서는 SUN에 라이센스 비용을 꼬박꼬박 물어야 한다. 즉 생색은 있는 대로 다 내면서 실속 또한 챙기는 이중 전략인 셈인데, 이를 비껴가기 위해서 구글은 Dalvik VM이라는 카드를 꺼내든 것이다.

애플리케이션 개발 환경은 Java SE 관련이므로 그 유명한 Classpath 예외조항에 따라 라이센스 문제를 피할 수 있지만, Java ME 쪽은 예외조항이 없으므로 Java VM을 배제하고 또다른 VM을 탑재하는 식으로 처리를 한 것이다. 구글맵 등 이미 Java 언어 기반으로 모바일 애플리케이션을 배포하던 구글로서는 기존의 인프라를 그대로 살리고 싶어 했을 것이고, 또 거의 모든 소스를 오픈하여 자유롭게 사용할 수 있도록 배포하려던 정책도 SUN과의 라이센스 문제 때문에 포기할 수는 없었을 것이다. 여러가지를 고심한 끝에 이와 같은 결정이 나온 것으로 보인다. 굳이 Java 언어를 개발 환경으로 사용해야 하나, 혹은 C/C++ 기반의 native 개발 환경으로 갈 수도 있지 않나 라는 생각을 할 수도 있을 것이다. 내 개인적인 생각으로 모바일 분야에서는 보안 문제, 배포 문제, 포팅 문제 등을 고려하면 C/C++ 기반의 native 기반보다는 VM 기반으로 가는 것이 맞다는 판단이며, VM 중에서도 현재 가장 많은 저변을 가지고 있는 Java VM 기반으로 가는 것이 현명하다는 생각이다.

달빅(Dalvik)은 구글의 댄 본스타인(Dan Bornstein)이 만든 VM이다. 자바와 같이 안드로이드 앱 개발을 하기 위해 작성된 코드는 바이트 코드(bytecode)라는 기계 독립적인 명령으로 컴파일되고 안드로이드 장치에 있는 달빅(Dalvik) VM에 의해 실행된다. 즉, 자바(Java)로 만든 코드는 JVM(Java Virtual Machine) 위에서 실행되듯이 안드로이드 앱은 달빅(Dalvik) VM 위에서 실행이 되는 것이다. 자바(Java)와 같이 안드로이드에서도 바이트코드가 있지만, 자바(Java)의 바이트코드(bytecode)와 달빅의 바이트코드(bytecode)는 다르다.

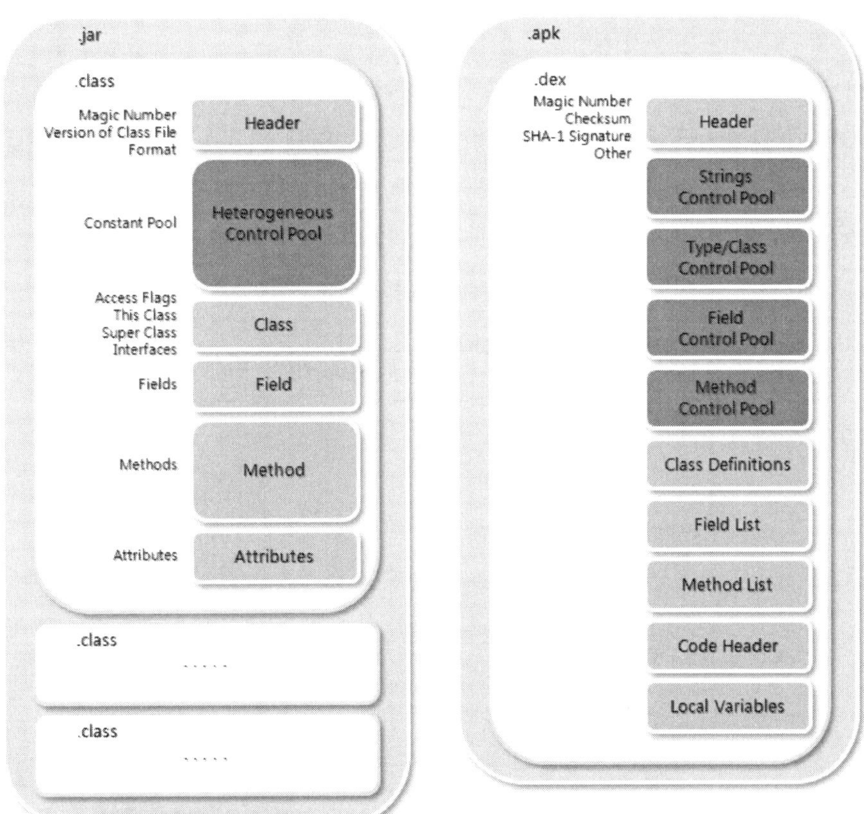

그림 4 .class 파일 포맷과 .dex 파일 포맷 비교

달빅(Dalvik) VM은 여러 개의 VM인스턴스가 한 번에 실행가능하며, 내부 리눅스의 장점으로 인해 보안과 프로세스의 격리 가능하다. 그리고 최소한의 메모리 풋프린트(footprint)로 최적화된 Dalvik 실행자(.dex) 형식의 파일을 실행하며, 등록 기반으로써 자바 컴파일러로 컴파일된 클래스를 내장된 "dx" 도구를 사용하여 .dex 형식으로 변환하여 실행한다. 달빅(Dalvik) VM은 .dex 파일을 실행시키는데 이 파일(.dex)은 자바의 .class와 .jar 파일이 컴파일 시점에 변환된 것이다. .dex 파일은 클래스 파일보다 컴팩트하고 효율성이 높다. 마지막으로, 달빅(Dalvik)이라는 이름의 어원은 달빅(Dalvik)을 만든 댄 본스타인의 조상이 살던 아이슬란드의 한 물고기 잡는 마을의 이름을 딴 것이라고 한다.

1.1.5 안드로이드의 버전별 명칭

안드로이드 OS의 버전별 명칭을 재미삼아 간단하게 알아보자. '안드로이드'는 2007년 11월 구글에서 발표한 모바일 전용 운영체제(OS)로 폐쇄적인 애플의 iOS와는 달리 공개되어 있다. 안드로이드 OS는 버전별로 (A), (B), C, D ... 알파벳 순으로 명명하고, 그 단어는 디저트로 선정된다고 한다.

- Version 1.0 : Androbot/Android

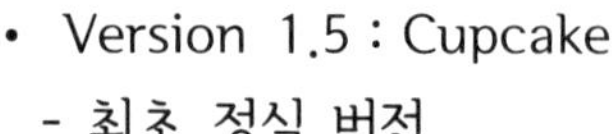
- Version 1.5 : Cupcake
  - 최초 정식 버전

- Version 1.6 : Donut
- Version 2.0/2.01/2.1 : Eclair

- Version 2.2 : Froyo

- Version 2.3 : Gingerbread

- Version 3.0 : Honeycomb
  - 테블릿 전용 OS

- Ver. 4.0 : Ice Cream Sandwich

1.2 안드로이드의 부팅 과정과 소스코드 구조

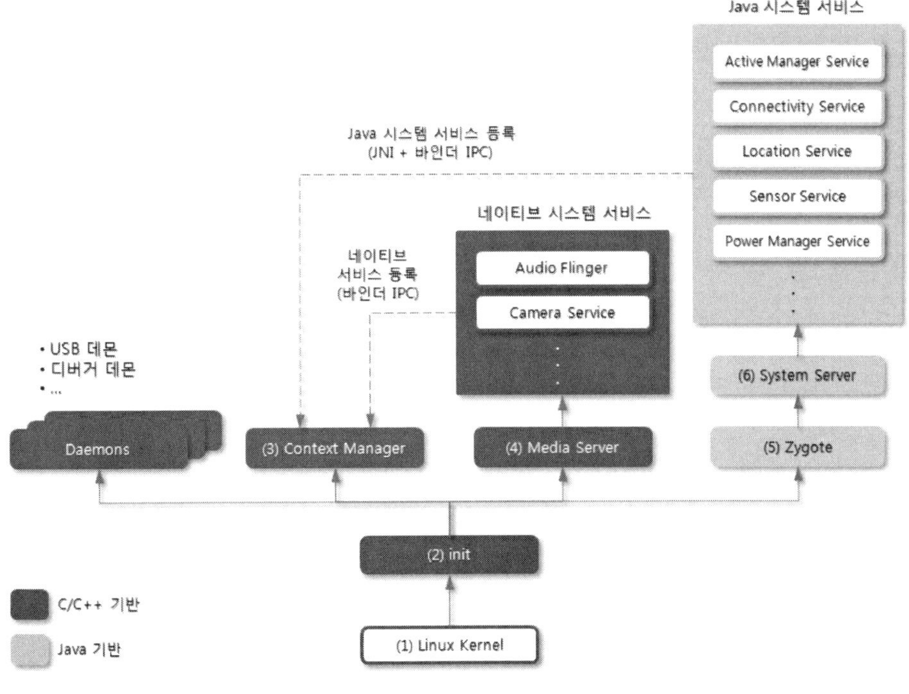

그림 5 안드로이드 부팅 과정

안드로이드 프레임워크를 이해하기 위하여 안드로이드 플랫폼의 부팅과정을 간략하게 분석한다. [그림 5]는 안드로이드의 부팅 과정을 간단한 그림으로 나타낸 것이며, 안드로이드 부팅 과정에 대해 간략히 알아본다.

1) 리눅스 커널

안드로이드는 리눅스 기반의 플랫폼이다. 따라서 부팅 시에 부트 로더를 통해 리눅스 커널이 먼저 시작된다. 리눅스가 부팅되면 일반적인 리눅스 부팅과정처럼 커널 초기화를 수행한 후 마지막 과정에서 init 프로세스를 호출한다.

2) init

안드로이드 init 프로세스는 각종 디바이스를 초기화하는 작업을 비롯해서 안드로이드 프레임워크 동작에 필요한 각정 데몬, 콘텍스트 매니저(Context Manager), 미디어 서버(Media Server), Zygote 등을 실행하는 역할을 한다. 다음은 init 프로세스가 실행하는 데몬 프로세스다.

- USN 데몬(usbd) : USN 연결 관리
- 안드로이드 디버거 브리지 데몬(adbd) : 안드로이드 디버그 브리지(ADB) 연결 관리
- 디버거 데몬(debuggerd) : 디버그 시스템 시작
- 무선 인터페이스 레이어 데몬(rild) : 무선 통신 연결 관리

3) 콘텍스트 매니저

콘텍스트 매니저는 안드로이드의 시스템 서비스를 관리하는 중요한 프로세스다. 시스템 서비스는 안드로이드 프레임워크를 구성하는 중요한 컴포넌트로서 카메라, 오디오, 비디오 처리에서부터 각종 애플리케이션 제작에 필요한 중요 API를 제공하는 등의 역할을 수행한다.

안드로이드 내에서 동작하는 각종 시스템 서비스에 대한 정보는 콘텍스트 매니저에게서 얻을 수 있다. 따라서 시스템 서비스를 이용하고자 하는 애플리케이션이나 프레임워크의 내부 모듈은 이를 서비스 매니저에게 요청해야 한다. 요청 후에는 바인더(Binder)라는 안드로이드의 자체적인 IPC(Inter-Process Communication) 메커니즘을 통해 시스템 서비스를 이용할 수 있다.

이를 위해서는 안드로이드의 모든 시스템 서비스는 부팅 시 자신의 핸들 정보를 콘텍스트 매니저에 등록해야 하며, 이러한 서비스 등록 과정에서도 프로세스 간 통신을 수행하기 위해 바인더 IPC가 이용된다.

4) 미디어 서버

미디어 서버 프로세스는 안드로이드에서 Audio Flinger 또는 Camera 서비스와 같이 C/C++ 기반으로 작성돼 있는 네이티브 시스템 서비스를 실행하는 역할을 한다.

5) Zygote

Zygote는 안드로이드 애플리케이션의 로딩 시간을 단축하기 위한 프로세스로서 모든 자바 기잔 안드로이드 애플리케이션은 Zygote를 통해 포크(fork)된 프로세스 상에서 동작한다.

6) 시스템 서버

시스템 서버는 Zygote에서 최초로 포크되어 실행되는 안드로이드 애플리케이션 프로세스이다. 시스템 서버는 애플리케이션 생명 주기를 제어하는 액티비티 매니저 서비스(Activity Manager Service)나 단말기의 위치 정보를 제공하는 로케이션 매니저 서비스(Location Manager Service)와 같은 자바 시스템 서비스를 실행하는 역할을 한다.

이와 같이 시스템 서버에서 실행하는 자바 시스템 서비스도 안드로이드 애플리케이션이나 프레임워크 내부 모듈에서 이용할 수 있게 하기 위해서는 콘텍스트 매니저에 등록돼 있어야 한다. 그런데 바인더 IPC를 통해 자바 시스템 서비스를 C언어 기반의 서비스 매니저에 등록하려면 자바와 C언어 간의 인터페이스 역할을 하는 JNI(Java Native Interface)를 추가로 이용해야 한다. 그리고 안드로이드는 오픈소스 프로젝트이며 http://android.git.kernel.org/에서 관련 소스를 다운로드할 수 있으며, 안드로이드의 주요 소스코드는 다음과 같다.

- kernel : 안드로이드의 리눅스 커널 2.6
- bionic : 안드로이드 표준 C 리눅스

- bootloader : 참고용 안드로이드 부트로더
- build : 안드로이드 빌드 시스템
- cts : 안드로이드 호환성 테스트 관련 소스
- dalvik : 달빅 가상 머신
- external : 안드로이드에서 사용하는 오픈소스들
- frameworks : 안드로이드 프레임워크
- hardware : 안드로이드 HAL(Hardware Abstract Layer) 소스
- packages : 안드로이드 기본 애플리케이션, 콘텐트 프로바이더 등
- system : 안드로이드 init 프로세스, 블루투스 도구모음 등

1.3 안드로이드 애플리케이션 생성 절차

안드로이드 애플리케이션은 달빅(Dalvik)이라는 가상 머신 위에서 실행되며, 달빅은 Java 가상 머신의 한 종류이다. 따라서 안드로이드 애플리케이션을 개발하기 위해서는 먼저 JDK(Java Development Kit)가 필요하다.

JDK는 표준 Java를 위한 컴파일러와 라이브러리만 제공한다. 그래서 추가적으로 필요한 것이 안드로이드 SDK이다. 달빅이 Java 가상 머신의 한 종류라고 하지만 JDK로 컴파일된 실행 코드(byte code)를 바로 달빅에서 실행할 수는 없다.

달빅 가상 머신과 Java 가상 머신의 실행코드인 바이트 코드는 라이센스 문제와 최적화 등을 여러 가지 이유로 인해 서로 호환되지 않는다. 일차적으로 JDK로 컴파일된 바이트 코드는 안드로이드에 포함된 dx를 이용해 .dex(Dalvik Executable)로 변환해야만 달빅 가상 머신에서 실행할 수 있다.

안드로이드 SDK는 이외 리소스 패키징, 애플리케이션 디버깅, 에뮬레이터 등 애플리케이션을 개발하는데 필수적인 여러 가지 도구를 제공한다. [그림 6]은 안드로이드 애플리케이션이 만들어지는 일반적인 절차를 보여준다.

[그림 6]에서 백색 사각형으로 표시된 부분이 개발자가 개발하거나 제공해야 할 파일들이다. 그리고 파란색의 둥근 사각형으로 표현된 것이 이 파일을 이용해 해당하는 툴이 어떤 처리를 수행하는 프로세스 행위이며, aapt, dx, apkbuilder

등의 툴이 안드로이드 SDK에 포함된 툴이고 javac는 JDK에 포함되어 있다. 마지막으로 주황색의 직사각형으로 표현된 것이 처리 결과로 생성된 파일이다.

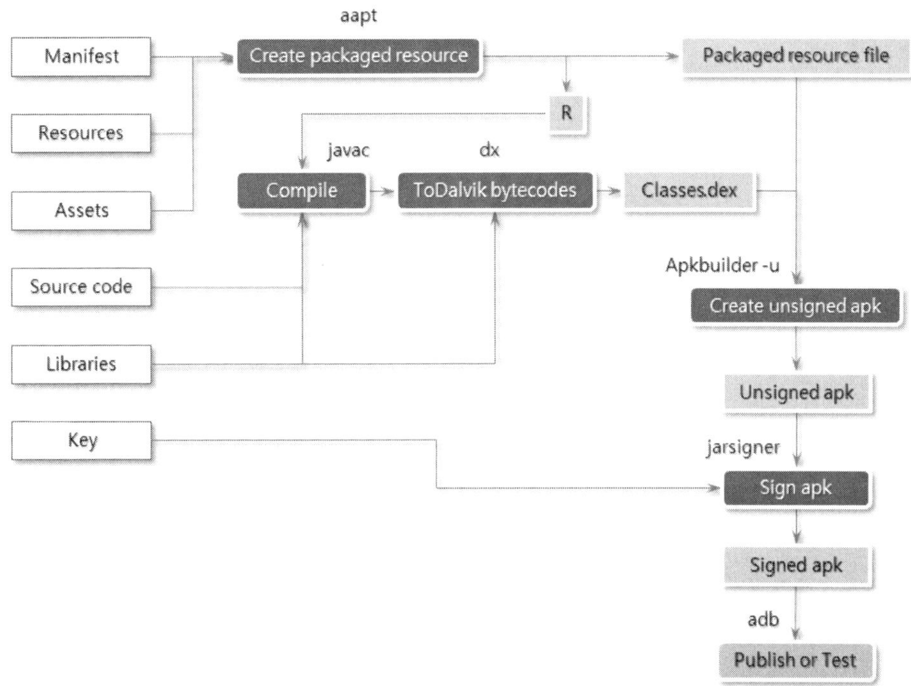

그림 6 애플리케이션 생성 절차

1.4 개발 툴 설치하기

1.4.1 자바 개발 툴킷 설치하기

JDK(Java Development Kit)를 설치하기 위해 웹브라우저를 이용하여 http://www.oracle.com/technetwork/java/javase/downloads/index.html 사이트를 방문한다.

1 'Java SE Downloads' 탭에서 왼쪽의 'Java Platform 9JDK) 7u2'를 클릭한다. 간혹 JDK 대신 JRE(Java Runtime Environment)를 다운로드하는 경우가 있는데, 반드시

JDK를 다운로드해야 한다. JRE는 자바 애플릿을 실행시키는 프로그램이고, JDK는 자바 프로그래밍을 지원하는 개발 도구라는 것을 기억한다.

2 Java SE Development Kit 7u2에서 왼쪽의 라디오 버튼 "Accept License Agreement"를 클릭한다.

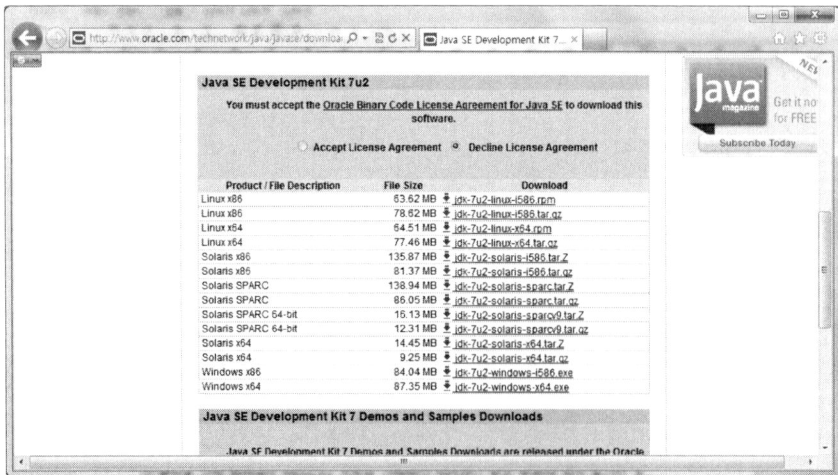

③ 개발자의 컴퓨팅 시스템에 맞는 플랫폼을 선택한다. 여기에서는 "Windows x86"을 선택하면 항목이 빨간색으로 바뀐다.

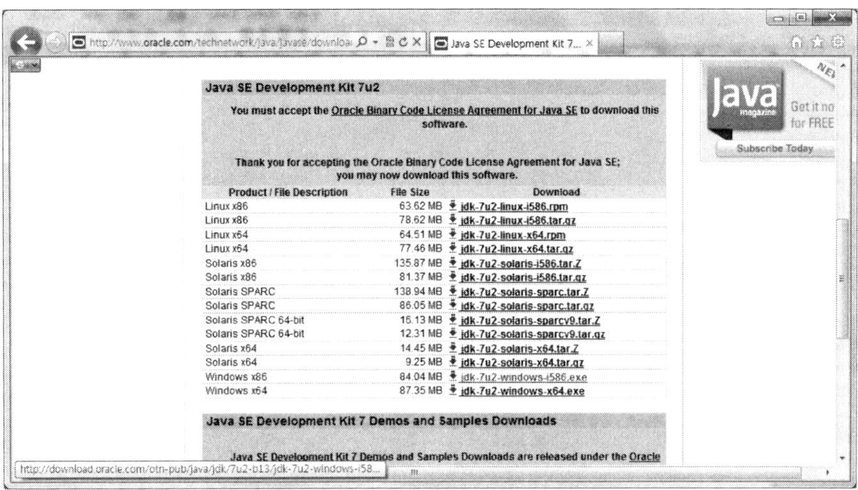

④ 선택할 항목을 더블 클릭하면 다음 그림과 같은 대화창이 나타난다. 이 대화창에서 실행 버튼을 클릭한다.

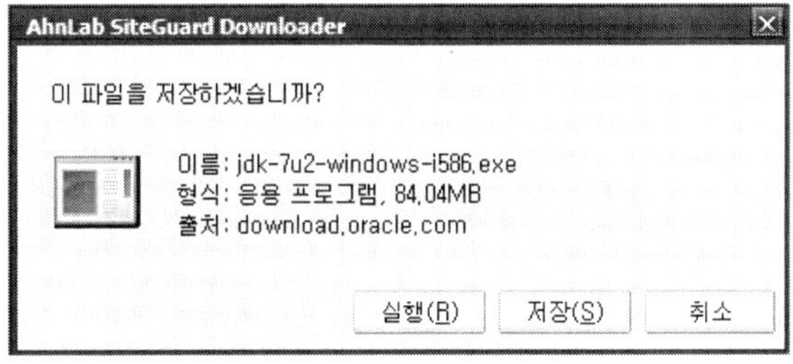

5 다음의 그림들은 설치 과정에 나타나는 윈도우를 보여준다.

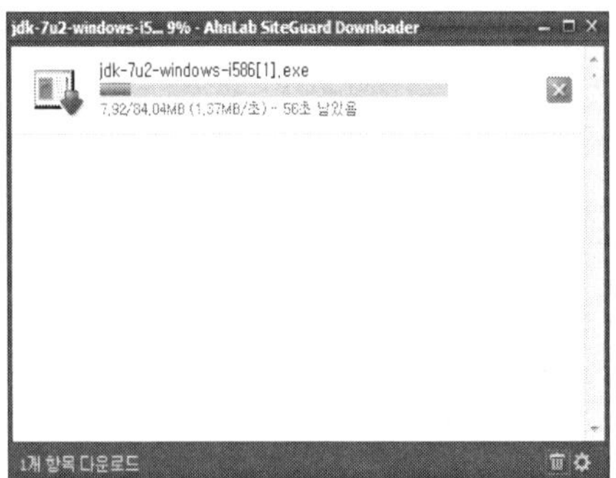

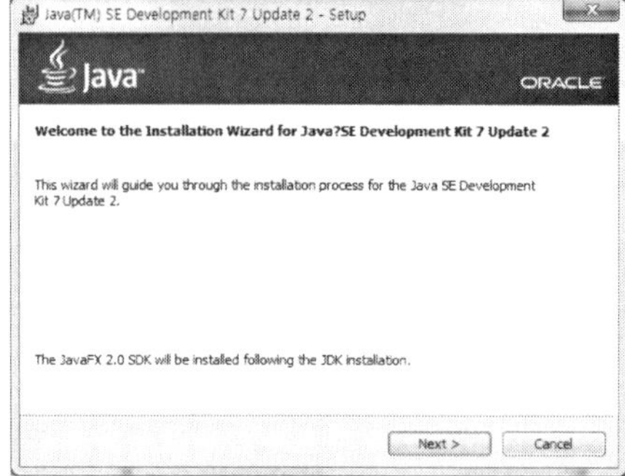

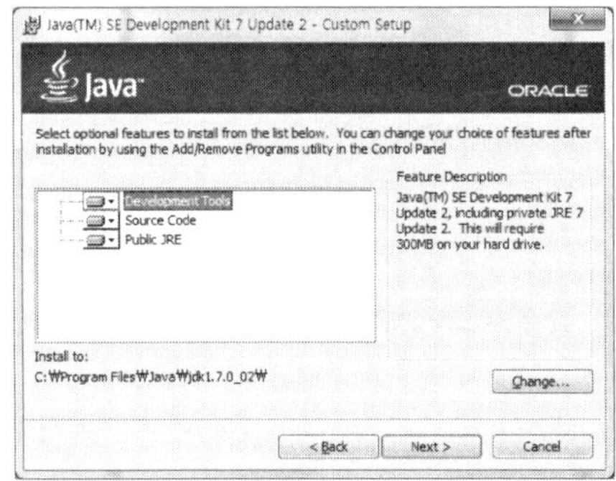

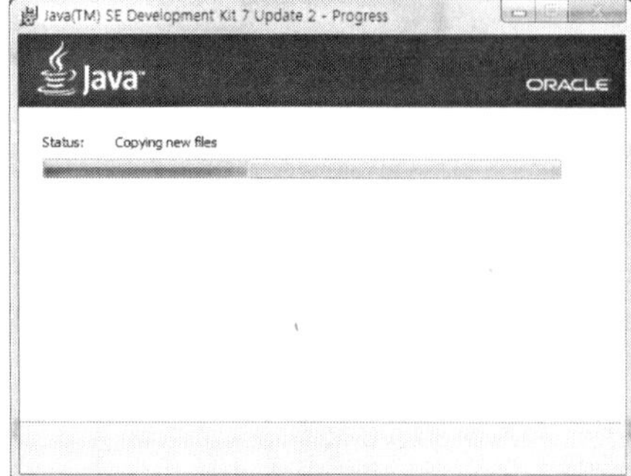

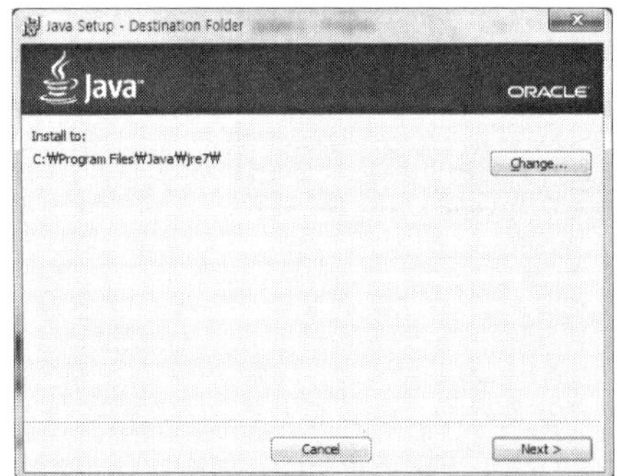

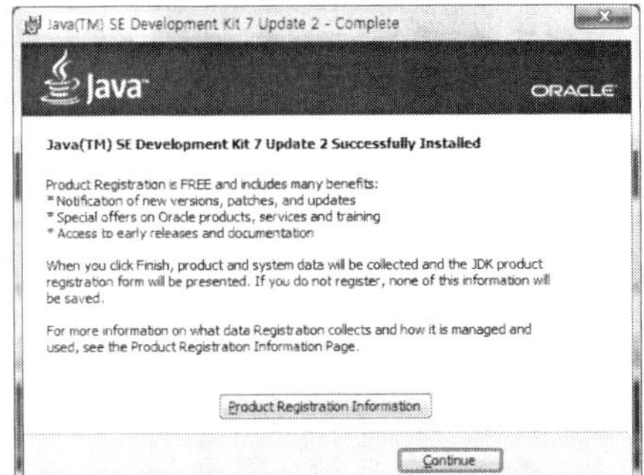
Java(TM) SE Development Kit 7 Update 2 - Complete
Java
ORACLE
Java(TM) SE Development Kit 7 Update 2 Successfully Installed
Product Registration is FREE and includes many benefits:
* Notification of new versions, patches, and updates
* Special offers on Oracle products, services and training
* Access to early releases and documentation
When you click Finish, product and system data will be collected and the JDK product registration form will be presented. If you do not register, none of this information will be saved.
For more information on what data Registration collects and how it is managed and used, see the Product Registration Information Page.
Product Registration Information
Continue

JavaFX 2.0 SDK Setup
Java
ORACLE
Cancel
Next

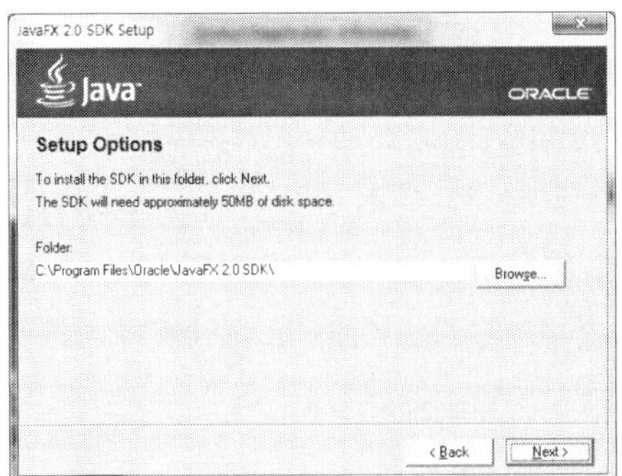
JavaFX 2.0 SDK Setup
Java
ORACLE
Setup Options
To install the SDK in this folder, click Next.
The SDK will need approximately 50MB of disk space.
Folder:
C:\Program Files\Oracle\JavaFX 2.0 SDK\
Browse...
< Back
Next >

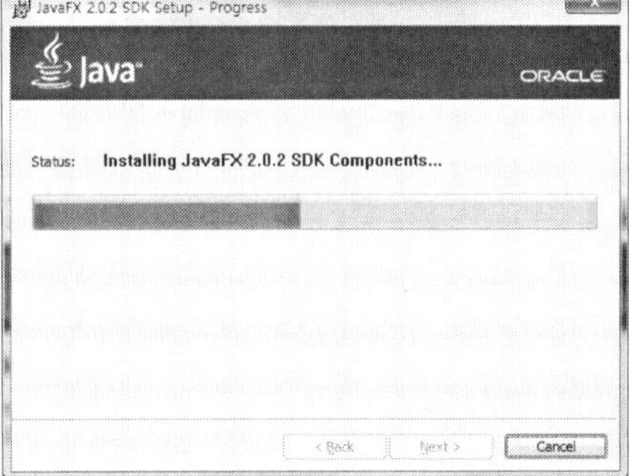
JavaFX 2.0.2 SDK Setup - Progress
Java
ORACLE
Status: Installing JavaFX 2.0.2 SDK Components...
< Back
Next >
Cancel

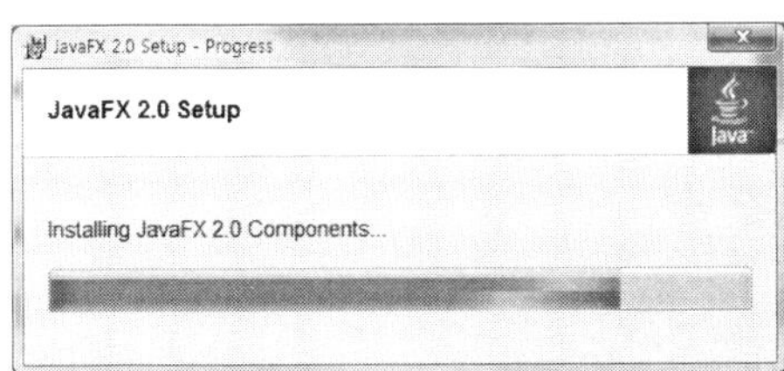
JavaFX 2.0 Setup - Progress
JavaFX 2.0 Setup
Java
Installing JavaFX 2.0 Components...

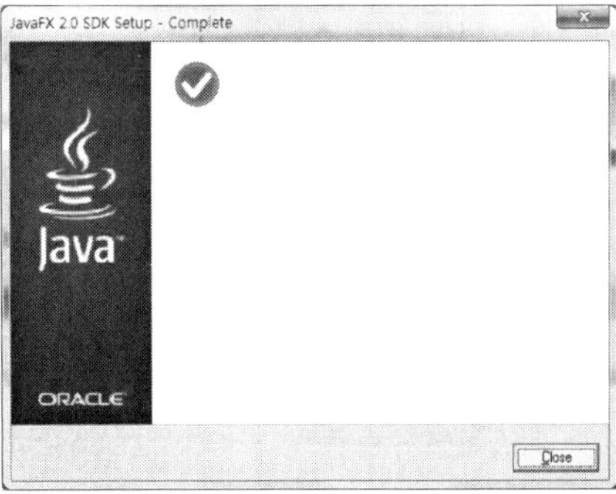
JavaFX 2.0 SDK Setup - Complete
Java
ORACLE
Close

6 JDK의 설치가 완료되었으면, 윈도우즈 시작 버튼에서 cmd.exe를 실행시킨다. cmd 창에서 "java -version"을 입력하면 다음과 같은 내용이 나타날 것이다.

```
C:\Windows\system32\cmd.exe

C:\Users\B. Cha>java -version
java version "1.7.0_02"
Java(TM) SE Runtime Environment (build 1.7.0_02-b13)
Java HotSpot(TM) Client VM (build 22.0-b10, mixed mode, sharing)

C:\Users\B. Cha>_
```

1.4.2 안드로이드 SDK 설치하기

http://developer.android.com/sdk/index.html 사이트에서 안드로이드 SDK를 다운로드해서 설치한다. 안드로이드 프로그래밍을 할 때 자주 찾는 사이트는 http://developer.android.com/index.html이며, 여기에는 각종 도움말이나 샘플 프로그램들이 정리되어 있으므로 안드로이드 프로그래머들은 이 사이트를 자주 방문하게 될 것이다.

1 안드로이드 SDK를 다운로드하기 위해 'SDK' 탭을 클릭한다. 개발자의 플랫폼에 맞는 안드로이드 SDK 패키지를 선택한다. 여기에서는 Windows 플랫폼의 Installer_r16-windows.exe를 선택한다.

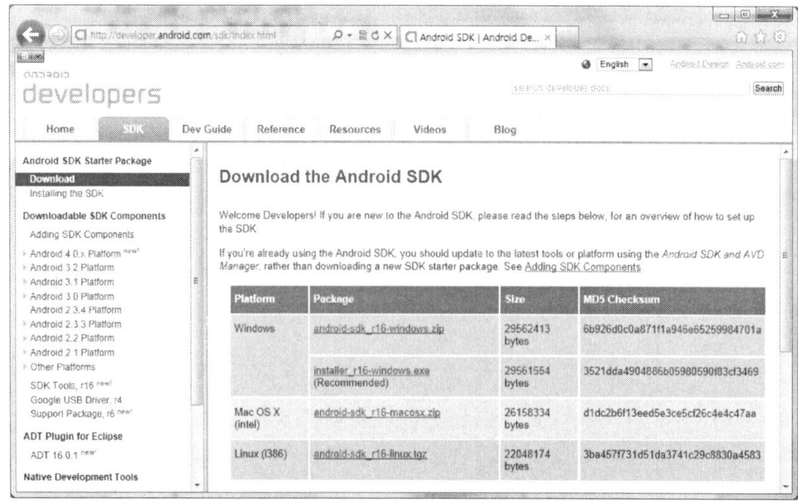

2 다음의 그림과 같은 대화창이 나타날 것이다. 여기에서는 실행을 클릭한다. 선택한 항목이 다운로드된다.

3 안드로이드 SDK 툴의 설치과정에 나타나는 윈도우들을 보여준다.

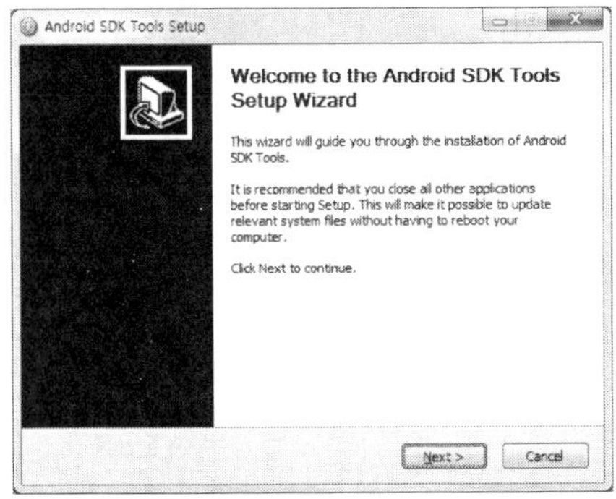

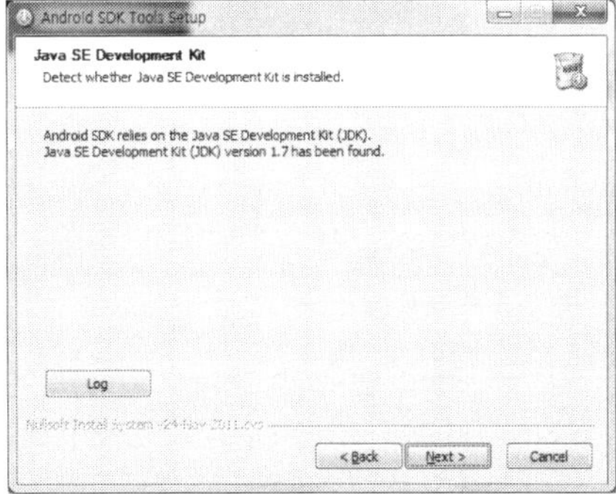

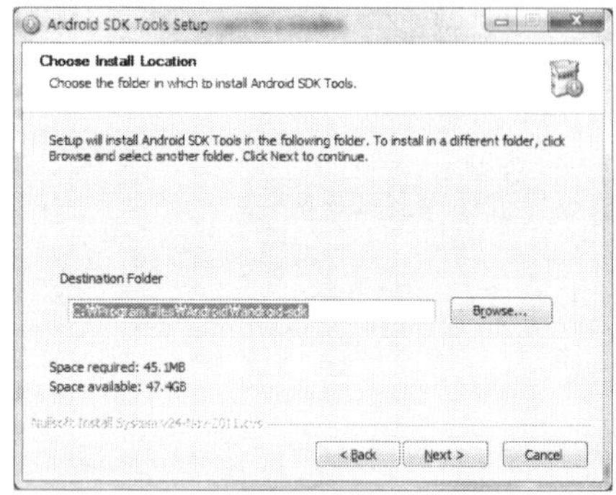

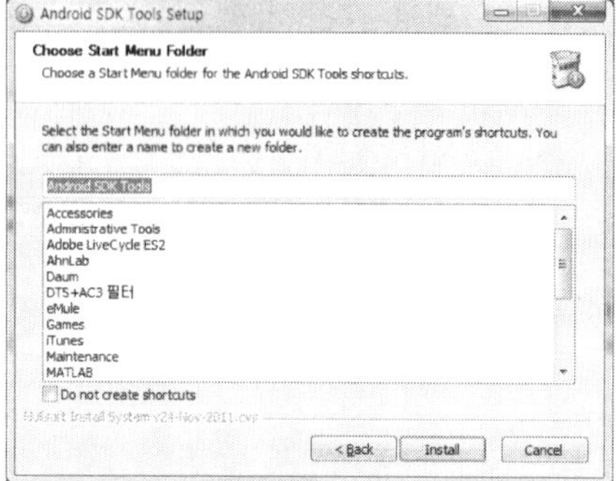

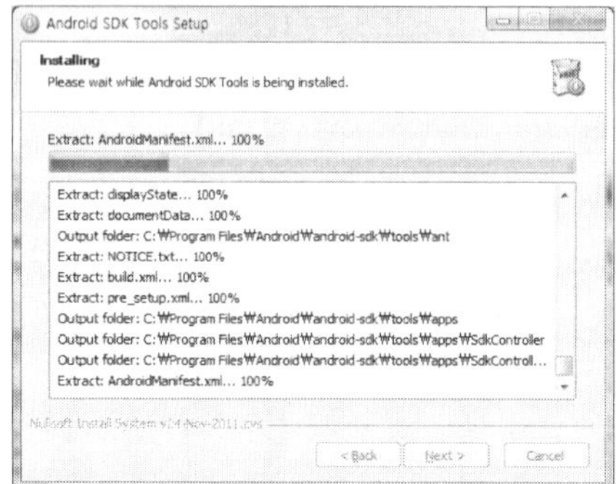

④ 위의 마지막 윈도우에서 SDK Manager가 실행되면서 패키지들을 설치하는 과정을 진행하게 된다.

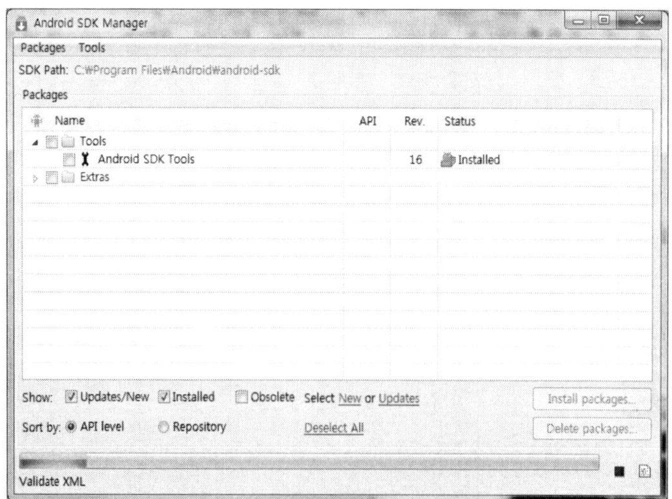

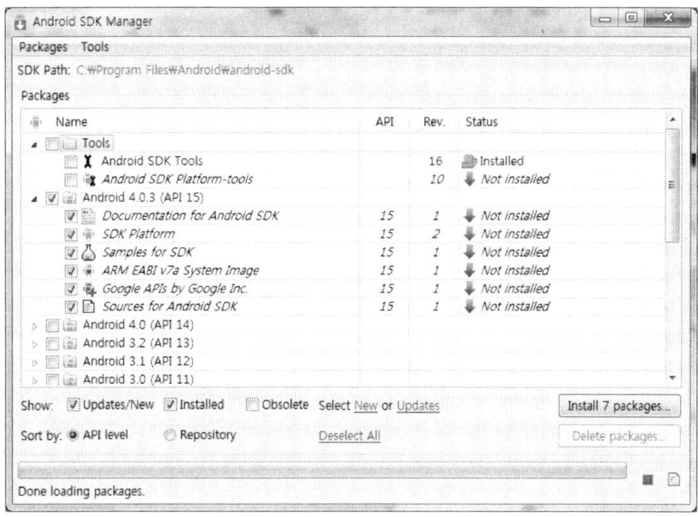

5 설치할 패키지를 선택하게 되는데, 여기에서는 오른쪽의 라디오 버튼의 "Accept All"을 선택하고 Install 버튼을 클릭한다.

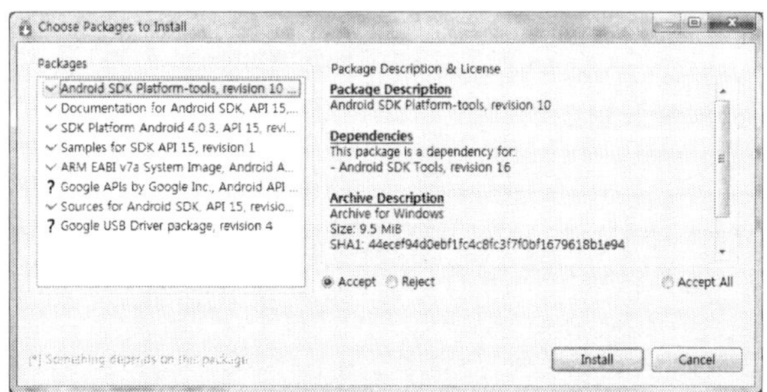

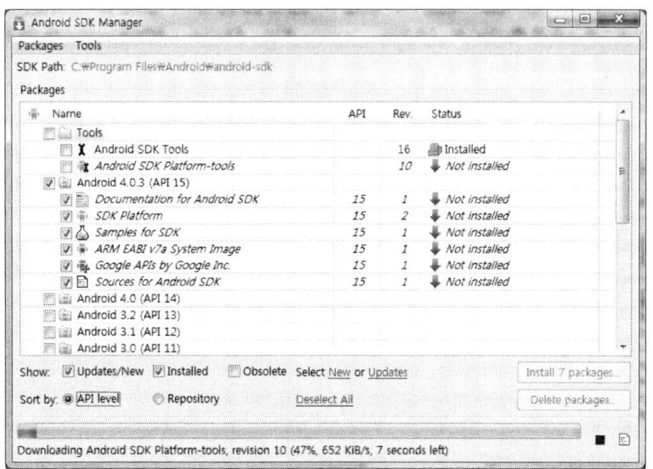

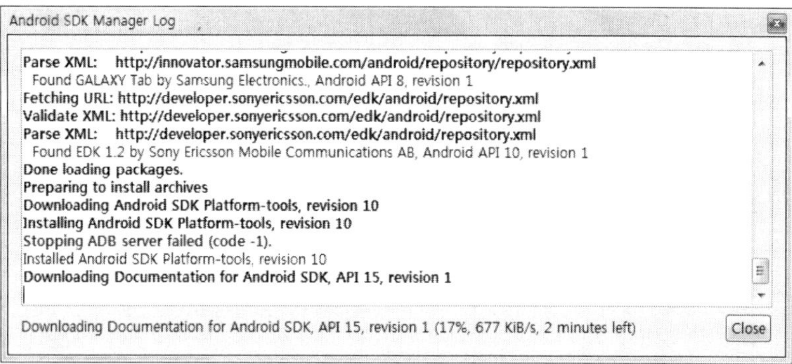

1.4.3 이클립스 설치하기

안드로이드 애플리케이션의 코드는 자바 소스코드로 작성하며, 자바 소스코드는 텍스트 파일이다. 따라서 텍스트 파일을 편집할 수 있는 도구가 필요하며, JDK와 SDK 도구를 이용해 이 소스코드를 컴파일하고, 안드로이드 애플리케이션 파일로 패키징해야 한다. 이러한 작업을 한꺼번에 수행할 수 있는 도구를 통합개발환경(IDE : Integrated Development Environment)이라고 하며, 통합개발환경 툴 중의 하나가 이클립스이다.

1 http://www.eclipse.org/downloads/사이트에서 개발자의 컴퓨팅 시스템의 플랫폼에 해당하는 Eclipse를 설치한다. 여기에서는 Eclipse IDE for Java Developers 버전의 Windows 32 Bit를 다운로드하여 설치한다.

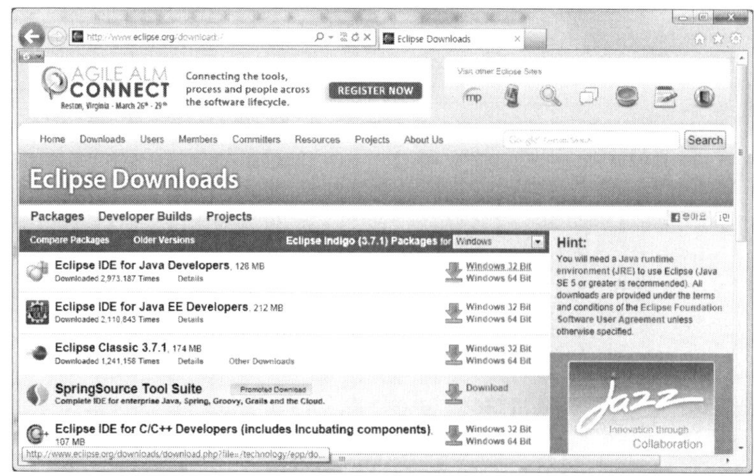

2 선택된 파일을 다운로드하여 저장한다.

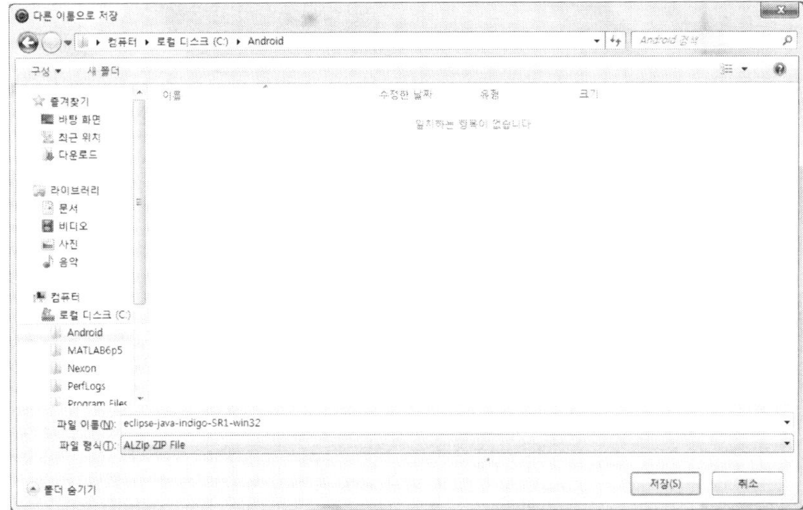

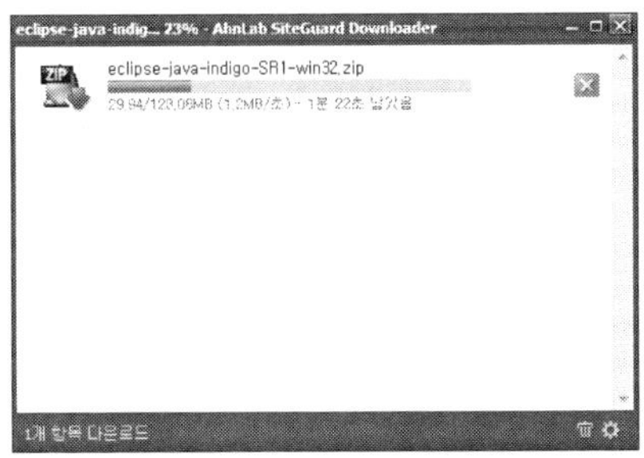

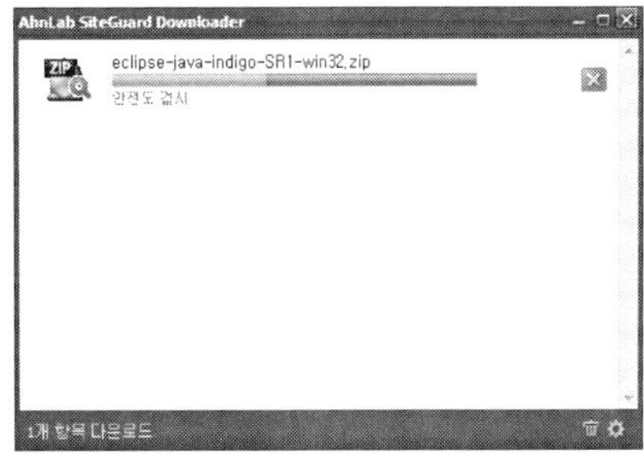

③ 윈도우 탐색기를 이용하여 다운로드한 파일의 압축을 해제한다.

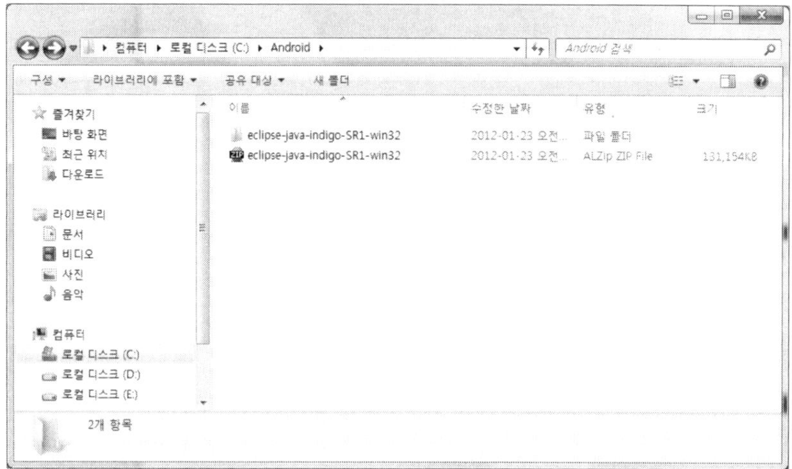

④ 이번에는 압축을 해제한 폴더로 이동하여 'eclipse.exe' 파일을 실행한다. 그러면 이클립스의 스플래쉬 화면이 나타난다.

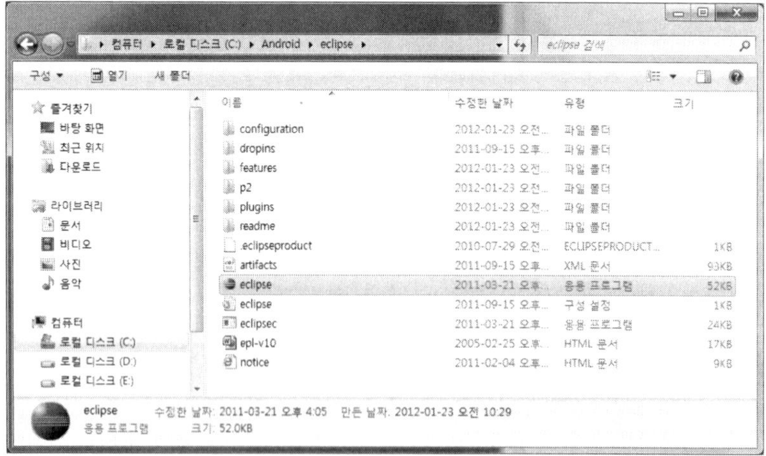

5 이클립스가 실행되면서 workspace의 폴더를 설정한다.

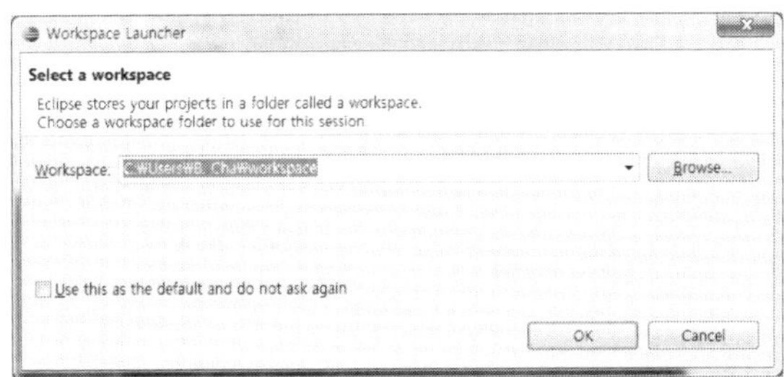

6 이클립스의 IDE 환경이 실행된다.

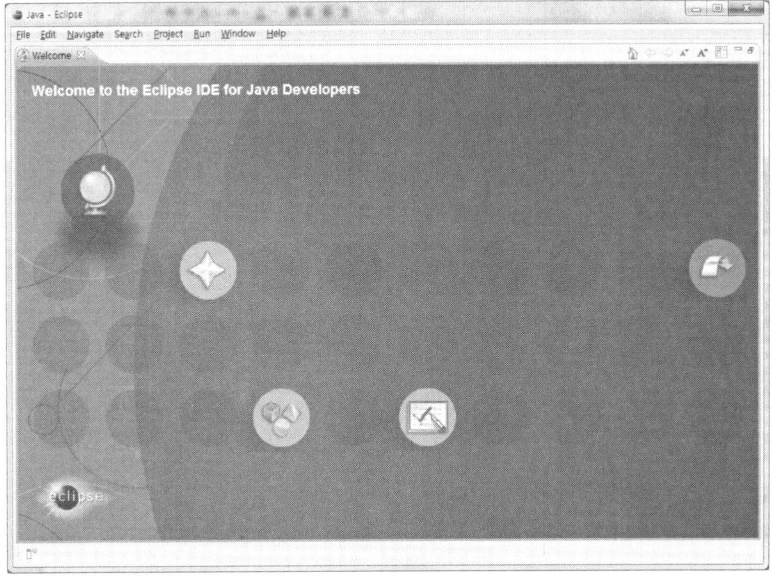

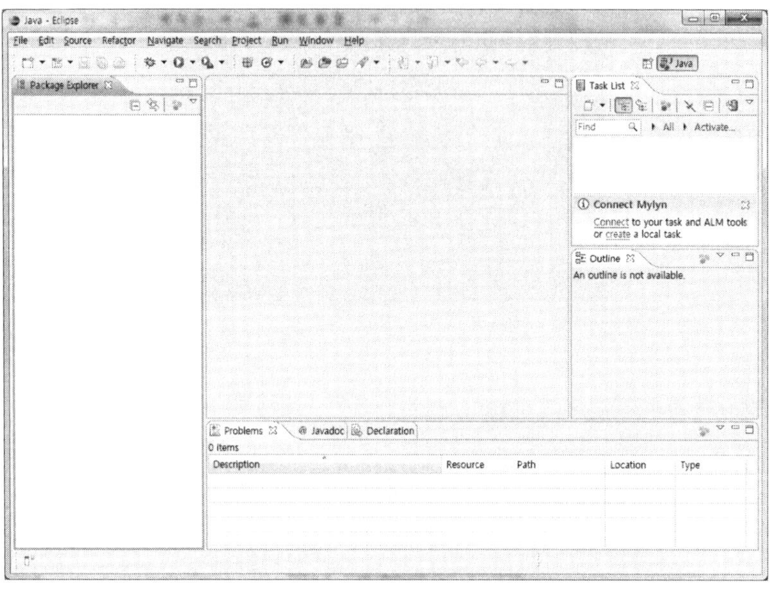

1.4.4 이클립스에 플러그인 설치하기

이클립스의 장점 중 하나는 다양한 플러그인을 사용할 수 있다는 것이다. 특히 안드로이드 애플리케이션을 개발할 경우 ADT(Android Development Tools) 플러그인을 이용해 이크립스에 애플리케이션 개발을 완전히 통합할 수 있다.

ADT는 이클립스에 통합되는 안드로이드 플러그인으로 안드로이드 애플리케이션을 위한 프로젝트를 생성하고 필요한 설정을 하며 SDK의 툴을 이용해 컴파일 과정을 단순화시켜 준다. 그리고 SDK 툴을 이용해 아주 시각적인 디버깅을 수행할 수 있게 해준다.

이클립스에 안드로이드 개발을 위한 플러그인을 설치하는 방법에 대해 살펴본다. 플러그인 설치는 'Install New Software ...' 대화상자에서 이루어진다.

1 이클립스를 실행하고 'Help' ⇨ 'Install New Software...' 메뉴를 선택한다.

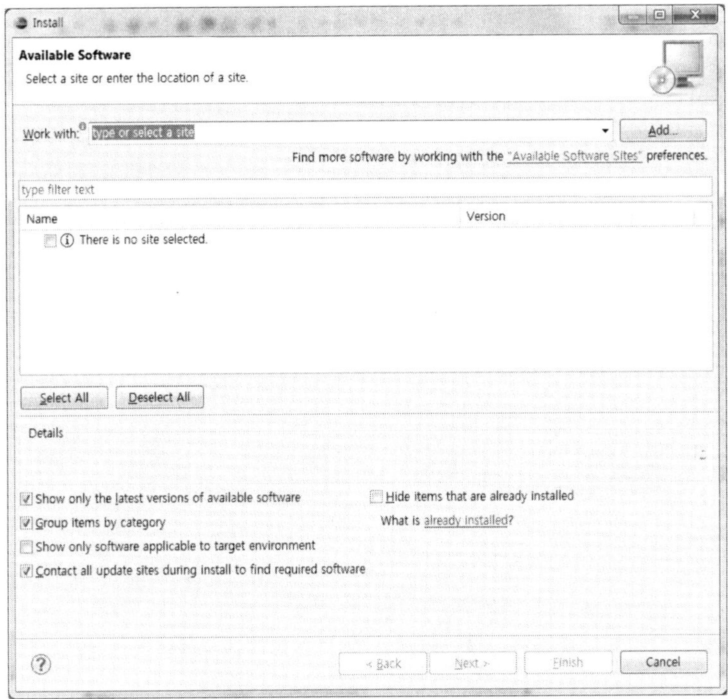

2 'Install' 대화상자가 나타나면 [Add] 버튼을 클릭한다. Add Repository 대화상자가 나타나면, Name 항목에는 "Android Plugin"을 입력, Location 항목에는 "http://dl-ssl.google.com/android/eclipse/"을 입력한다.

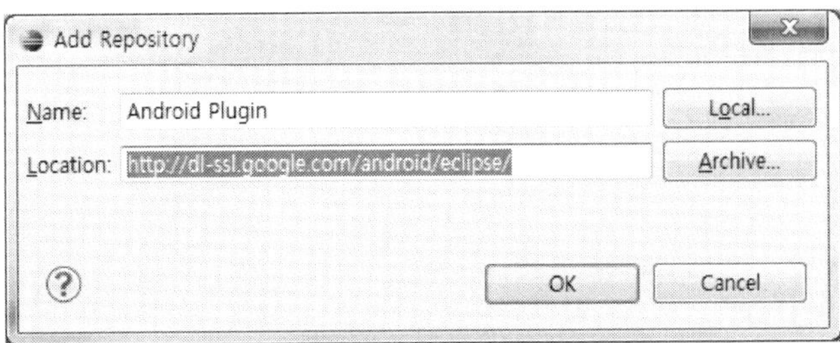

③ 위의 대화상자에서 버튼 "OK"를 선택하면, 다음과 같은 윈도우가 나타나게 된다.

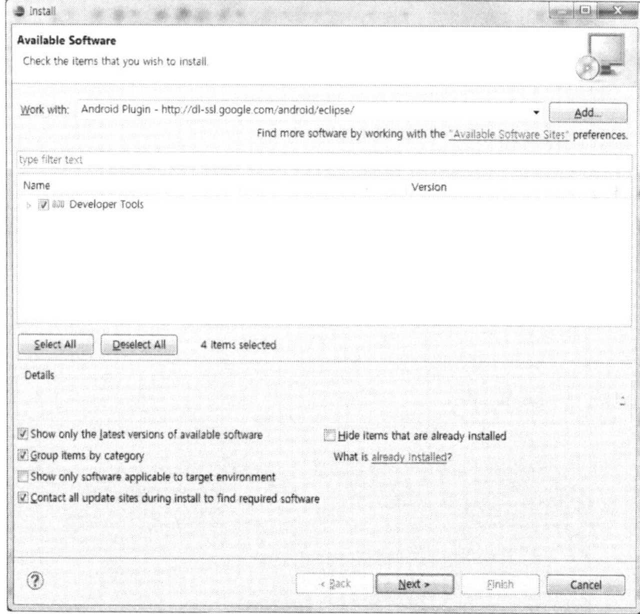

④ "Next" 버튼을 선택하면, 설치될 항목들이 나열된다.

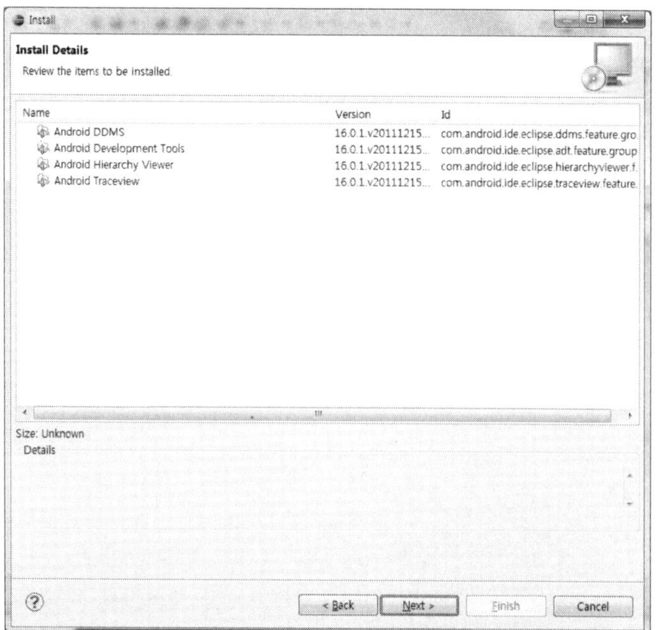

5 "Next" 버튼을 선택하면, Review License 대화상자에서 라이센스에 동의한다는 라디오 버튼을 선택하고 "Finish" 버튼을 선택한다.

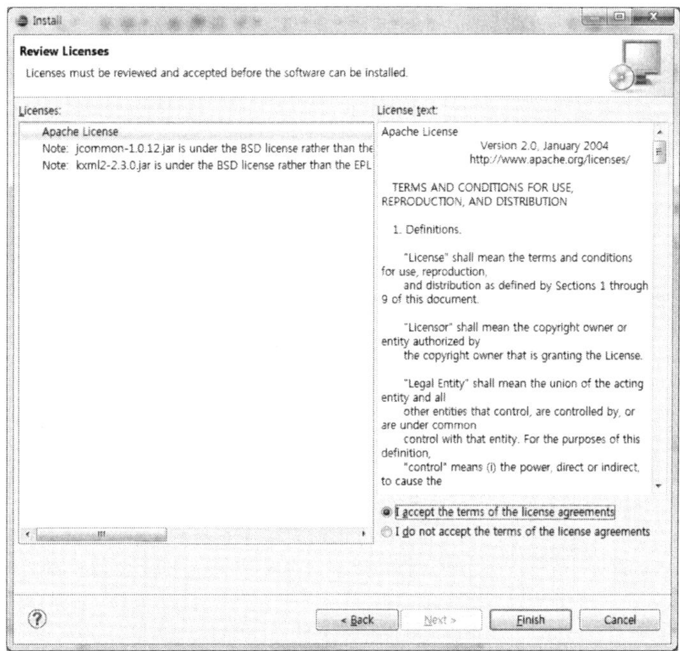

6 소프트웨어가 설치가 진행되며, 설치가 완료되면 이클립스의 재시작을 진행하게 된다.

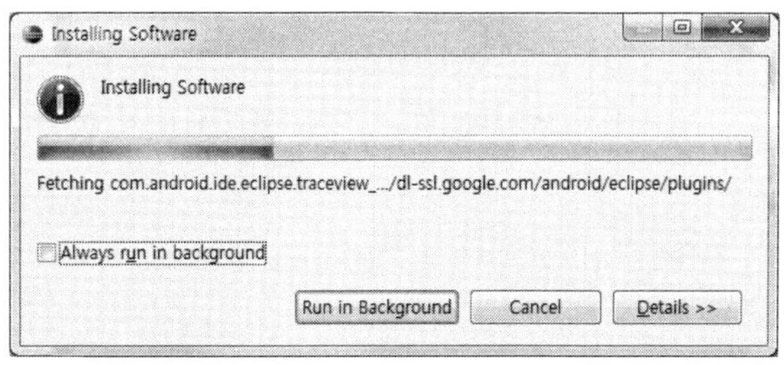

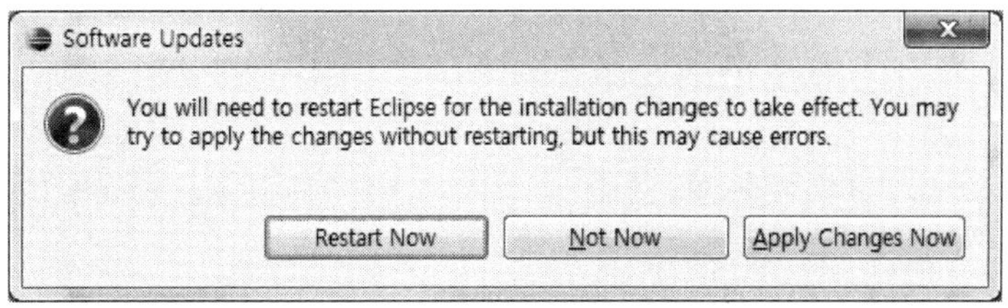

7 이클립스가 다시 시작되면 Choose Packages to Install 대화상자가 나타난다. Accept All 라디오 버튼을 선택하고 Install 버튼을 클릭한다.

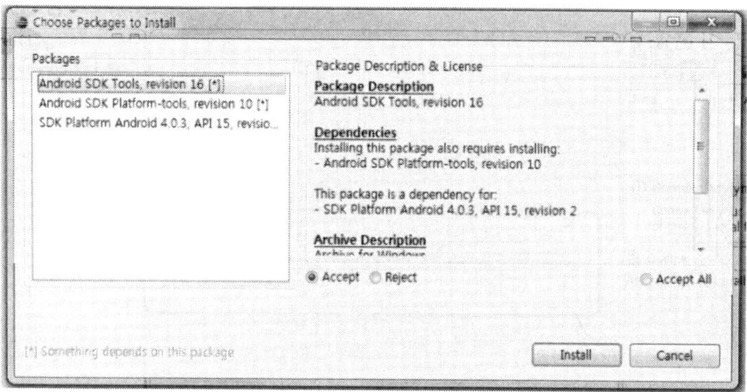

8 Android SDK Manager가 실행되면서 패키지를 설치하게 된다.

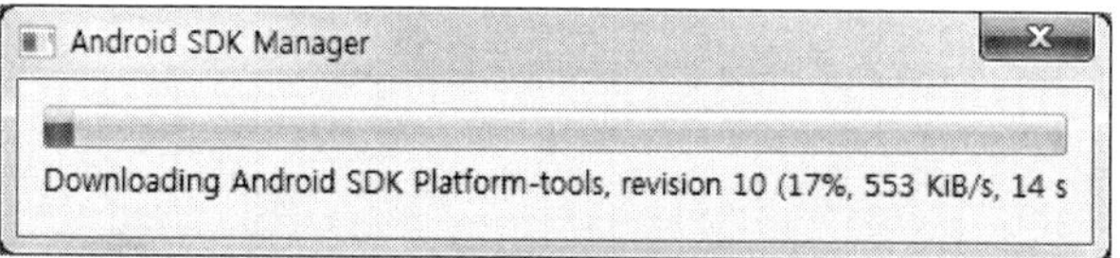

9 이클립스에서 Window ⇨ Preferences를 선택하면 Android SDK가 설치되었음을 확인할 수 있다.

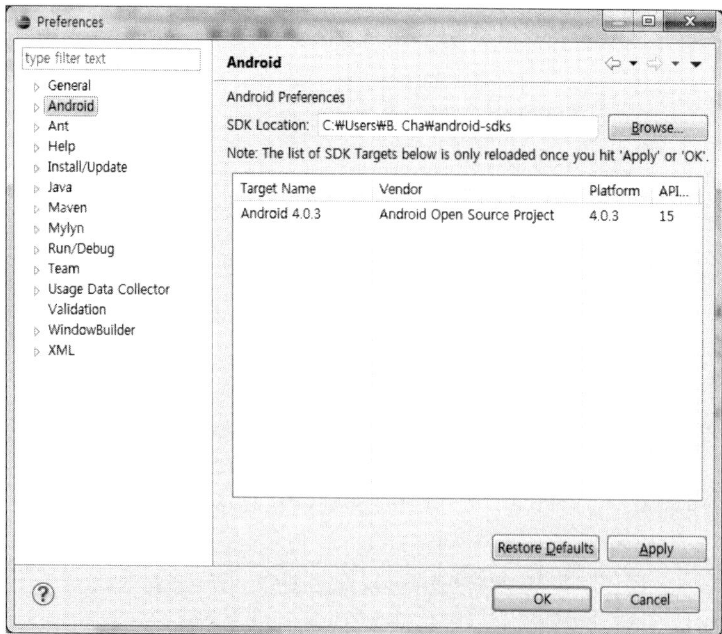

1.5 테스트 프로젝트 생성하기

안드로이드 프로그래밍을 하기 위한 모든 프로그램들을 설치하고 에뮬레이터를 실제로 실행해 본다. 안드로이드 에뮬레이터를 볼 수 있을 것이다.

1 이클립스에서 File ⇨ New ⇨ Project 메뉴를 선택한다. 'New Project' 대화상자가 나타나면 'Android\Android Project'를 선택하고 Next 버튼을 클릭한다.

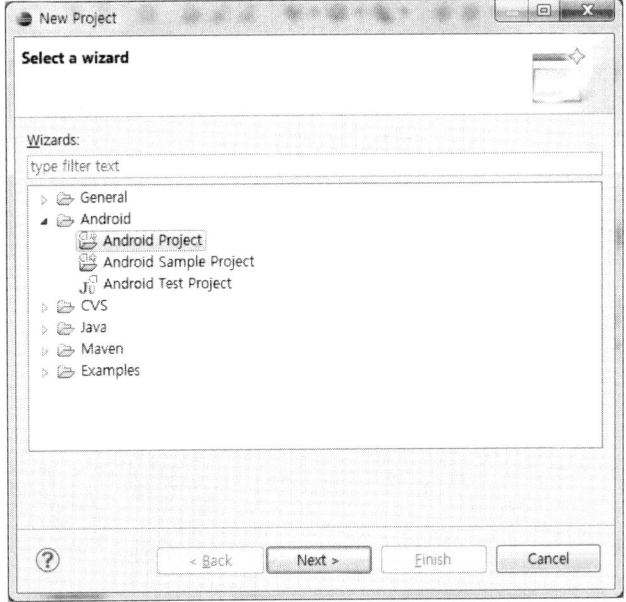

2 'New Android Project' 대화상자가 나타나면, Project Name 항목에 "HelloAndroid"를 입력하고 Next 버튼을 클릭한다.

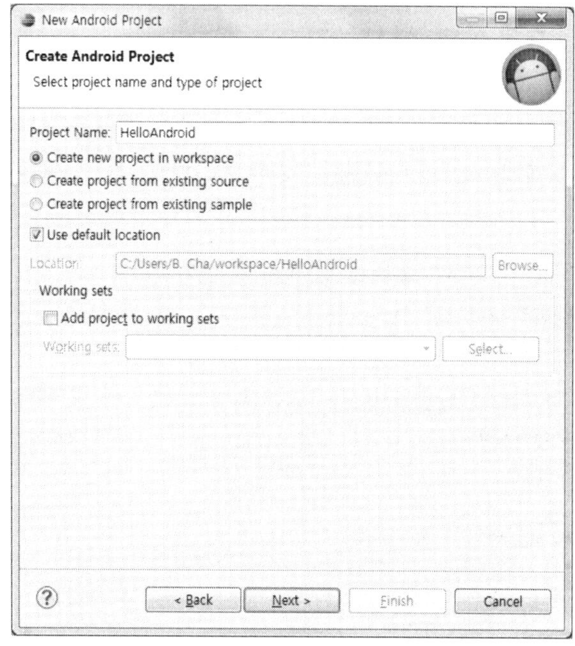

3 Select Build Target 대화상자가 나타나면, 다음의 그림과 같이 선택하고 Next 버튼을 클릭한다.

4 Application Info 대화상자가 나타나며, Package Name 항목에 "com.exam.helloandroid"를 입력하고 Finish 버튼을 클릭한다.

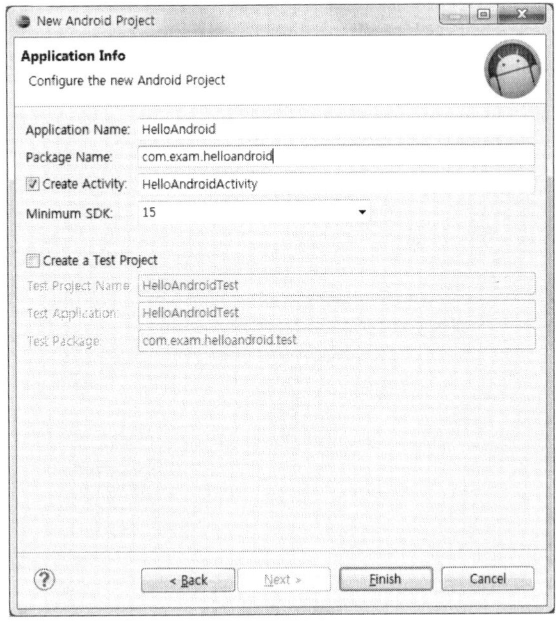

5 프로젝트의 설정이 완료되면 다음과 같은 화면이 나타난다.

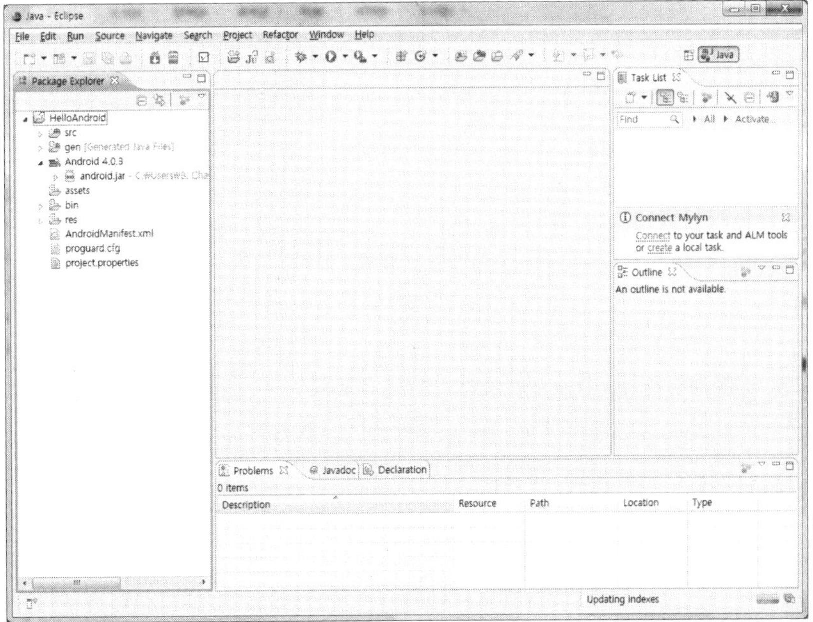

6 다음의 그림과 같이 마우스로 선택하여 수행하여 본다.

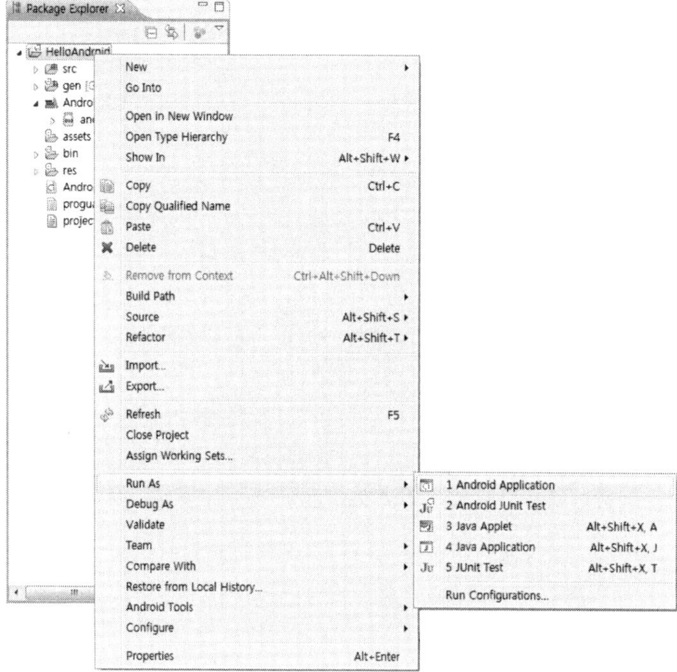

7 그러면, Android AVD Error 대화상자가 나타난다.

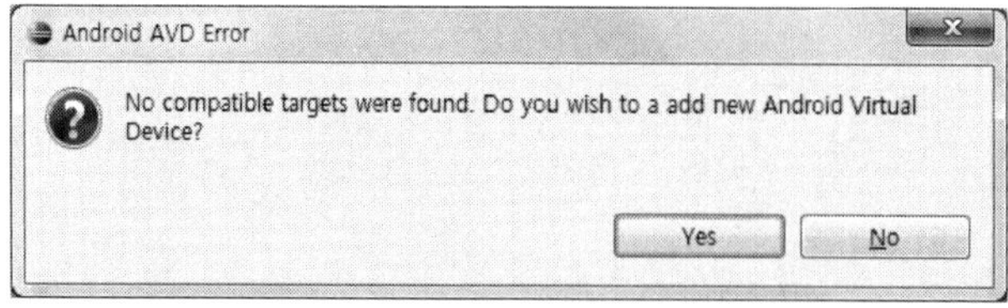

8 이 문제를 해결하기 위해서 이클립스에서 Window ⇨ AVD Manager를 선택하면, Android Virtual Device Manager 대화상자가 나타난다.

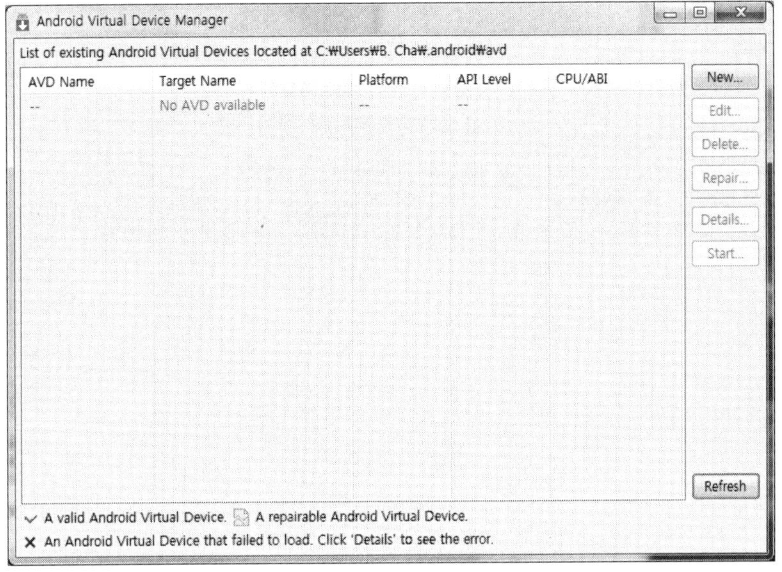

9 Android Virtual Device Manager 대화상자에서 New 버튼을 클릭하면 Create new Android Virtual Device 대화상자가 나타나며, Name 항목에 "IceCream Sandwich"를 입력하고, Target 항목에 "Android 4.0.3 – API Level 15"를 선택한다. 그리고 Create AVD 버튼을 클릭한다.

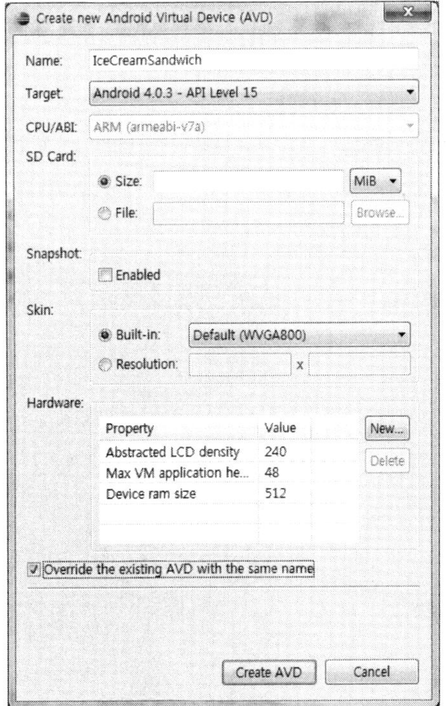

10 Android Virtual Device Manager 대화상자에 새로운 AVD가 성성된 것을 확인할 수 있다.

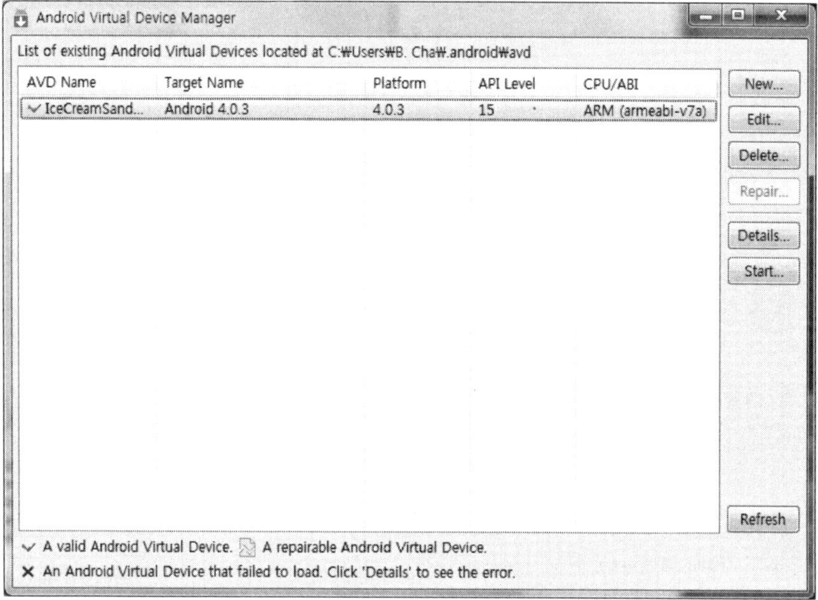

11 Android Virtual Device Manager 대화상자에 Start.. 버튼을 클릭하면 다음의 그림들과 같이 다양한 화면이 마우스의 클릭에 의해서 나타나는 것을 볼 수 있다.

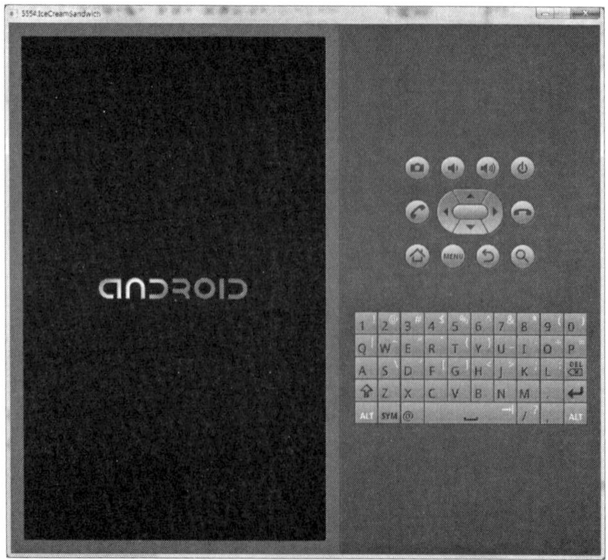

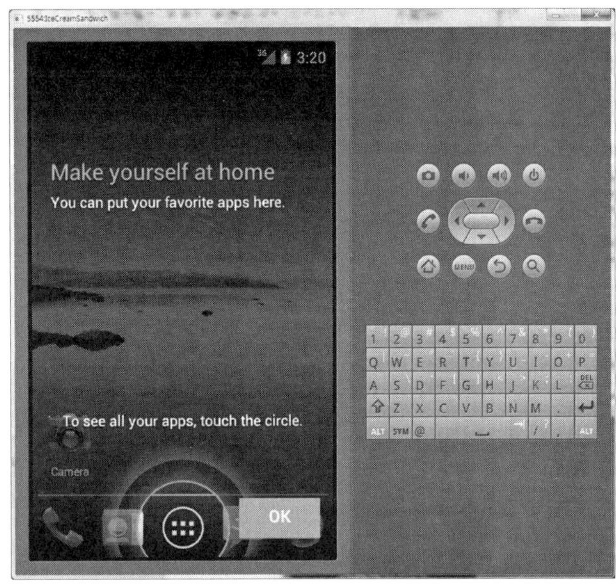
3:20
Make yourself at home
You can put your favorite apps here.
To see all your apps, touch the circle.
Camera
OK

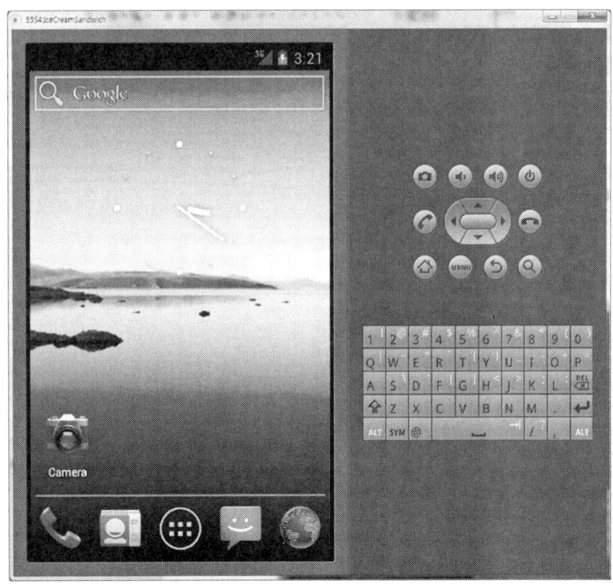
3:21
Google
Camera

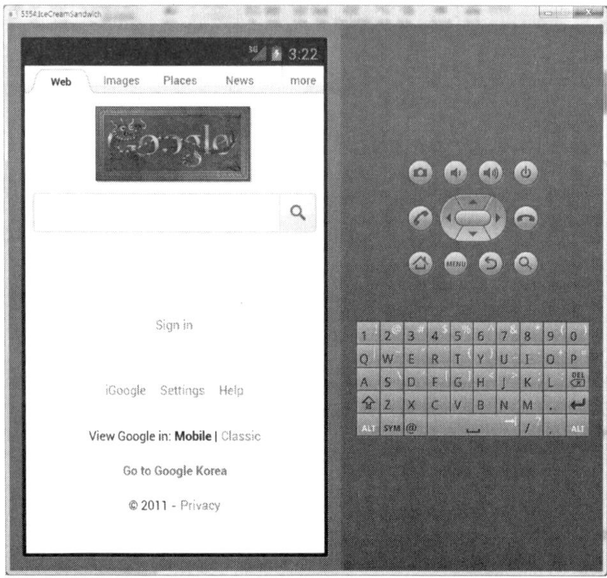

3:22
Web
Images
Places
News
more
Google
Sign in
iGoogle Settings Help
View Google in: Mobile | Classic
Go to Google Korea
© 2011 - Privacy

CHAPTER 02

안드로이드 문자열 출력 프로그래밍

2.1 프로그래밍의 시작 : 프로젝트 생성하기

안드로이드 프로젝트를 새로 생성하는 방법과 에뮬레이터의 실행법을 살펴보면서 생성되는 각종 폴더와 파일들에 대해 자세히 다룬다. 안드로이드 개발 환경을 파악하는 부분으로 주의깊게 살펴보자.

2.1.1 새 프로젝트 생성하기

1 이클립스를 실행한 후 'File ⇨ New ⇨ Project' 메뉴를 선택한다.

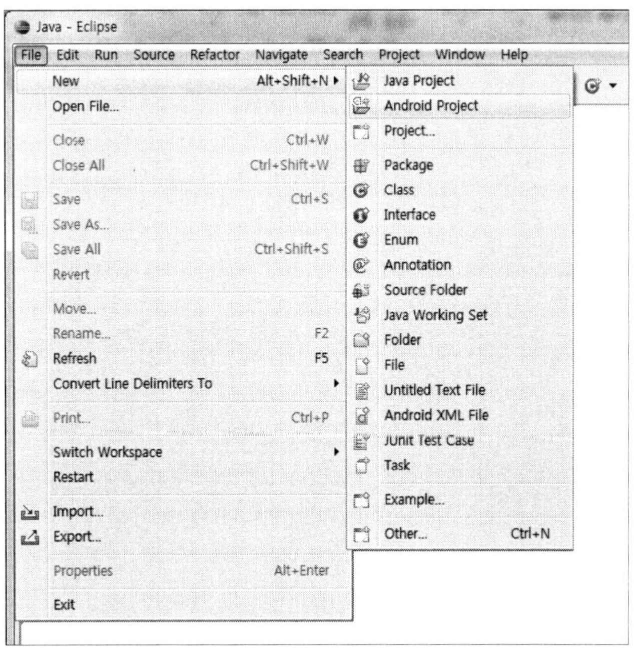

2 안드로이드 플러그인을 정상적으로 설치했다면 'New Project' 대화상자에 'Android' 라는 항목이 보이는데, 이것을 선택하고 Next 버튼을 클릭한다. 또는 이클립스의 메뉴를 선택해도 같은 효과가 나타난다.

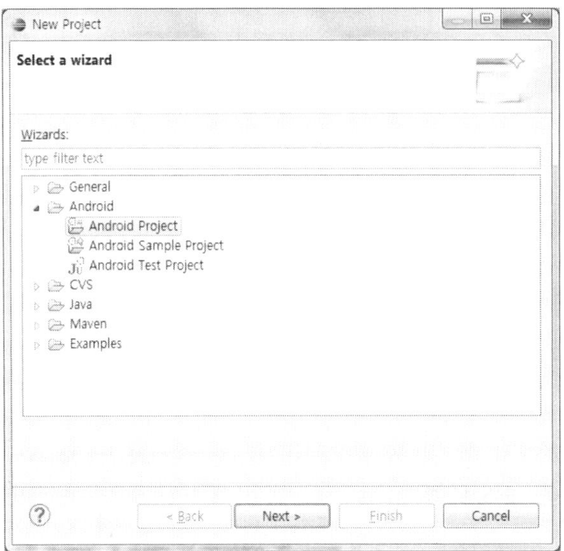

3 'New Android Project' 대화상자는 생성하려는 프로젝트의 상세 정보를 입력하는 곳이다.

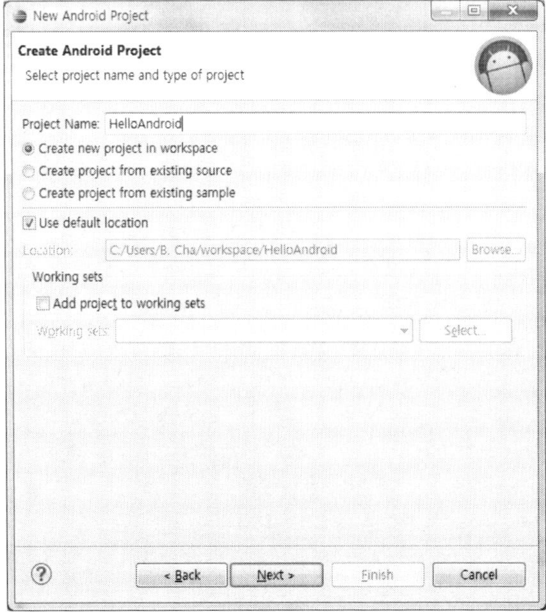

● Project Name

프로그래밍하려는 프로젝트의 이름이다. 프로그래머가 개발 기간 동안 접할 이름이므로 프로그래머가 구별할 수 있는 적당한 이름을 입력하는데, 여기에서는 'HelloAndroid'라고 입력했다.

4 Select Buile Target 대화상자에서는 Build Target을 선택하고 Next 버튼을 클릭한다. 그리고 Application Info 대화상자에서는 Package Name 항목에 "com.exam.helloandroid"를 입력한다.

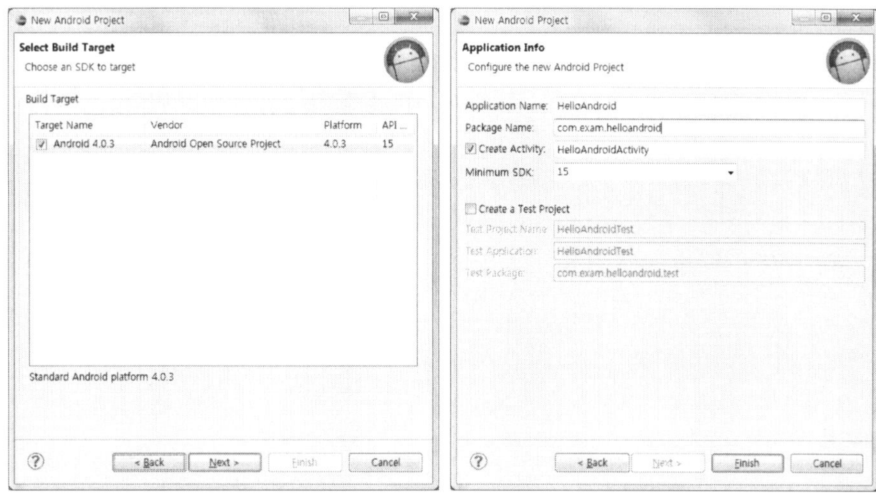

● Application Name

개발이 완료되면 사용자들이 접하는 이름이므로 처음 보는 사용자가 이해할 수 있는 이름을 입력해야 한다. 여기에서는 'HelloAndroid'라고 입력한다.

● Package Name

2단계 이상 입력해야 한다. 보통은 com.companyname.appname과 같이 3단계로 입력하는 경우가 많으며, 패키지 이름에서 사용한 점(.)은 com\companyname\appname과 같이 폴더구조를 나타낸다. 여기에서 지정한 폴더에 소스가 생성된다.

5 모두 입력한 후 Finish 버튼을 클릭하면 이클립스에 프로젝트 정보와 다음과 같은 소스가 자동으로 생성된다. 다음의 그림을 '패키지 익스플로러'라고 하는데, 프로그래밍할 때 자주 사용한다.

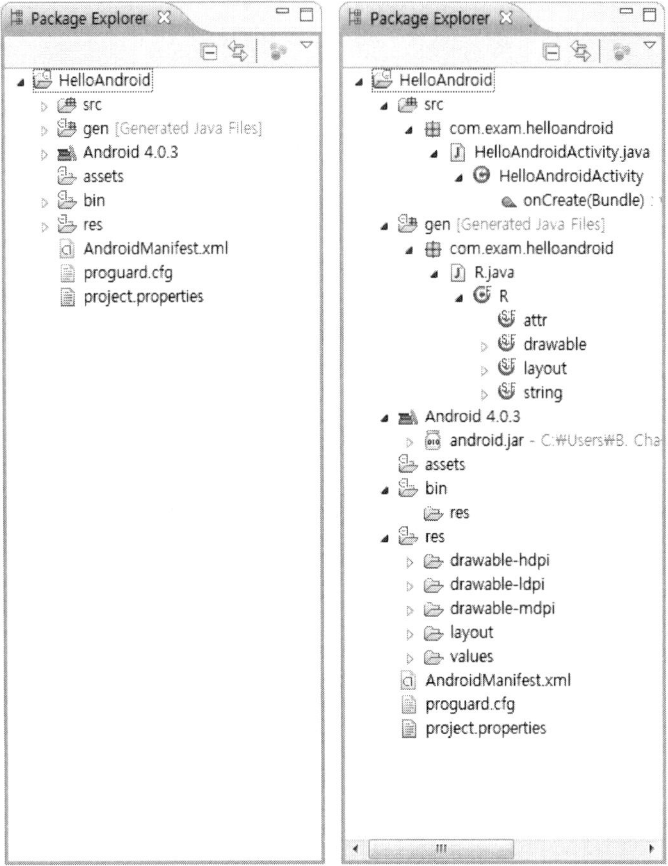

6 패키지 익스플로러에서 파일이름을 더블클릭하면 오른쪽에 파일 내용이 나타난다. 다음의 그림은 'HelloAndroidActivity.java' 파일을 더블클릭한 것이다.

HelloAndroidActivity.java

```
package com.exam.helloandroid;

import android.app.Activity;

public class HelloAndroidActivity extends Activity {
    /** Called when the activity is first created. */
    @Override
    public void onCreate(Bundle savedInstanceState) {
        super.onCreate(savedInstanceState);
        setContentView(R.layout.main);
    }
}
```

2.1.2 에뮬레이터 실행하기

생성된 기본 소스를 바로 빌드하고 실행해 보자. 다음의 그림과 같이 왼쪽의 패키지 익스플로러에서 방금 생성한 프로젝트 이름(HelloAndroid)을 마우스 오른쪽 버튼으로 클릭한 후 바로가기 메뉴에서 'Run As' ⇨ 'Android Application'을 선택한다.

안드로이드 애플리케이션을 실행하면 자동으로 컴파일되면서 구글 폰 에뮬레이터가 나타난다. 에뮬레이터가 동작하기까지의 시간은 매우 길다. 다음의 그림들은 에뮬레이터가 실행되는 도중의 화면이다.

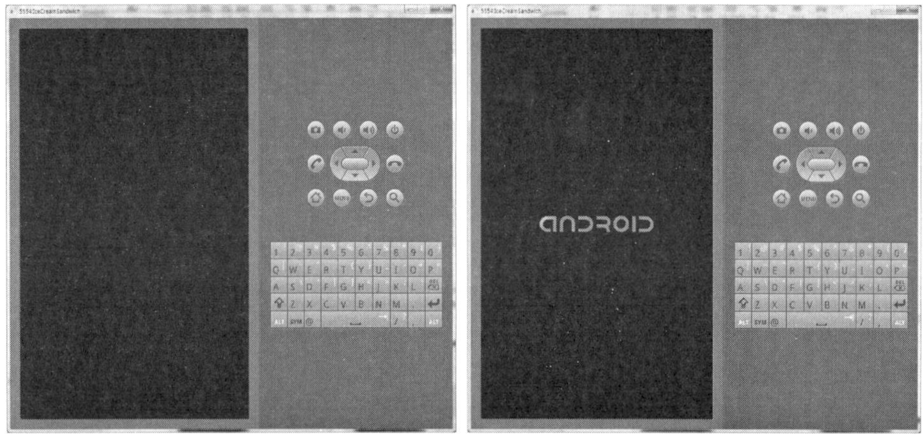

조금 더 기다리면 애플리케이션이 바로 실행되거나 아래의 그림과 같이 Screen locked 메시지가 나타난다. Screen locked 메시지가 보이면 방향키 바로 위의 MENU 버튼을 클릭한다.

제대로 동작되었다면 다음의 그림과 같이 'Hello World, HelloAndroid!'라는 문자열을 확인할 수 있다.

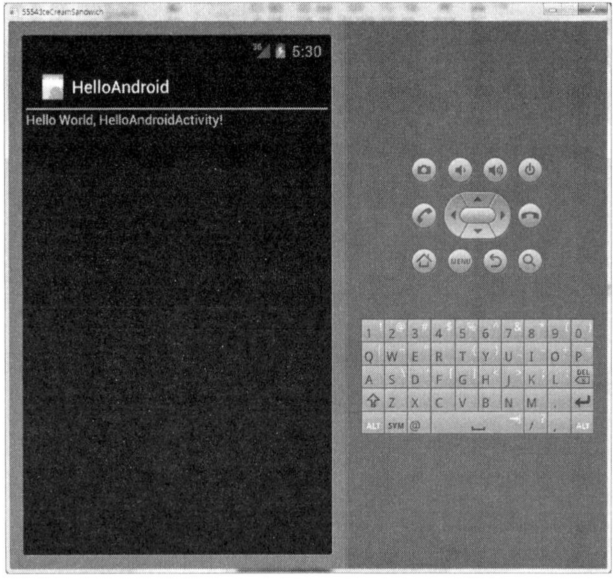

2.1.3 생성된 폴더와 파일

HelloAndroid 프로젝트를 만들고 실행할 때까지 이클립스가 자동으로 만든 파일들을 살펴보자. 이 파일들을 'HelloAndroid' 폴더에 생성되는데, 'C:\Users\[사용자 이름]\workspace' 폴더에 'HelloAndroid' 폴더를 생성했다. 다음의 그림과 같이 'HelloAndroid' 폴더의 아래에는 'assets', 'bin', 'res', 'src' 폴더가 있고, 각 폴더에는 다음과 같은 파일들이 저장된다.

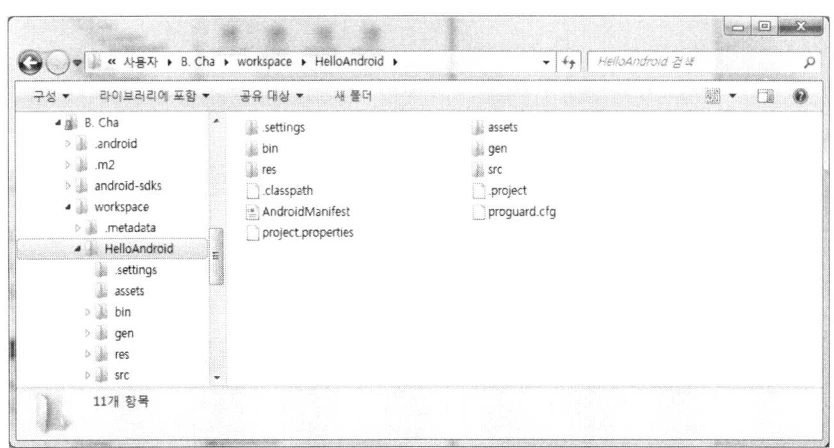

- 'bin' 폴더

  .java 소스 파일을 컴파일할 때 생성되는 .class 파일이 저장되는 곳이다. 실제 'bin' 폴더의 아래에는 다음의 그림과 같이 생성된 클래스 파일들이 포함된 폴더를 확인할 수 있다.

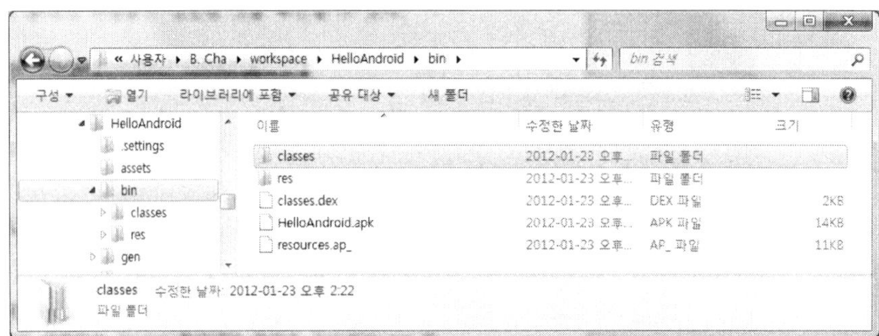

- 'res' 폴더

  'res' 폴더에는 5개의 서브 폴더인 'drawable-*', 'layout', 'values' 등이 있다. 'drawable-*' 폴더에는 이미지 파일들이 저장되고, 'layout' 폴더에는 화면을 구성하는 xml 파일이 저장된다. 마지막으로 'values' 폴더에는 프로그램에서 사용하는 스트링 등의 값이 저장된다. 다음은 HelloAndroid 프로젝트의 'res' 폴더에 자동으로 생성된 파일들이다.

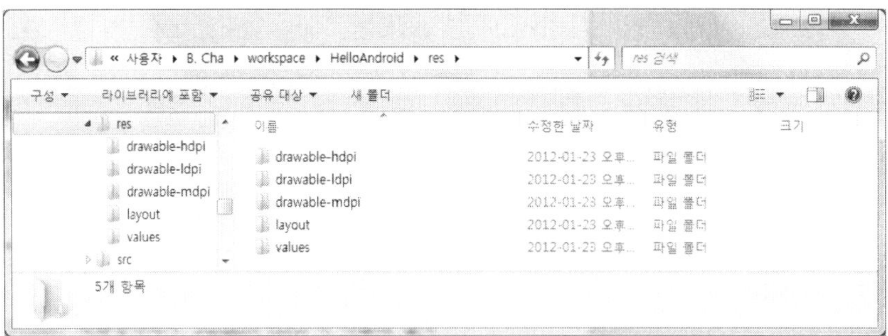

- 'src' 폴더

  앞에서 살펴본 'New Android Project' 대화상자에서 'Package Name'에 다음과 같이 입력했다.

```
com.exam.helloandroid
```

그러면 아래 그림과 같이 서브 폴더들이 생성되면서 맨 마지막 폴더에 소스가 생성되었다.

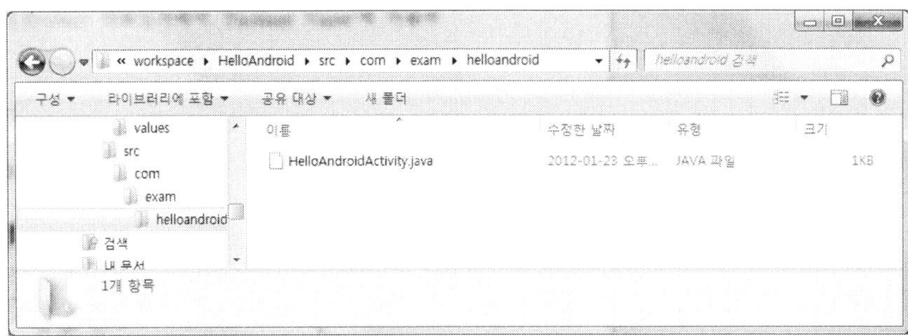

2.2 화면에 문자열 출력하기

안드로이드 프로젝트를 새로 만들 때 생성되는 '.java' 파일과 'R.java' 파일, 'main.xml' 파일, 'strings.xml' 파일 등에 대해 살펴본다.

- 'HelloAndroid.java' 파일

  이클립스의 패키지 익스플로러에서 'HelloAndroidActivity.java' 파일을 더블클릭하여 소스를 살펴 보자. C언어로 프로그래밍되어 있다면 어딘가 printf("Hello World, Hello Android");와 같은 문장이 있을 것이다. 안드로이드도 자바 프로그래밍이니 위와 비슷한 함수가 소스에 있어야 한다.

  다음은 'HelloAndroidActivity.java' 소스의 내용이다.

```
package com.exam.helloandroid;

import android.app.Activity;
import android.os.Bundle;

public class HelloAndroidActivity extends Activity {
        @Override
        public void onCreate(Bundle savedInstanceState)  {
        super.onCreate(savedInstanceState);
        setContentView(R.layout.main);
        }
}
```

위의 소스에는 출력에 관련된 내용은 없고, 가장 출력과 관계가 있는 것 같은 메서드는 setContentView()이다. 뒤에 살펴보겠지만 'Hello World, Hello Android" 문자열은 setContentView(R.layout,main); 문장을 통해 화면에 출력되었다.

setCOntentView(R.layout.main); 문장의 의미는 R 클래스의 내부(inner) 클래스인 layout 클래스의 main 필드를 화면에 보여주라는 의미이다. 결국 main 필드가 가리키는 곳에 'Hello World, Hello Android' 문자열을 출력하라는 정보가 있을 것이라고 추측할 수 있다.

- 'R.java' 파일

  R 클래스는 'src' 폴더의 'R.java' 파일에 정의되어 있는데, 이 파일이 보이지 않는다면 에뮬레이터를 실행해 본다. 에뮬레이터를 실행시키면 자동으로 빌드 과정이 수행되는데, 이 과정에서 'R.java' 파일이 생성된다. 'R.java' 파일은 프로젝트에서 쓰이는 이미지, 레이아웃, 스트링 등의 리소스(resource)를 가리키는 인덱스 파일이다. 즉 'R.java' 파일에는 프로그램에서 사용하는 리소스들의 정보가 저장되어 있다. 실제로 'R.java' 파일을 열어보면 다음의 소스를 볼 수 있는데, 각 필드는 리소스에 대한 주소값을 저장하고 있다.

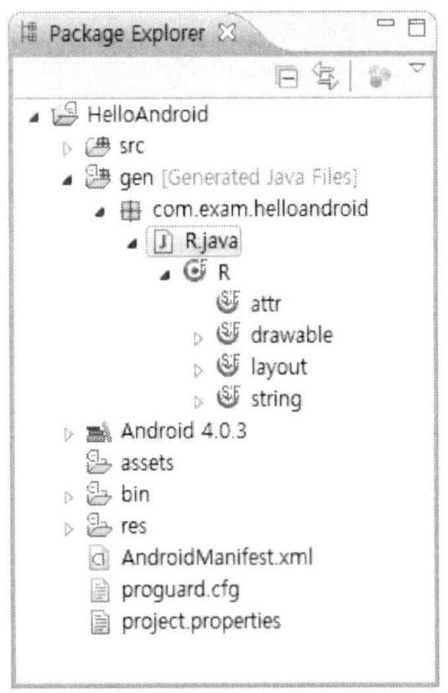

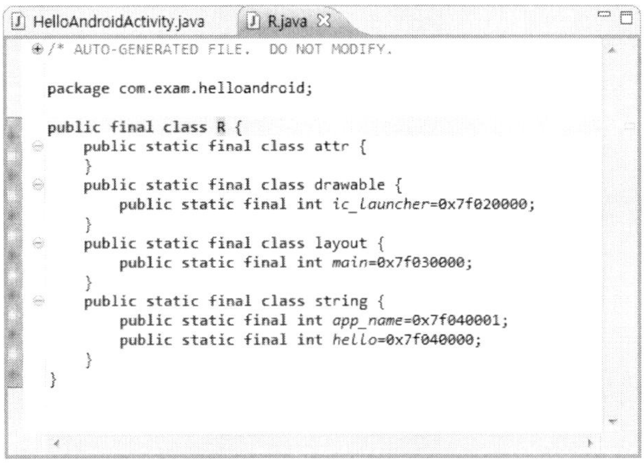

HelloAndroidActivity.java R.java

```
/* AUTO-GENERATED FILE.  DO NOT MODIFY.

package com.exam.helloandroid;

public final class R {
    public static final class attr {
    }
    public static final class drawable {
        public static final int ic_launcher=0x7f020000;
    }
    public static final class layout {
        public static final int main=0x7f030000;
    }
    public static final class string {
        public static final int app_name=0x7f040001;
        public static final int hello=0x7f040000;
    }
}
```

위의 소스에서 main 필드는 주소를 저장하고, layout 클래스에 포함되어 있다. layout 클래스에 포함되어 있는 것으로 보아 main 필드는 layout과 관련된 정보라는 것을 추측할 수 있다. 'R.java' 파일은 자동으로 생성되는 것이므로 프로그래머가 직접 수정해서는 안된다. 'R.java' 파일의 R 클래스를 사용하면 프로젝트에 포함된 리소스를 간단하게 필드 이름으로 접근할 수 있다.

이클립스의 코드 완성 기능(code-completion)이 위의 필드들을 쉽게 접근할 수 있게 한다. 그림은 "R.layout."까지 입력한 화면으로 이때 자동으로 layout 클래스에 포함되어 있는 필드들이 나타나는데, 이러한 자동 기능을 '코드 완성 기능'이라고 한다.

이클립스의 안드로이드 플러그인은 프로그래머가 'layout' 폴더에 XML 파일을 새로 추가하면 'R.java' 파일이 자동으로 재생성된다. 마찬가지로 이미지나 스트링과 같은 다른 리소스를 프로젝트에 추가할 때도 'R.java' 파일이 자동으로 변경된다. 여기에서 기억해야 할 중요한 점은 'layout'으로 명명된 내부 클래스와 이 클래스의 main 필드이다. 자세히 보면 main 필드는 layout 클래스에 있다. 즉 다음의 'layout' 폴더의 'main.xml'을 가리키는데, 이때의 'main.xml' 파일이 main 필드이다.

```
C:\Users\[사용자 이름]\workspace\HelloAndroid\res\layout
```

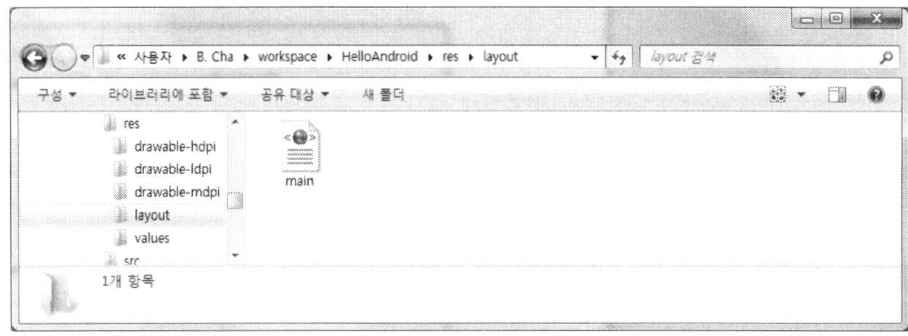

- 'main.xml' 파일

  'main.xml' 파일은 다음과 같다.

```
<?xml version="1.0" encoding="utf-8"?>
<LinearLayout xmlns:android="http://schemas.android.com/apk/res/android"
    android:layout_width="fill_parent"
    android:layout_height="fill_parent"
    android:orientation="vertical"    >

<TextView
    android:layout_width="fill_parent"
    android:layout_height="wrap_content"
    android:text="@string/hello"     />

</LinearLayout>
```

위의 소스코드의 아랫부분에 android:text="@string/hello"라는 부분은 string을 화면에 표시하라는 의미이다. 즉, "@string/hello"에서 hello라는 스트링을 화면에 표시해야 한다는 것을 알 수 있다. 그러면 hello 스트링은 어디에 정의되어 있는지 알아보자.

- 'strings.xml' 파일

  스트링은 'C:\Users\[사용자 이름]\workspace\res\values\strings.xml' 파일에 정의되어 있다. 이클립스에서 'strings.xml' 파일을 열어보자.

```
<?xml version="1.0" encoding="utf-8"?>
<resources>
    <string name="hello">Hello World, HelloAndroidActivity!</string>
    <string name="app_name">HelloAndroid</string>
</resources>
```

hello라는 스트링은 "Hello"로 정의되어 있으므로 화면에 문자열이 보인다. 좀 복잡하지만 이러한 과정을 통해 문자열을 표시할 수 있다. 다음의 그림은 앞의 과정을 정리한 그림이다.

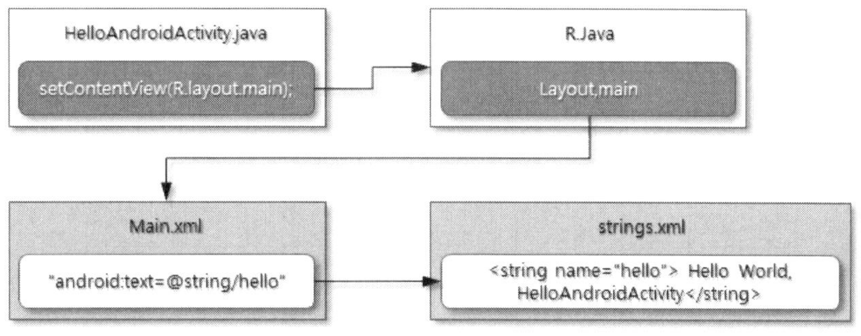

그림 7 화면 레이아웃의 구성

HelloAndroidActivity.java 소스의 setContentView(R.layout.main); 메서드에서 'R.java' 파일의 layout.main 필드를 파라미터로 넘겨준다. 이때 layout.main 필드는 main.xml을 의미하고, main.xmld의 android:text="@string/hello"는 strings.xml의 <string name="hello">Hello World, HelloAndroidActivity</string>를 의미한다.

2.3 프로그래밍으로 화면 레이아웃 구성하기

안드로이드에서 화면을 구성하는 방법은 출력함수를 이용하는 방법과 XML문서를 이용하는 방법이 있다. 이 중 출력함수를 이용하는 방법에 대해 살펴본다.

2.3.1 클래스 import하기

이번에는 지금까지 자바언어에서 많이 사용하던 방식으로 문자열을 화면에 표시해 보자. 먼저 이클립스 패키지 익스플로러에서 'HelloAndroidActivity.java' 파일을 더블클릭한다. 소스에서 import의 앞을 보면 ⊕기호가 보일 것이다. ⊕를 클릭하면 2개의 패키지가 import되어 있다.

```
HelloAndroidActivity.java
package com.exam.helloandroid;

import android.app.Activity;

public class HelloAndroidActivity extends Activity {
    /** Called when the activity is first created. */
    @Override
    public void onCreate(Bundle savedInstanceState) {
        super.onCreate(savedInstanceState);
        setContentView(R.layout.main);
    }
}
```

```
HelloAndroidActivity.java
package com.exam.helloandroid;

import android.app.Activity;
import android.os.Bundle;

public class HelloAndroidActivity extends Activity {
    /** Called when the activity is first created. */
    @Override
    public void onCreate(Bundle savedInstanceState) {
        super.onCreate(savedInstanceState);
        setContentView(R.layout.main);
    }
}
```

위의 import 문장은 C 언어에서 #include 문장과 기능이 비슷하다. 안드로이드에서 미리 구현된 메서드들을 사용하려면 해당 메서드가 선언된 클래스를 import해야 오류가 발생하지 않는다. 이때 import 문장을 사용해야 한다. 문자열을 화면에 표시하는 메서드는 TextView 클래스의 setText() 메서드로, 이 메서드를 아래와 같이 코딩하면 이클립스는 오류가 발생했다고 알려준다. 오류의 내용은 TextView를 알 수 없다는 것인데, TextView 클래스가 선언된 클래스를 정확하게 import하면 이 문제가 해결된다.

```
TextView tv = new TextView(this);
tv.setText("Hello, Android ^.*");
setContentView(tv);
```

다음의 그림은 앞의 소스에서 3라인을 다음과 같이 추가한 것으로, 13번째 라인에 오류가 표시된다. 따라서 이클립스에서 프로그래밍을 하면 컴파일하기 전에 간단한 오류는 곧바로 확인할 수 있다.

```
*HelloAndroidActivity.java
package com.exam.helloandroid;

import android.app.Activity;
import android.os.Bundle;

public class HelloAndroidActivity extends Activity {
    /** Called when the activity is first created. */
    @Override
    public void onCreate(Bundle savedInstanceState) {
        super.onCreate(savedInstanceState);
        setContentView(R.layout.main);

        TextView tv = new TextView(this);
        tv.setText("Hello, Android ^.*");
        setContentView(tv);
    }
}
```

만약 해당 클래스나 메서드가 어느 클래스에 선언되어 있는지 알지 못해서 어떤 클래스를 import해야 할지 모르겠다면 Ctrl+Shift+O를 누르면 된다. 위의 예제에서 Ctrl+Shift+O를 누르면 자동으로 import android.widget.TextView;라는 문장이 삽입된다.

```
*HelloAndroidActivity.java
package com.exam.helloandroid;

import android.app.Activity;
import android.os.Bundle;
import android.widget.TextView;

public class HelloAndroidActivity extends Activity {
    /** Called when the activity is first created. */
    @Override
    public void onCreate(Bundle savedInstanceState) {
        super.onCreate(savedInstanceState);
        setContentView(R.layout.main);

        TextView tv = new TextView(this);
        tv.setText("Hello, Android ^.*");
        setContentView(tv);
    }
}
```

2.3.2 TextView 클래스

안드로이드 사용자 인터페이스(User Interface)는 View라는 클래스를 통해 이루어진다. View는 라디오 버튼, 애니메이션, 텍스트 라벨과 같은 화면에 표시할 수 있는(drawable) 객체이다. 이 예제에서는 화면에 텍스트를 보여주기 위해 View의 서브 클래스인 TextView를 사용했다. 이 TextView 클래스는 다음과 같이 생성된다.

```
TextView tv = new TextView(this);
```

TextView 클래스 생성자의 파라미터는 HelloAndroid 자신이다. HelloAndroid 클래스는 Activity의 서브 클래스이다. TextView 클래스의 setText()라는 메서드를 이용하여 다음과 같이 출력할 내용을 지정할 수 있다.

```
tv.setText("Hello, Android ^.*");
```

마지막으로 이 TextView를 화면에 출력하기 위해 현재의 Activity에 다음과 같이 연결한다.

```
setContentView(tv);
```

Activity가 무엇인지는 다음 장에서 자세히 언급할 것이다. Activity의 setContent View() 메서드는 화면에 나타날 UI(User Interface)를 지정한다. 만약 Activity가 이 메서드를 호출하지 않으면 아무런 UI가 존재하지 않으며, 시스템은 빈 화면을 출력할 것이다.

앞 절에서 setContentView() 메서드의 파라미터로 R.layout.main이 사용되었는데, 이번에는 tv라는 TextView 클래스가 사용되었다. tv 클래스는 멤버 메서드인 setText()를 이용하여 'Hello, Android ^.*' 문자열을 설정했다. 위와 같이 소스를 변경하고 실행하면 화면에 'Hello, Android ^.*'라는 문자열이 나타난다. 다음의 상단 그림은 AVD가 Android 3.2의 HoneyComb이고 하단 그림은 AVD가 Android 4.03의 Ice Cream Sandwich로 시뮬레이션한 결과를 나타낸 것이다.

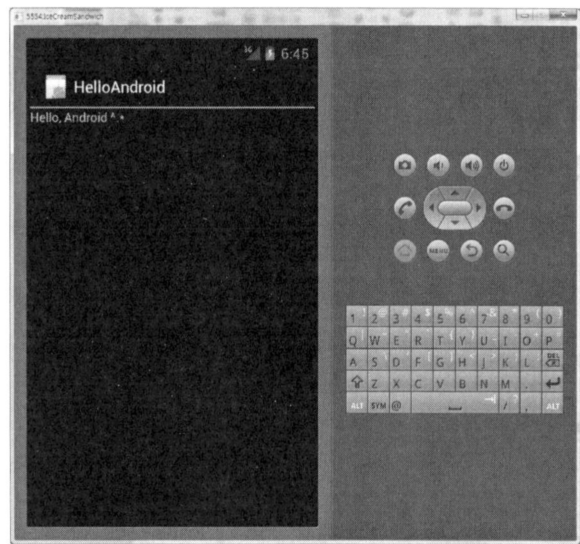
6:45
HelloAndroid

2.4 XML로 화면 레이아웃 구성하기

프로그래밍으로 화면 레이아웃을 구성하는 것은 마치 특정 숫자나 문자를 소스에 하드 코딩하는 것과 비슷하다. 이것을 해결하려면 소스와 소스에 들어가는 데이터를 서로 분리하는 것이다. 마찬가지로 소스와 UI가 분리되어 있다면 컴파일이 끝난 뒤에도 UI를 쉽게 변경할 수 있다. 이번에는 UI 제작을 XML 파일로 대체할 수 있는 방법에 대해 살펴본다.

2.4.1 XML 레이아웃 파일

앞에서 살펴본 HelloAndroidActivity 예제는 UI를 소스코드로부터 직접 생성하는 프로그래밍적인 UI 레이아웃이다. 만약 UI 관련된 내용을 프로그래밍한 후 특정 부분을 수정하려면 오류의 발생 가능성, 디버깅 등의 어려움으로 쉽지 않은 작업이 될 것이다. 안드로이드가 UI 제작을 XML 파일로 대체할 수 있도록 한 것은 이 때문이다. 안드로이드 프로그래밍에서는 가급적 UI를 XML 파일로 구성하고 .java 소스에는 포함시키지 않는다. 이번 예제의 UI를 위한 'main.xml' 파일을 다시 한 번 살펴보자.

```
<?xml version="1.0" encoding="utf-8"?>
<LinearLayout xmlns:android="http://schemas.android.com/apk/res/android"
    android:layout_width="fill_parent"
    android:layout_height="fill_parent"
    android:orientation="vertical"    >
<TextView
    android:layout_width="fill_parent"
    android:layout_height="wrap_content"
    android:text="@string/hello"    />
</LinearLayout>
```

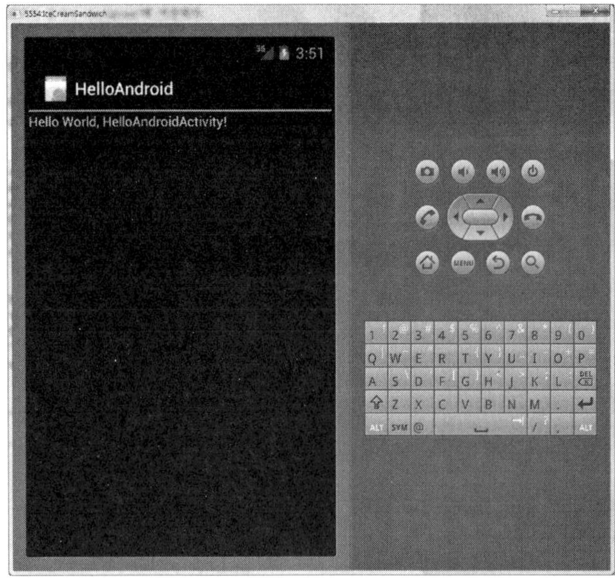

안드로이드 XML 레이아웃 파일은 배우기가 그리 어렵지 않다. XML 레이아웃 파일은 태그로 이루어져 있어서 의미를 직관적으로 알 수 있다.

'main.xml' 파일에는 TextView 엘리먼트가 정의되어 있다. TextView 엘리먼트와 같이 View에서 상속받은 클래스라면 어떤 클래스라도 XML 레이아웃의 엘리먼트로 사용할 수 있다. 즉 XML로 화면을 구성하면 소스코드에 UI 관련 코드를 직접 프로그래밍하는 것보다 더 쉽고 빠르게 UI를 만들 수 있다. 이제 위의 엘리먼트에 각각의 어트리뷰트의 의미를 살펴보자.

- xmlns:android
  안드로이드 어트리뷰트를 사용하겠다는 네임스페이스(namespace)를 선언한다. 안드로이드 어트리뷰트는 "android:"와 같이 사용한다.
- android:layout_width, android:layout_height
  View가 사용하는 영역의 크기를 선언하는 어트리뷰트이다. 만약 값이 "fill_parent"라면 부모 객체의 크기만큼 사용하겠다는 의미이고, "wrap_content"라면 콘텐츠가 제대로 보일 수 있는 최소한의 크기를 사용하겠다는 의미이다.
- android:text
  TextView가 담을 메시지를 지정한다. TextView가 화면에 보이므로 결국 android:text의 값인 "@string/hello"가 화면에 나타난다.

이렇게 작성한 문서는 프로젝트 폴더의 'res\layout'에 저장된다.

2.4.2 XML 레이아웃 파일 수정하기

이클립스의 안드로이드 플러그인은 프로젝트를 생성할 때 디폴트로 하나의 XML 파일은 'main.xml' 파일을 생성한다. 이번에는 HelloAndroid의 XML 파일을 수정하여 새로운 UI를 만들어 보자. 기존의 내용에 다음을 추가했다.

```
<?xml version="1.0" encoding="utf-8"?>
<LinearLayout xmlns:android="http://schemas.android.com/apk/res/android"
    android:layout_width="fill_parent"
    android:layout_height="fill_parent"
    android:orientation="vertical"    >
<TextView
    android:layout_width="fill_parent"
    android:layout_height="wrap_content"
    android:textColor = "#FF0000"
    android:gravity ="right"
    android:text="Hello World, Hello Android ^.*"     />
</LinearLayout>
```

다음의 그림은 <TextView> 태그가 추가된 결과를 나타낸다.

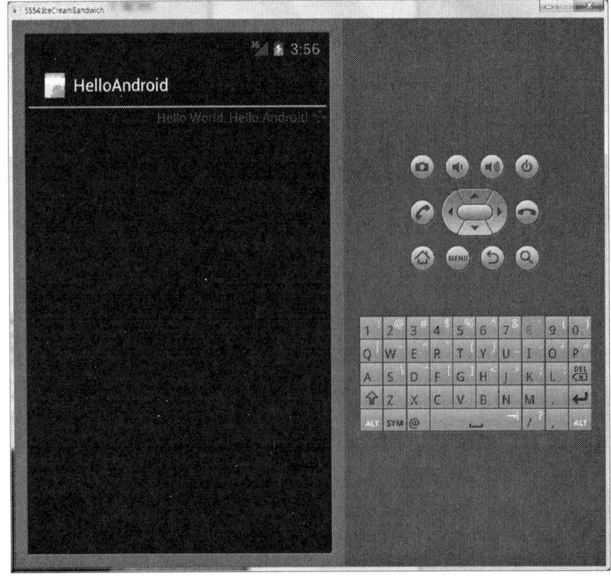

이번에는 다음의 내용으로 수정하여 보자.

```
<?xml version="1.0" encoding="utf-8"?>
<LinearLayout xmlns:android="http://schemas.android.com/apk/res/android"
    android:layout_width="fill_parent"
    android:layout_height="fill_parent"
    android:orientation="vertical"    >
<TextView
    android:layout_width="fill_parent"
    android:layout_height="wrap_content"
    android:textColor = "#FF00FF"
    android:gravity ="center"
    android:text="Hello World, Hello Android ^.*"    />
<EditText id = "@+id/entry"
    android:layout_width="fill_parent"
    android:layout_height="wrap_content"
    android:background = "@android:drawable/editbox_background"/>
</LinearLayout>
```

'main.xml' 파일에 위의 소스를 추가하고 실행하면 자동으로 재컴파일되며, 윈도우탐색기에서 'C:\Users\[사용자이름]\workspace\HelloAndroid\bin\classes\com\exam\helloandroid' 폴더를 확인하면 수정한 소스의 클래스 파일들이 다시 컴파일되어 있다. <EditText>의 엘리먼트의 android:id="@+id/entry" 부분을 추가했으므로 'R.java' 파일도 아래와 같이 자동으로 수정된다. R 클래스에 id 클래스가 추가되었다.

HelloAndroidActivity.java | main.xml | R.java

```
/* AUTO-GENERATED FILE.  DO NOT MODIFY.

package com.exam.helloandroid;

public final class R {
    public static final class attr {
    }
    public static final class drawable {
        public static final int ic_launcher=0x7f020000;
    }
    public static final class id {
        public static final int entry=0x7f050000;
    }
    public static final class layout {
        public static final int main=0x7f030000;
    }
    public static final class string {
        public static final int app_name=0x7f040001;
        public static final int hello=0x7f040000;
    }
}
```

"Hello World, Hello Android ^.*"라는 문자열의 아래쪽에 하나의 에디터 텍스트가 추가되었고, 실제 타이핑해보면 입력도 잘 된다.

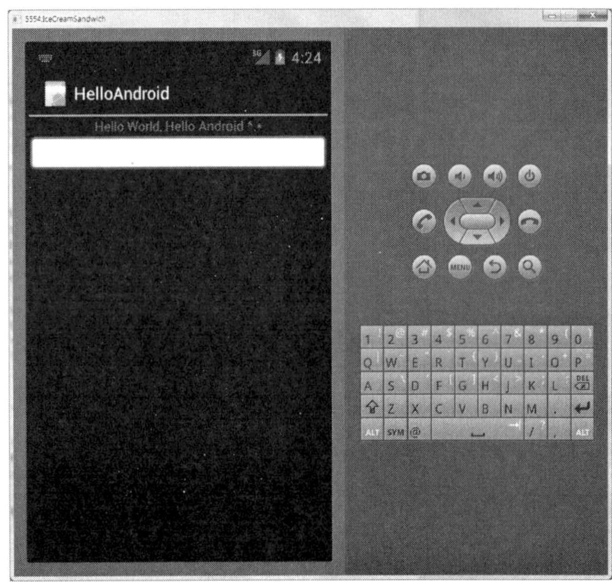

CHAPTER 03

애플리케이션의 구조와 사용자 인터페이스 살펴보기

안드로이드 애플리케이션의 구조를 이루는 Activity, Broadcast Receiver, Sevice, Content Provider와 프로세스 라이프 사이클에 대해서 살펴보고, 사용자 인터페이스에는 화면을 구성하는 레이아웃과 레이아웃 객체에 대해서 알아본다.

3.1 Activity

하나의 화면을 나타내는 Activity와 Activity 라이프사이클, 그리고 Activity 전환 시에 사용되는 intent에 대해서도 살펴본다.

3.1.1 Activity는 무엇인가

Activity는 애플리케이션의 하나의 스크린 또는 화면을 의미하는 말이다. Activity에서는 UI 컴포넌트를 화면에 표시하고, 시스템이나 사용자의 반응을 처리할 수 있다. Windows 시스템에서의 창(윈도우)과 기능이 비슷하다고 생각해도 될 것이다.

Windows에서 애플리케이션은 여러 개의 창을 가질 수 있는데, 안드로이드 애플리케이션에서도 여러 개의 Activity를 가질 수 있다. 프로그래머가 구현해야 할 각 Activity는 안드로이드에서 제공하는 Activity 클래스로부터 상속받아 구현해야 하며, 사용자에게 View와 이벤트(event)를 처리할 수 있는 인터페이스를 제공한다.

예를 들어 간단한 텍스트를 상대방에게 전달할 수 있는 메시징 애플리케이션을 생각해 보자. 이 애플리케이션이 사용자에게 보여주는 화면은 총 3개라고 가정한다.

첫 화면은 연락처 주소의 리스트를 보여주는 화면

두 번째 화면은 선택한 연락처의 주소로 메시지를 쓸 수 있는 화면

세 번째 화면은 보낸 메시지를 확인하거나 환경 설정을 바꾸는 화면

이러한 각각의 화면이 Activity가 되며, 다른 화면으로의 이동은 새로운 Activity를 시작하는 것과 같다. 이에 따라서는 Activity가 이전의 Activity로 특정 값을 전송해야 할 필요도 있다. 예를 들어 윈도우에서 자주 사용하는 이메일 프로그램을 생각해 보자. 받는 사람을 입력하는 부분에 직접 상대방의 이메일 주소를 입력해도 되지만 [주소록] 버튼을 클릭하여 나타나는 주소록 리스트에서 상대방을 선택할 수도 있다. 이 경우 주소록 리스트 화면에서 선택한 상대방의 이메일 주소가 전 화면에 전달되어야 한다.

Activity2에서 선택한 이름과 이메일 주소를 Activity1으로 전송하는 과정이며, 안드로이드에서는 이렇게 Activity간의 데이터 전송을 위한 방법을 제공하는데, 이 방법에 대해서는 Intent 항목에서 설명할 것이다. 화면이 열리면, 이전 화면이 멈추면서 히스토리 스택(history stack)에 저장된다.

사용자는 히스토리 스택을 이용하여 히스토리에 있는 이전 화면으로 돌아갈 수 있다. 화면이 히스토리 스택에 저장될 필요가 없으면 삭제된다. 안드로이드는 이 히스토리 스택을 각 애플리케이션마다 유지한다. Activity는 사용자와 상호작용을 하며, setContentView()라는 메서드를 통해 UI를 화면에 표시할 수 있다.

Activity는 풀스크린 윈도우로 그려져도 플로팅 창이나 다른 Activity에 임베디드되는 형태로 사용될 수 있다. Activity의 모든 서브 클래스들은 다음 2개의 메서드를 구현해야 한다.

- onCreate(Bundle)

  Activity를 초기화시킨다. onCreate() 메서드에서 실행할 때 findViewByUd(int) 메서드와 setContentView(int) 메서드를 호출하는 일이 가장 중요하다. find

ViewByUd(int) 메서드의 파라미터는 UI를 정의한 레이아웃 리소스인데, 이 리소스를 통해 화면에 그려야 할 위젯을 검색한다. 검색된 위젯은 setContent View(int) 메서드의 파라미터로 전달되어 화면에 표시된다.

- onPause()
  사용자가 Activity를 떠날 때 다루어야 하는 메서드이다. 애플리케이션의 실행 도중에 전화가 걸려오면 그때까지의 내용을 모두 저장해야 하는데, onPause() 메서드에서 이러한 저장 과정이 진행된다.

3.1.2 Activity 라이프사이클

안드로이드의 Activity도 MIDlet과 유사하게 라이프사이클(Life Cycle) 관리를 위해 onCreate, onStart, onRestart, onResume, onPause, onStop, onDestroy와 같이 7개의 메서드를 제공한다.

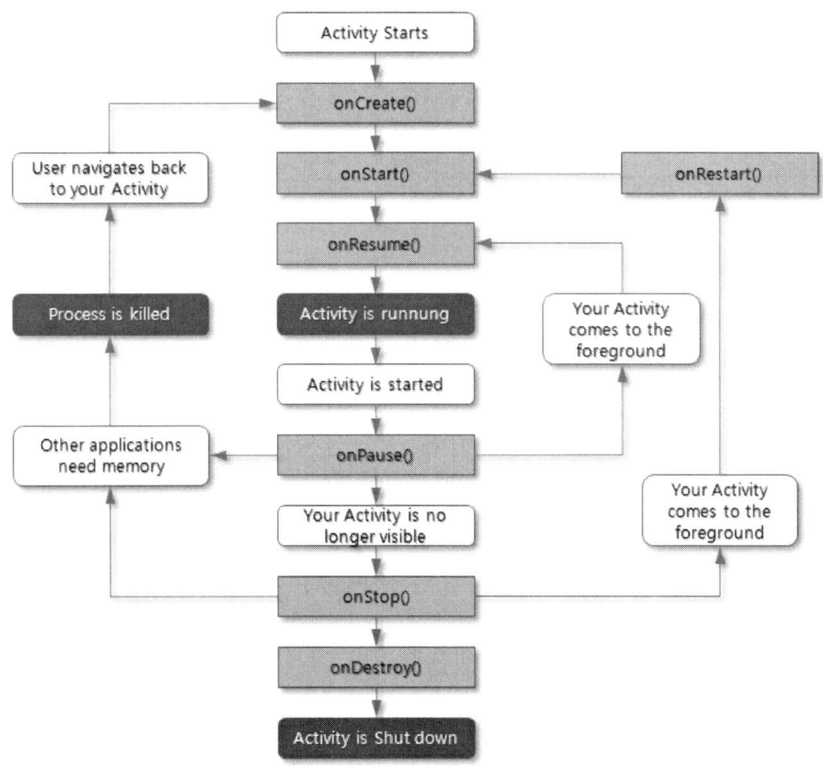

그림 8 Activity 라이프사이클

Activity 라이프사이클을 구성하는 각각의 메서드들을 살펴보자. 라이프사이클에 히스토리 스택이 자주 언급되므로 생성된 모든 Activity의 히스토리 스택은 유지된다는 사실을 기억해야 한다.

- onCreate()
  Activity가 생성될 때 처음으로 호출되는 메서드인데, 여기에서 주로 리소스를 초기화한다.
- onRestart()
  Activity가 정지된 후, 다시 시작되기 전에 호출된다.
- onStart()
  Activity가 사용자에게 보여줄 준비가 되었을 때 호출된다.
- onResume()
  Activity 스택의 맨 위에 있어서 Activity가 사용자에게 보여지고 사용자의 입력을 처리할 수 있을 때 호출된다.
- onPause()
  포커스를 잃고 이전의 Activity가 Resume되기 전에 호출된다. onPause()에서는 데이터의 저장, 애니메이션의 중지, CPU를 소비하는 작업 중단과 같은 일들을 수행한다.
- onStop()
  더 이상 Activity가 스택의 최상위에 있지 않으므로 Activity가 사용자에게 보여지지는다.
- onDestroy()
  onDestroy() 메서드가 호출되면 시스템에 Activity가 존재하지 않는다.

앞의 [그림 8]에서 Activity가 시작되고 실행중일 때 다른 Activity가 시작되면 그때까지 실행되던 Activity가 pause 상태로 전환되어야 한다. pause 상태로 존재하다가 다른 애플리케이션에서 메모리를 많이 요구하면 pause 상태에 있던 Activity는 죽을(Killed) 수도 있다. 만약 pause 상태에 있던 Activity를 사용자가 선택해서 다시 포그라운드로 되돌아가면 resume 상태가 된다.

또 pause 상태에 있던 Activity가 더 이상 보이지 않으면 stop 상태로 전환된다. stop 상태에 있던 Activity가 다시 포그라운드로 되면 restart에 의해 start 상태로 돌아간다. 물론 stop 상태에 있던 Activity도 다른 애플리케이션이 메모리를 요구할 때 죽을 수도 있고, destroy 상태로 전환될 수도 있다. 이와 같이 한

Activity가 시작되다가 멈추고, 다시 시작되다가 결국은 죽는 과정이 마치 라이프사이클과 같다고 해서 'Activity 라이프사이클'이라고 한다.

3.1.3 Intent

Intent의 사전적 의미는 의지, 취지, 의도, 목적 등인데, 안드로이드에서는 이것을 의도, 목적 정도로 해석하면 적당할 것이다. 안드로이드는 화면과 화면 사이를 이동할 때 Intent라는 특별한 클래스를 사용한다. 이 Intent에는 애플리케이션이 무엇을 해야 하는지에 대한 정보가 담겨 있다. A Activity에서 B Activity로 화면이 전환될 때 Intent 클래스를 다음과 같이 사용한다.

```
Intent i = new Intent(this, B.class);
startActivityForResult(i, ACTIVITY_CREATE);
```

호출하는 쪽은 this이고, 호출 당하는 쪽은 NoteEdit 클래스이다. this 클래스에서 B 클래스의 화면이 전환된다. 화면 전환은 startActivity()이나 startActivity ForResult() 메서드를 통해 이루어진다. 즉 위의 소스에서 startActivityFor Result() 대신 startActivity()를 사용해도 된다. 호출하는 쪽에서 데이터를 Intent에 저장해서 보낼 수 있고, 호출 당하는 쪽에서는 전달받은 Intent로부터 데이터를 추출할 수 있다. 따라서 Intent는 두 Activities 사이의 접착제 같은 역할을 수행한다.

3.2 Broadcast Receiver, Service, Content Provider

Activity, Broadcast Receiver, Service, Content Provider의 네 가지 구성 요소로 안드로이드 애플리케이션을 제작한다. Activity는 앞 절에서 살펴보았으므로, 이제는 Broadcast Receiver, Service, Content Provider에 대해 살펴본다.

3.2.1 Broadcast Receiver

Broadcast Receiver는 핸드폰으로 전화가 걸려오거나, 데이터 네트워크 접속이 활성화되는 것처럼 외부에서 이벤트가 발생했을 때 처리하기 위해 사용된다. Broadcast Receiver는 Activity와 같이 UI를 그리는 것이 아니라 Notification Manager를 이용하여 사용자에게 어떤 일이 발생했는지를 알려준다. Broadcast Receiver도 'AndroidManifest.xml' 파일에 등록해야 하는데, Context.register Receiver()를 이용하여 코드에서 등록할 수도 있다.

3.2.2 Service

Service는 UI와 상관없이 오랫동안 존재하면서 실행되는 코드이다. 예를 들면 재생 목록에서 노래를 재생하는 미디어 플레이어 같은 것을 Service라고 할 수 있다. 미디어 플레이어 애플리케이션은 사용자가 곡을 선택하고 재생을 시작하는 하나 이상의 Activity를 가지고 있지만, Activity가 음악을 재생하는 것은 아니다. 사용자는 새로운 화면으로 이동하고 나서도 음악이 계속 재생되기를 기대한다. 이럴 때 미디어 플레이어의 Activity에서 Context.startService() 문장을 실행하면, Service로 실행된다. 안드로이드 시스템은 음악 재생 서비스를 멈출 때까지 계속 재생한다. Context.bindService() 메서드는 서비스에 연결하거나 아직 시작하지 않은 Service를 시작할 때 사용한다. 일단 Service에 연결되면 Service에 접근 가능한 인터페이스를 통해 멈춤, 다시 재생 등의 기능을 사용할 수 있다.

3.2.3 Content Provider

애플리케이션은 자신의 데이터를 SQLite 데이터베이스에 저장하거나 데이터베이스를 사용하지 않고 단순히 파일에 저장할 수 있다. Content Provider는 어떤 애플리케이션 데이터를 다른 애플리케이션이 공유할 필요가 있을 때 아주 유용하다. 이 클래스를 이용하면 다른 애플리케이션에서 데이터를 저장하거나 가져올 수 있다.

3.3 프로세스 라이프사이클

일반적으로 Activity가 수행되고 있을 때 중요도에 따라 foreground activity,

visible activity, background activity, empty process 등 4개의 프로세스 상태로 분류할 수 있다. 안드로이드 시스템은 애플리케이션 프로세스를 관리하다가 메모리가 부족해지면 오래된 프로세스를 제거한다. 각 프로세스가 제거될 때 어느 프로세스를 먼저 제거할 것인지 판별하는 중요 기준은 사용자가 그 프로세스를 사용하고 있느냐이다.

일반적으로 Activity를 수행할 때 중요도에 따라 4개의 프로세스 상태로 분류할 수 있다. 이러한 네 가지 상태의 분류 중 시스템은 덜 중요한 프로세스를 먼저 제거한다.

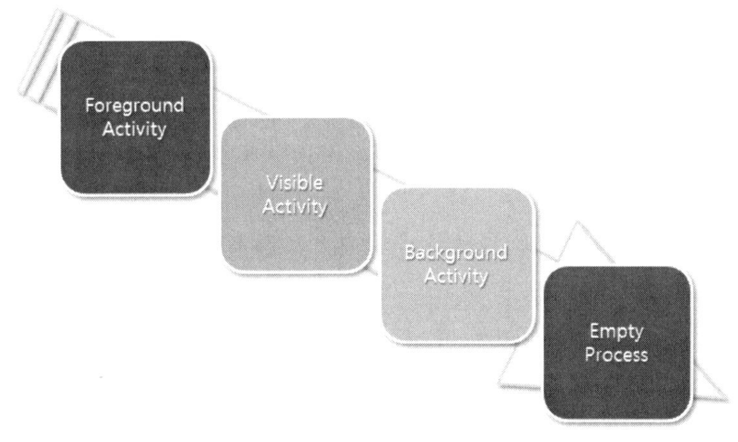

그림 9 프로세스의 우선 순위 상태

3.3.1 Foreground Activity

사용자가 현재 조작중인 최상위 화면의 Activity를 'foreground activity'라고 하며, 가장 중요한 프로세스이다. 이 프로세스는 메모리가 부족해도 제일 마지막에 제거된다.

3.3.2 Visible Activity

사용자 화면에 보이지만 foreground가 아닌 것을 'visible activity'라고 한다.

에를 들면 foreground 대화상자의 뒤에 있는 activity를 생각하면 된다. visible activity는 foreground activity 다음으로 중요하다.

3.3.3 Background Activity

Background activity는 사용자에게 보이지 않고 멈춘 것이다. 따라서 더 이상 중요하지 않으며, 시스템은 foreground나 visible 프로세스가 메모리를 요구하면 background activity를 안전하게 제거할 수 있다. 만약 background activity 프로세스를 제거한 후 사용자가 그 Activity로 다시 내비게이션 한다면 해당 화면을 다시 보여주어야 한다. 이때는 Activity의 onCreate(Bundle savedInstanceState) 메서드의 savedInstanceState 파라미터를 사용하면 된다.

background activity를 제거할 때 onSaveInstanceState(Bundle savedInstance State) 메서드가 호출되는데, 이때 중요한 데이터를 saveInstanceState에 저장할 수 있다. savedInstanceState 파라미터에 저장한 내용은 onCreate() 메서드의 파라미터로 전달된다. 따라서 이 파라미터를 이용하면 background activity 제거되기 전의 상태로 다시 시작할 수 있다. 그래서 onCreate() 메서드의 '카운터파트(counterpart)'를 'onSaveInstanceState() 메서드'라고도 한다.

3.3.4 empty process

Service 또는 BroadcastReceiver 클래스와 같이 Activity도 없고 애플리케이션 컴포넌트도 없는 것을 'empty process'라고 한다. 이들 프로세스들은 메모리가 부족해지면 시스템에 의해 즉시 제거된다. 이 때문에 Activity 밖에서 수행되는 임의의 백그라운드 연산은 Activity BroadcastReceiver 또는 Service의 콘텐스트에서 실행해야 한다.

3.4 화면 구성 요소들의 계층 구조

화면을 구성하는 레이아웃에 대해 자세히 살펴보고, FrameLayout, Line Layout,

TableLayout, AbsoluteLayout, RelativeLayout 등의 레이아웃 객체들에 대해 살펴본다. 안드로이드 애플리케이션의 가장 기본적인 구성 단위는 Activity라는 클래스이다. 이 Activity는 한 화면을 나타내지만 그 자체로는 아무 것도 보여줄 수 없고, Activity에 View와 ViewGroup 클래스를 사용해야 비로소 화면에 무엇인가를 표시할 수 있다.

3.4.1 사각 레이아웃 : View

View 클래스는 화면에서 직사각형 형태의 레이아웃과 각종 정보를 저장하는 자료구조이다. View 클래스는 화면의 크기 조절, 레이아웃 구성, 그리기, 포커스 변화, 스크롤링과 키 처리 등을 위해 사용된다.

View 클래스는 위젯(widget)의 베이스(base) 클래스로도 사용된다. 위젯은 Text, EditText, Button, RadioButton, Checkbox, ScrollView 등과 같이 화면에 컴포넌트처럼 동작하는 것을 말한다. 위젯을 이용하면 UI를 빠르게 만들 수 있다.

3.4.2 View들의 집합 : ViewGroup

ViewGroup은 말 그대로 여러 개의 View가 있는 것이라고 생각하면 된다. 휴대폰 화면에는 하나의 View만 있는 것이 아니라 여러 개의 뷰가 다양한 형태로 존재하는 데, 이러한 다양한 형태의 View 들의 집합을 'ViewGroup'이라고 한다. ViewGroup은 View 안에 또 다른 View를 가질 수 있는 구조적 형태를 지원한다. 하나의 ViewGroup은 View나 또 다른 ViewGroup을 포함할 수 있으므로 ViewGroup은 자기가 자기를 포함하는 형태가 가능하다. ViewGroup 클래스는 레이아웃을 위한 기본 클래스로도 사용된다. 레이아웃은 뒤에서 자세히 살펴보겠지만 View 집합체를 포함하는 구조체를 제공한다.

3.4.3 트리 구조의 사용자 인터페이스

일반적으로 안드로이드에서는 Activity의 UI를 View와 ViewGroup의 트리 구조를 이용하여 구성한다. 트리 구조의 UI는 안드로이드에서 제공하는 위젯과 레이아웃 또는 직접 제작한 View를 이용하여 구성된다.

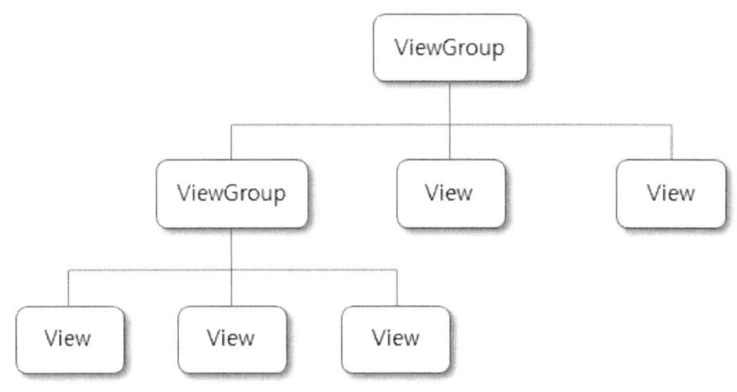

그림 10 트리구조의 사용자 인터페이스

Activity가 UI를 구성할 때는 setContentView() 메서드를 호출하면 된다. 위와 같은 트리구조를 화면에 그리려면 트리 구조의 루트 노드를 파라미터로 하여 setContentView() 메서드를 호출하면 된다. Activity가 활성화되고 포커스를 받으면, 시스템은 루트 노드를 화면에 그리며, 순서대로 각 ViewGroup은 자기의 하위 노드를 그린다. 각 ViewGroup은 가용한 공간을 계산하고, 하위의 View를 배치한다. 각 하위의 View에서는 Draw() 메서드를 호출하여 스스로 그릴 수 있도록 한다. 이때 각 하위의 Viewsmms 자신이 그려질 크기와 위치를 부모에게 문의하는데, 부모는 최종적으로 어느 정도의 크기로, 어느 위치에 그릴 것인가를 결정해 준다.

3.4.3 LayoutParams

LayoutParams 클래스는 뷰 객체들을 어떻게 그려야 하는지에 대한 정보를 부모 객체에게 알려준다. 각 개체들의 폭과 높이를 명시할 때 다음 중 하나로 표시된다.

- WRAP_CONTENT
  콘텐츠를 표시하는 데 충분한 크기로 그린다.

● FILL_PARENT
부모 객체와의 패딩(여백)을 제외한 나머지 모든 공간을 차지한다.

예를 들어 'Hello'라는 문자열을 표시하는 라벨이 있을 때 WRAP_CONTENT는 이 다섯 글자를 표시하기 위한 공간만 차지하여 그린다는 의미이다. 반면 FILL_PARENT는 다섯 글자를 표시하는 공간뿐만 아니라 남아있는 모든 공간까지 모두 라벨이 차지한다는 의미이다. 모든 LayoutParams의 서브 클래스는 값을 설정하는 각자의 방법을 가지고 있다. 각 하위 요소들은 [그림 11]과 같이 부모의 속성에 맞는 LayoutParams를 정의해야 한다. 모든 ViewGroup은 가로와 세로, 마진, 테두리 속성을 가지고 있으며, 프로그래머가 원하는 크기로 지정할 수 있다.

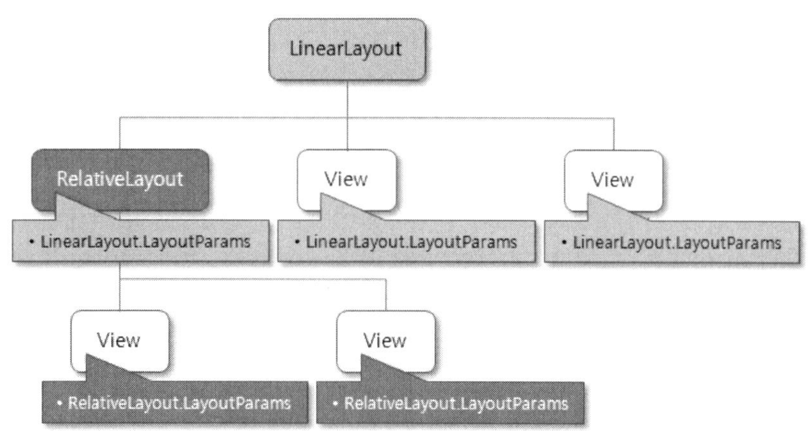

그림 11 각 View와 ViewGroup은 부모 속성에 맞게 LayoutParams를 정의한다

[그림 11]에서 루트 노드가 LinearLayout이므로 3개의 자식 노드를 선형으로 배치해야 한다. 자식 노드 중 첫 번째 노드는 다시 RelativeLayout이므로 2개의 자식 노드들을 상대적으로 배치해야 한다.

3.5 레이아웃 객체

애플리케이션에서 자주 사용하는 레이아웃 객체들은 FrameLayout, Linear

Layout, TableLayout, AbsoluteLayout, RelativeLayout 등이 있는데, 이들에 대해 간략하게 살펴본다.

3.5.1 FrameLayout

FrameLayout은 가장 단순한 레이아웃 객체인데, 단순히 비어있는 공간이라고 생각하면 된다. FrameLayout에서는 모든 객체들이 화면의 왼쪽 위를 기준으로 그려진다. 이것은 프로그래머가 직접 그리고 싶은 객체의 기준점을 설정할 수 없다는 의미이다. 따라서 이 레이아웃에서는 단지 그리려고 하는 객체의 크기로 그려질 뿐이다. 특정 객체를 그린 후 다른 객체를 그리려면 먼저 그린 객체는 가려진 만큼 지워진다.

3.5.2 LinearLayout

LinearLayout은 모든 하위 구성 요소를 수직 또는 수평 형태 중 하나로 그리는 방식이다. 만약 수직 형태로 그려야 한다면 객체들의 폭에 상관없이 한줄에 한 개의 구성 요소만 그린다. 만약 수평 목록이라면 한 줄 높이로 모든 구성 요소들을 그린다. 이때 한줄 높이는 가장 하위 구성 요소에 여백(padding)을 추가한 높이가 된다. LinearLayout에서는 하위 구성 요소들 간의 갭인 마진(margin)과 하위 구성 요소의 정렬(오른쪽, 중간, 왼쪽 정렬)을 지정할 수 있다.

정렬을 지정할 때 사용하는 어트리뷰트는 gravity이다. 또한 LinearLayout에서는 구성 요소별로 가중치(android:layout_weight)를 지정할 수 있다. 가중치 값은 구성 요소들이 화면에 남는 공간을 어떻게 활용할지를 결정한다. 가중치 기본값은 0이다.

예를 들어 3개의 텍스트 박스가 있고, 이들 중 2개의 가중치 값이 1로 설정되어 있다면, 가중치 값이 0인 객체는 기본으로 그려져야 할 크기로 그려지고, 가중치 값이 1인 두 객체는 남아 있는 공간을 동일하게 나누어 그려진다. 만약 가중치 값이 서로 다르면 남는 공간을 가중치 비율별로 배분한다. LinearLayout을 출력해 보자.

1 새 프로젝트를 생성한다.

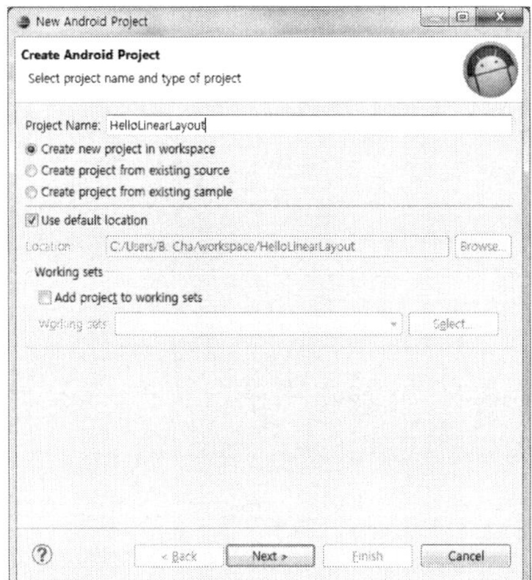

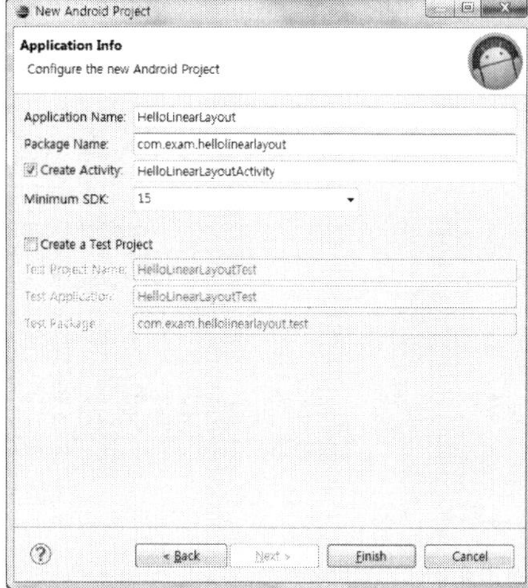

2 왼쪽 탐색기에서 res ⇨ layout ⇨ main.xml 파일을 연다.

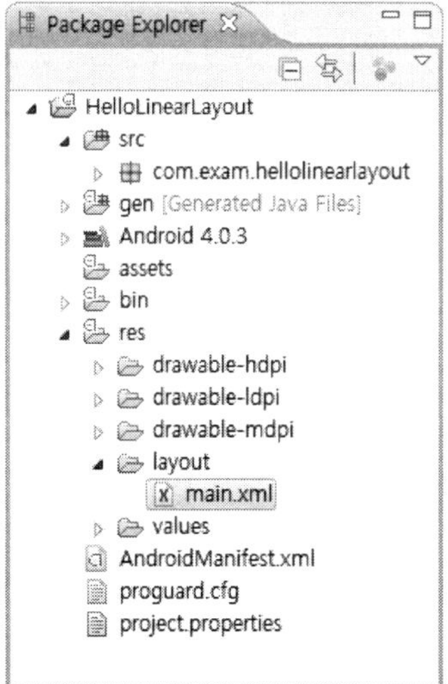

3 왼쪽 하단의 main.xml 탭을 눌러서 소스를 연다.

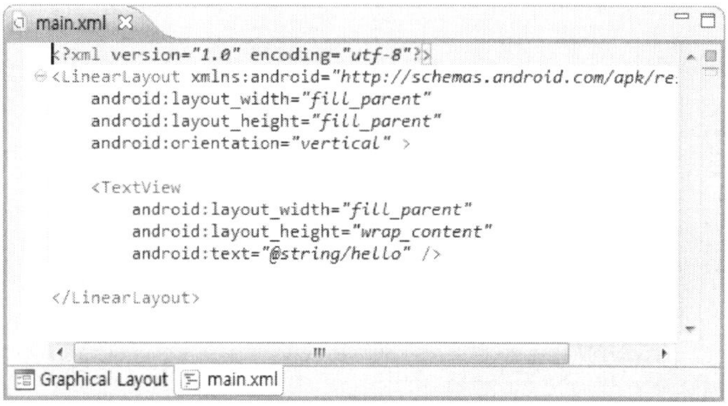

```
main.xml
<?xml version="1.0" encoding="utf-8"?>
<LinearLayout xmlns:android="http://schemas.android.com/apk/re.
    android:layout_width="fill_parent"
    android:layout_height="fill_parent"
    android:orientation="vertical" >

    <TextView
        android:layout_width="fill_parent"
        android:layout_height="wrap_content"
        android:text="@string/hello" />

</LinearLayout>
Graphical Layout | main.xml
```

4 코드를 수정한다.

```
<?xml version="1.0" encoding="utf-8"?>
<LinearLayout xmlns:android="http://schemas.android.com/apk/res/android"
        android:orientation="vertical"
        android:layout_width="fill_parent"
        android:layout_height="fill_parent">
    <LinearLayout
            android:orientation="horizontal"
            android:layout_width="fill_parent"
            android:layout_height="fill_parent"
            android:layout_weight="1">
            <TextView
                android:text="red"
                android:gravity="center_horizontal"
                android:background="#aa0000"
                android:layout_width="wrap_content"
                android:layout_height="fill_parent"
                android:layout_weight="1"/>

<TextView
                android:text="green"
                android:gravity="center_horizontal"
                android:background="#00aa00"
                android:layout_width="wrap_content"
                android:layout_height="fill_parent"
```

```
                android:layout_weight="1"/>
            <TextView
                android:text="blue"
                android:gravity="center_horizontal"
                android:background="#0000aa"
                android:layout_width="wrap_content"
                android:layout_height="fill_parent"
                android:layout_weight="1"/>
            <TextView
                android:text="yellow"
                android:gravity="center_horizontal"
                android:background="#aaaa00"
                android:layout_width="wrap_content"
                android:layout_height="fill_parent"
                android:layout_weight="1"/>
        </LinearLayout>
        <LinearLayout
            android:orientation="vertical"
            android:layout_width="fill_parent"
            android:layout_height="fill_parent"
            android:layout_weight="1">
            <TextView
                android:text="row one"
                android:textSize="15pt"
                android:layout_width="fill_parent"
                android:layout_height="wrap_content"
                android:layout_weight="1"/>
            <TextView
                android:text="row two"
                android:textSize="15pt"
                android:layout_width="fill_parent"
                android:layout_height="wrap_content"
                android:layout_weight="1"/>

<TextView
                android:text="row three"
                android:textSize="15pt"
                android:layout_width="fill_parent"
                android:layout_height="wrap_content"
                android:layout_weight="1"/>
            <TextView
                android:text="row four"
```

```
                android:textSize="15pt"
                android:layout_width="fill_parent"
                android:layout_height="wrap_content"
                android:layout_weight="1"/>
        </LinearLayout>
    </LinearLayout>
```

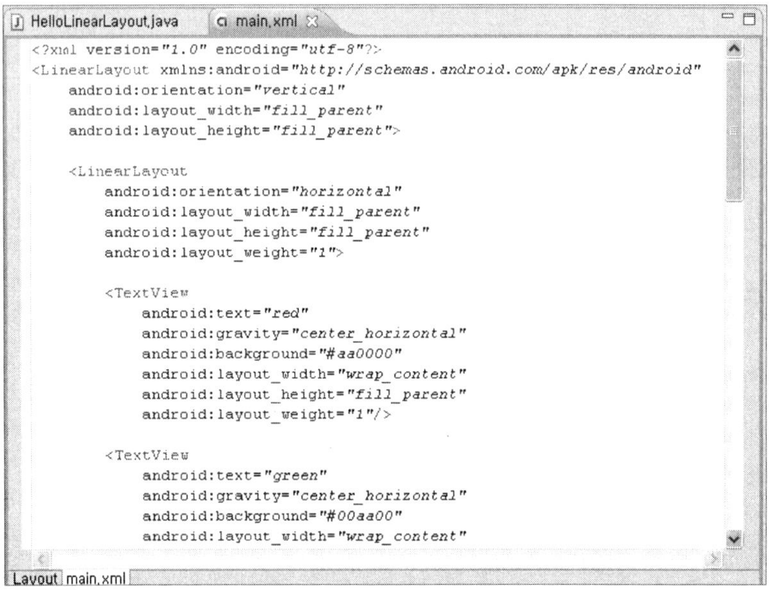

HelloLinearLayout.java | main.xml

```
<?xml version="1.0" encoding="utf-8"?>
<LinearLayout xmlns:android="http://schemas.android.com/apk/res/android"
    android:orientation="vertical"
    android:layout_width="fill_parent"
    android:layout_height="fill_parent">

    <LinearLayout
        android:orientation="horizontal"
        android:layout_width="fill_parent"
        android:layout_height="fill_parent"
        android:layout_weight="1">

        <TextView
            android:text="red"
            android:gravity="center_horizontal"
            android:background="#aa0000"
            android:layout_width="wrap_content"
            android:layout_height="fill_parent"
            android:layout_weight="1"/>

        <TextView
            android:text="green"
            android:gravity="center_horizontal"
            android:background="#00aa00"
            android:layout_width="wrap_content"
```

Layout | main.xml

5 메뉴에서 Run ⇨ Run을 선택하고, Run As 창에서 Android Application을 클릭 후 OK를 클릭한다.

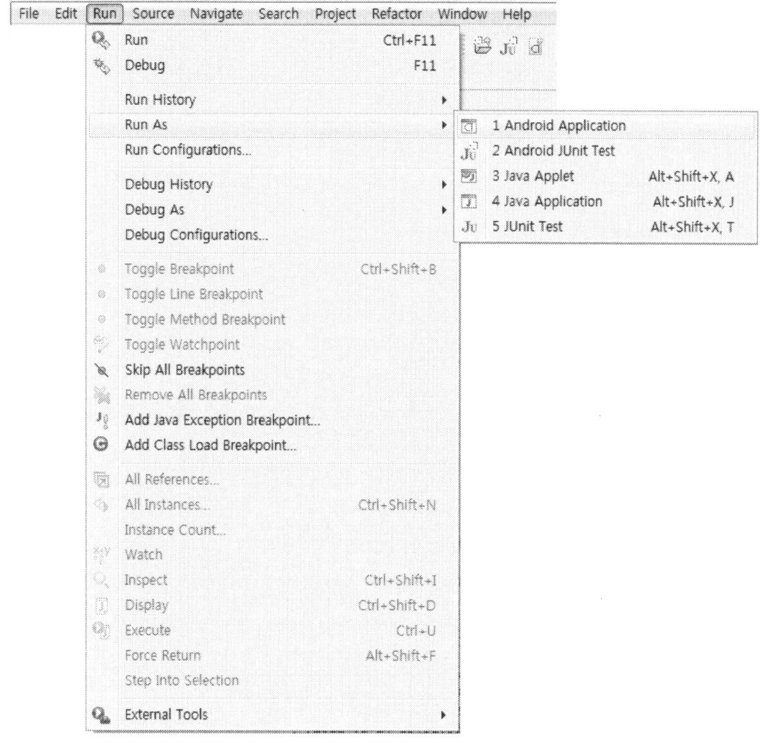

6 에뮬레이터가 실행되면서 결과가 나타난다.

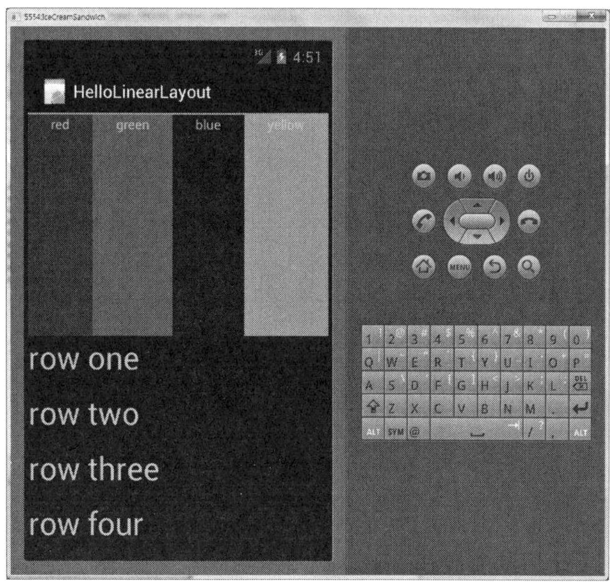

이번 결과화면 역시 MENU 버튼을 눌러야 볼 수 있다. LinearLayout은 main.xml 파일에서 코딩하여 출력하였는데 main.xml이 레이아웃을 담당하는 xml파일임을 알 수 있다.

7 다음은 회색을 추가한 소스코드와 결과화면이다.

```
main.xml
            android:gravity="center_horizontal"
            android:background="#0000aa"
            android:layout_width="wrap_content"
            android:layout_height="fill_parent"
            android:layout_weight="1"/>
        <TextView
            android:text="yellow"
            android:gravity="center_horizontal"
            android:background="#aaaa00"
            android:layout_width="wrap_content"
            android:layout_height="fill_parent"
            android:layout_weight="1"/>
        <TextView
            android:text="gray"
            android:gravity="center_horizontal"
            android:background="#cccccc"
            android:layout_width="wrap_content"
            android:layout_height="fill_parent"
            android:layout_weight="1"/>
    </LinearLayout>
    <LinearLayout
        android:orientation="vertical"
        android:layout_width="fill_parent"
        android:layout_height="fill_parent"
        android:layout_weight="1">
        <TextView
Graphical Layout   main.xml
```

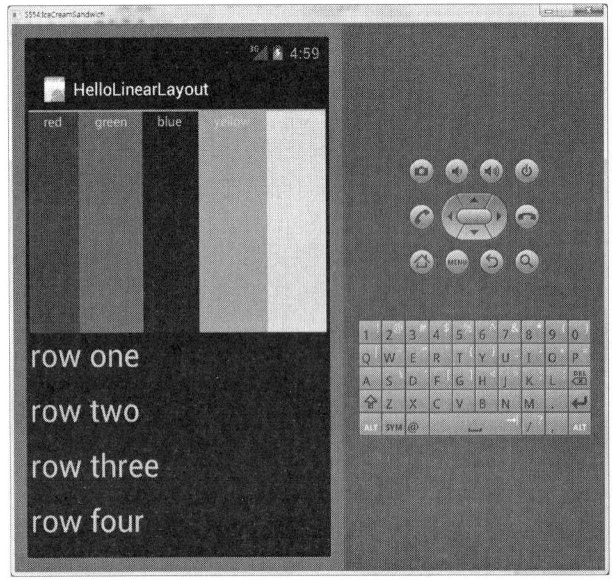

3.5.3 TableLayout

TableLayout에서는 행과 열이라는 개념이 있어서 테이블의 행과 열을 기분으로 하위 구성 요소들을 배치한다. TableLayout은 행을 정의하는 TableRow 객체로 구성되고, 각 행은 0개 이상의 셀들로 구성된다. 각 셀은 0개 이상의 View 오브젝트로 표현되므로 셀은 비어 있는 상태가 될 수 있다.

열들은 비어있는 공간을 최대로 차지하여 그릴 수도 있고, 화면에 맞게 열을 줄일 수도 있다. 심지어는 열을 안보이게 할 수도 있다. TableLayout은 문자 그대로 테이블형태의 레이아웃을 출력할 수 있도록 해준다. TableLayout을 출력하여 보자.

1 이클립스에서 다음과 같이 프로젝트를 생성한다.

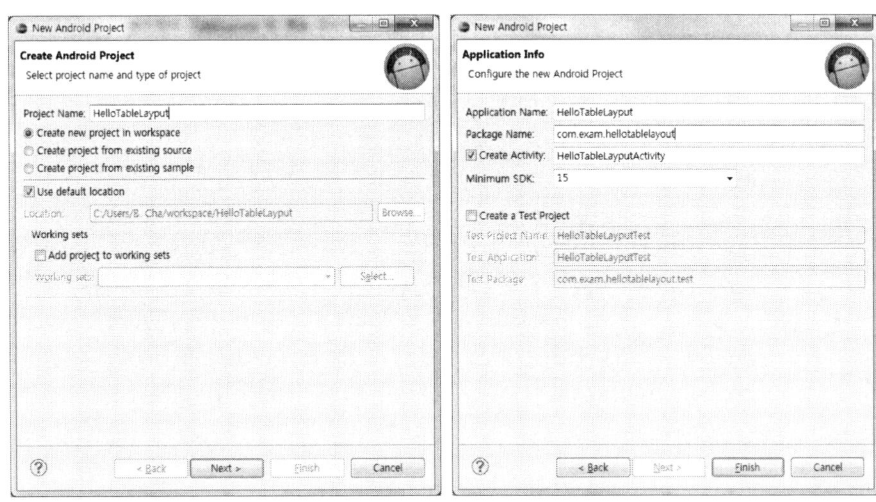

2 왼쪽 프로젝트 탐색기에서 res ⇨ layout ⇨ main.xml 파일을 연 후 다음 소스코드를 붙여넣기 한다.

```
<?xml version="1.0" encoding="utf-8"?>
<TableLayout xmlns:android="http://schemas.android.com/apk/res/android"
    android:layout_width="fill_parent"
    android:layout_height="fill_parent"
    android:stretchColumns="1">
```

```
    <TableRow>
        <TextView
            android:layout_column="1"
            android:text="Open..."
            android:padding="3dip" />

<TextView
            android:text="Ctrl-O"
            android:gravity="right"
            android:padding="3dip" />
    </TableRow>
    <TableRow>
        <TextView
            android:layout_column="1"
            android:text="Save..."
            android:padding="3dip" />
        <TextView
            android:text="Ctrl-S"
            android:gravity="right"
            android:padding="3dip" />
    </TableRow>
    <TableRow>
        <TextView
            android:layout_column="1"
            android:text="Save As..."
            android:padding="3dip" />
        <TextView
            android:text="Ctrl-Shift-S"
            android:gravity="right"
            android:padding="3dip" />
    </TableRow>
    <View
        android:layout_height="2dip"
        android:background="#FF909090" />
    <TableRow>
        <TextView
            android:text="X"
            android:padding="3dip" />
        <TextView
            android:text="Import..."
            android:padding="3dip" />
    </TableRow>
```

```
    <TableRow>
        <TextView
            android:text="X"
            android:padding="3dip" />
        <TextView
            android:text="Export..."
            android:padding="3dip" />

<TextView
            android:text="Ctrl-E"
            android:gravity="right"
            android:padding="3dip" />
    </TableRow>
    <View
        android:layout_height="2dip"
        android:background="#FF909090" />
    <TableRow>
        <TextView
            android:layout_column="1"
            android:text="Quit"
            android:padding="3dip" />
    </TableRow>
</TableLayout>
```

3 메뉴에서 Run ⇨ Run을 선택하여 실행한다.

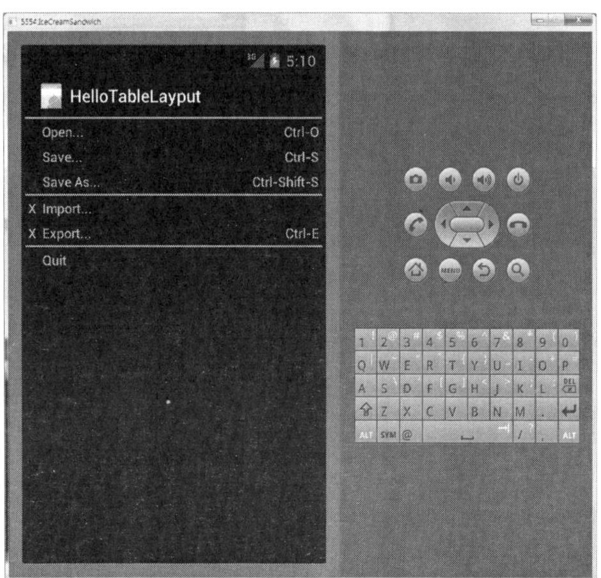

소스코드를 분석해 보면,

- <TableRow>는 테이블의 한 행을 의미한다.
- <TextView>는 문자열을 출력하는 역할을 한다.
- <view>는 가로 구분선을 표시해 준다.

4 다음은 마지막 행인 Quit 문자열을 출력하는 부분을 조금 변경한 것으로 android:layout_column의 값을 1에서 3으로 변경, android:textColor의 글자색을 #FF0000으로 지정, 그리고 android:background의 배경색을 #cccccc으로 지정하였으며, 그 결과를 나타낸다.

```
<TableRow>
        <TextView
            android:layout_column="3"
            android:text="Quit"
            android:padding="3dip"
            android:textColor="#FF0000"
            android:background="#cccccc" />
</TableRow>
```

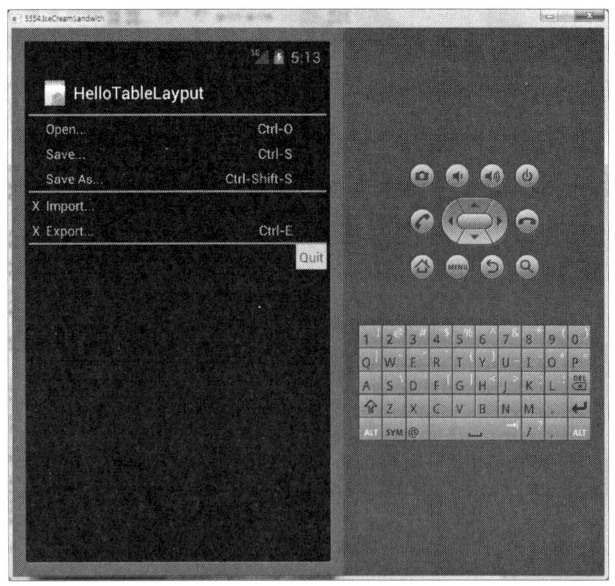

3.5.4 AbsoluteLayout

AbsoluteLayout에서 정확인 x, y 좌표를 제시해야 하위 구성 요소들을 화면에 표시할 수 있다. 왼쪽 위를 (0,0)으로 하고 여기를 중심으로 오른쪽이나 아래쪽으로 이동하면 좌표 값이 플러스로 증가된다. 마진(margin)은 지원되지 않으나, 구성 요소가 겹쳐지는 것은 허용된다. 서로 다른 단말기 환경에서는 프로그래머가 예상한대로 그려지지 않을 수 있기 때문에 가급적 AbsoluteLayout을 사용하지 않는 것이 좋다.

3.5.5 RelativeLayout

RelativeLayout에서는 하위 구성 요소들이 다른 구성 요소의 상대적인 위치에 따라 그려진다. 예를 들어 두 개의 객체가 있을 때 하나를 다른 객체의 아래에 그리거나 위에 그리는 등의 설정을 가능하게 한다. RelativeLayout은 좌표를 지정하는 것이 아니라 어떤 객체를 중심으로 오른쪽, 왼쪽, 아래쪽과 같은 형식으로 객체를 그리는 방식이다. RelativeLayout에서 설정할 수 있는 속성은 width, height, below, alignTop, toLeft, padding, marginLeft 등이다.

RelativeLayout이라는 이름은 이렇게 속성이 다른 구성 요소들과의 상대적인 값으로 설정되기 때문에 붙여졌다. RelativeLayout은 버튼이나 텍스트박스 같은 구성요소들의 위치를 서로 상대적(Relative)으로 배치할 수 있는 레이아웃이다.

RelativeLayout을 출력해 보자.

1 다음과 같이 프로젝트를 생성한다.

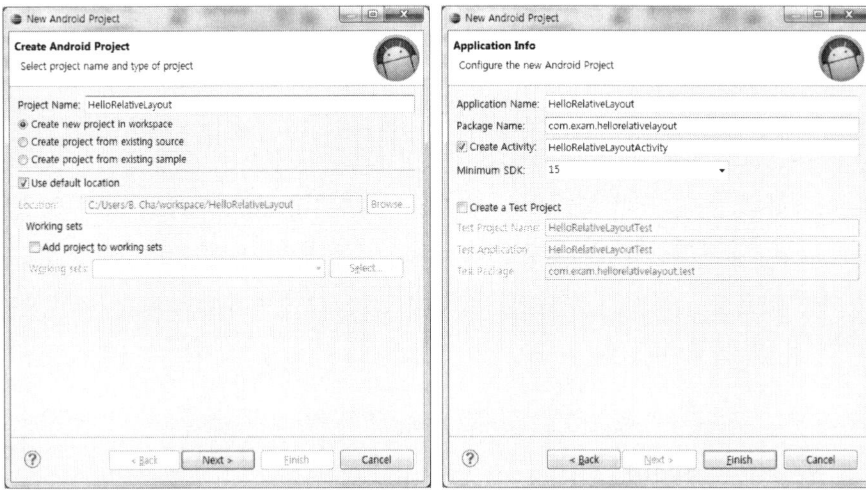

2 res ⇨ layout ⇨ main.xml 파일을 연다.

3 main.xml 파일의 소스코드를 수정한다.

```
<?xml version="1.0" encoding="utf-8"?>
<RelativeLayout xmlns:android="http://schemas.android.com/apk/res/android"
        android:layout_width="fill_parent"
        android:layout_height="fill_parent">
        <TextView
            android:id="@+id/label"
            android:layout_width="fill_parent"
```

```
            android:layout_height="wrap_content"
            android:text="Type here:"/>
        <EditText
            android:id="@+id/entry"
            android:layout_width="fill_parent"
            android:layout_height="wrap_content"
            android:background="@android:drawable/editbox_background"
            android:layout_below="@id/label"/>
        <Button
            android:id="@+id/ok"
            android:layout_width="wrap_content"
            android:layout_height="wrap_content"
            android:layout_below="@id/entry"
            android:layout_alignParentRight="true"
            android:layout_marginLeft="10dip"
            android:text="OK" />
        <Button
            android:layout_width="wrap_content"
            android:layout_height="wrap_content"
            android:layout_toLeftOf="@id/ok"
            android:layout_alignTop="@id/ok"
            android:text="Cancel" />
    </RelativeLayout>
```

4 Run ⇨ Run을 선택하여 실행한다.

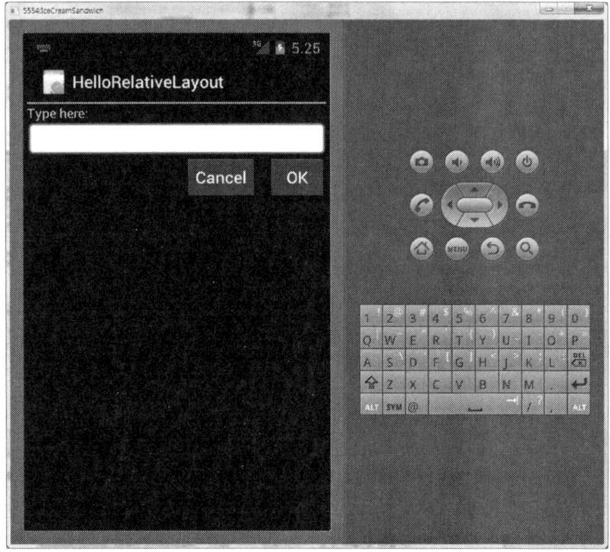

xml 코드를 살펴보면,

- android:id="@+id/label" => label이다.
- android:text="Type here:" => label에 쓰여 질 텍스트이다.
- android:layout_below="@id/label" => label 아래에 위치하게 된다.
- android:layout_alignParentRight="true" => 부모요소의 오른쪽 끝에 맞춘다.
- OK 버튼이 텍스트뷰의 오른쪽에 맞추어져 있다.
- android:layout_toLeftOf="@id/ok" => OK 버튼의 왼쪽에 위치한다.

5 다음은 이름과 주소를 입력하도록 약간 수정한 코드와 결과이다.

```
<?xml version="1.0" encoding="utf-8"?>
<RelativeLayout xmlns:android="http://schemas.android.com/apk/res/android"
    android:layout_width="fill_parent"
    android:layout_height="fill_parent">
    <TextView
        android:id="@+id/label"
        android:layout_width="fill_parent"
        android:layout_height="wrap_content"
        android:text="이름과 주소를 입력하세요"/>
    <EditText
        android:id="@+id/entry"
        android:layout_width="fill_parent"
        android:layout_height="wrap_content"
         android:layout_below="@id/label"
        android:background="@android:drawable/editbox_background"
        />
    <EditText
        android:id="@+id/entry2"
        android:layout_width="fill_parent"
        android:layout_height="wrap_content"
        android:layout_below="@id/entry"
        android:background="@android:drawable/editbox_background"
        />
    <Button
        android:id="@+id/ok"
        android:layout_width="wrap_content"
        android:layout_height="wrap_content"
        android:layout_below="@id/entry2"
        android:layout_alignParentRight="true"
        android:layout_marginLeft="10dip"
```

```
        android:text="OK" />
    <Button
        android:layout_width="wrap_content"
        android:layout_height="wrap_content"
        android:layout_toLeftOf="@id/ok"
        android:layout_alignTop="@id/ok"
        android:text="Cancel" />
</RelativeLayout>
```

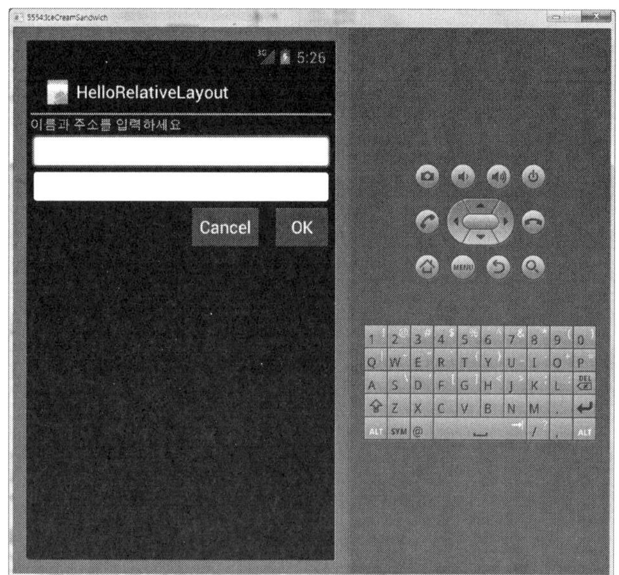

3.5.6 View Groups의 요약 정리

View Groups에 대한 내용을 요약 정리한 것이다.

View Groups의 요약 정리

클래스	설명
FrameLayout	단일 객체를 표현하기 위한 뷰 프레임의 역할을 하는 레이아웃이다. 두 개 이상의 객체를 표현할 때는 나중에 그린 객체를 먼저 보여준다.
LinearLayout	수평 또는 수직으로 구성 요소를 배치하기 위한 레이아웃으로, 창의 길이가 화면의 길이를 초과하면 자동으로 스크롤바를 생성한다.
TableLayout	행과 열을 가진 테이블 레이아웃으로, 행은 가장 큰 구성 요소에 맞게 크기가 재설정되고, 셀 테두리는 감춰진다.
AbsoluteLayout	프로그래머가 좌표값으로 객체의 위치를 명시하는 레이아웃이다.
RelativeLayout	한 구성 요소를 기준으로 오른쪽, 왼쪽, 위쪽, 아래쪽 등으로 다른 구성 요소들을 표시하는 방법으로 레이아웃으로, 상대적인 레이아웃이다.
Gallery	이미지를 수평으로 스크롤하면서 보여주는 클래스이다.
GridView	눈금 구조를 보여주는 클래스이다.
ListView	스크롤링되는 하나의 컬럼 리스트를 보여준다.
ScrollView	수직으로 구성 요소의 열을 스크롤링하게 한다.
Spinner	한 줄짜리 텍스트 박스 안에서 목록의 아이템을 한 번에 하나씩 보여준다. 수평 또는 수직으로 스크롤될 수 있는 한 줄짜리 리스트 박스와 비슷하다.
SurfaceView	그리기 전용 표면에 직접 접근할 수 있도록 한다. SurfaceView는 위젯을 이용하는 프로그래밍보다는 점과 라인을 직접 그리는 Low Level 코딩에 사용된다.
TabHost	클릭에 반응하는 탭 선택 목록을 제공하며, 탭을 클릭하면 애플리케이션이 바뀐다.
ViewFlipper	한 번에 한 개의 아이템을 보여주는 목록이다. 이것은 슬라이드 쇼처럼 시간 주기로 아이템을 바꾸도록 설정할 수 있다.
ViewSwitcher	ViewFlipper와 동일하다.

3.6 XML을 이용한 화면 디자인

하드 코딩하는 디자인은 좋은 방법이 아니다. 안드로이드에서는 XML 파일을 이용하여 화면 디자인을 할 수 있도록 하는데 이 XML 문서를 어떻게 작성하는지 알아본다.

1) XML을 이용한 화면 디자인

화면 디자인을 하드 코딩하는 것은 매우 번거로운 작업이므로 이것을 피하기 위해 안드로이드는 화면 디자인을 XML 파일로 표현하고 이를 프로그램 소스와 분리한다. 안드로이드는 많은 View 서브 클래스를 정의하고 있기 때문에 손쉽게 화면을 꾸밀 수 있게 도와준다.

XML 프로그래밍은 HTML 태그를 이용하여 HTML 파일을 제작하는 것과 비슷하다. 화면 디자인을 위한 XML 파일은 'res\layout' 폴더에 만들어야 한다. 지금부터 XML 파일에 사용하는 엘리먼트와 XML 파일 포맷에 대해 살펴보자. 각 XML 파일은 안드로이드 GUI 클래스와 일치하는 태그로 구성된다. 이 태그들은 각 클래스들의 메서드와 대부분 일치하는 속성(어트리뷰트)을 가지고 있다.

예를 들면 EditText 태그는 EditText 클래스의 setText()라는 메서드와 일치하는 text 속성을 가지고 있다. 이러한 태그를 '엘리먼트'라고 하는데, 엘리먼트는 클래스와 비슷한 개념이고, 엘리먼트의 어트리뷰트는 클래스의 메서드와 비슷한 개념이다. 엘리먼트와 클래스가 비슷하지만, 각 클래스와 메서드는 엘리먼트와 어트리뷰트로 항상 일대일로 매핑되는 것은 아니다. 안드로이드는 XML에 있는 엘리먼트들의 순서대로 각 엘리먼트들을 그린다. 그러므로 각 엘리먼트들이 겹쳐져 있을 경우 XML 파일의 마지막 엘리먼트를 맨 위에 그린다.

각 XML 파일은 View 또는 ViewGroup 객체를 최상위로 하는 트리 구조이며, 반드시 한 개의 루트 태그를 포함하고 있어야 한다.

View들의 크기를 지정하는 단위는 다음과 같다.

- px(pixels)
- dip(device independent pixels)
- sp(scaled pixels – best for text size)
- pt(points)
- in(inches)
- mm(millimeters)

위의 어트리뷰트들을 다음과 같이 사용한다.

```
android:layout_width = '25px'
```

다음의 소스를 살펴보면 위의 내용을 이해해 보자. 다음의 소스에서 가장 바깥쪽의 태그는 RelativeLayout 객체로 정의되어 있다. 이것이 루트 태그로, 하나만 있어야 한다. 이 XML 파일에는 TestView, EditText, Button, Button 엘리먼트들이 순서대로 나열되어 있다. RelativeLayout에서 각 엘리먼트들의 위치는 서로 상대적인 값(오른쪽, 왼쪽, 위쪽, 아래쪽)으로 지정될 수 있다.

```
<?xml version = "1.0" encoding="utf-8"?>
<RelativeLayout xmlns:android = "http://schemas.android.com/apk/res/android"
   android:layout_width = "fill_parent"
   android:layout_height = "wrap_content"
   android:background = "@drawable/blue"
   android:padding = "10px">

   <TextView id = "@+id/label"
      android:layout_width = "fill_parent"
      android:layout_height = "wrap_content"
      android:text = "Type here:"/>

   <Button android:layout_width = "wrap_content"
      android:layout_height = "wrap_content"
      android:layout_below = "@id/entry"
      android:layout_alignParentRight = "true"
      android:layout_marginLeft = "10px"
      android:text = "OK"/>

   <Button android:layout_width = "wrap_content"
      android:layout_height = "wrap_content"
      android:layout_toLeftOf = "@id/ok"
      android:layout_alignTop = "@id/ok"
      android:text = "Cancel"/>
</RelativeLayout>
```

위의 소스를 화면에 표시하면 다음과 같다.

2) XML 리소스 불러오기

화면 레이아웃의 정보를 담고 있는 XML 파일은 언제 컴파일되는지 알아보자. 프로젝트를 생성할 때 입력한 Activity 이름으로 메인 클래스를 정의한다. 이 클래스는 Activity 클래스로부터 상속받고, 'Activity 이름.java' 파일로 저장된다. Activity로부터 상속받은 메인 클래스에서 Activity.onCreate() 메서드가 구현된다. 이 메서드는 Activity가 만들어지면서 호출된다.

여기에서 setContentView(R.layout.layout_file_name) 메서드를 호출하는데, 이 부분의 소스가 컴파일될 때 메모리로부터 로드되는 각각의 View 리소스도 같이 컴파일된다.

```
protected void onCreate(Bundle savedValues){
    //
    super.onCreate(savedValues);
    //
    setContentView(R.layout.hello_activity);
    //
    restoreValues(savedValues);
}
```

3.7 후킹, 이벤트, 테마

안드로이드 프로그래밍을 할 때 알고 있어야 하는 기본 개념에 대해 다룬다. 특정 엘리먼트를 검색할 수 있는 화면 엘리먼트의 후킹, UI 이벤트 입력 처리, 애플리케이션의 전체적인 분위기를 설정하는 테마, 마지막으로 놓치기 쉬운 관련 용어들을 정리한다.

3.7.1 화면 엘리먼트의 후킹

XML 파일에는 화면을 구성하는 엘리먼트들이 나열되어 있는데, 프로그래머는 이것들을 자주 접근할 필요가 있다. 따라서 엘리먼트를 접근할 수 있는 방법이 필요하다. 앞 절의 XML 파일을 살펴보면 <TextView> 태그가 있고 이것은 id="@+id/label"과 같이 정의되어 있다. 이 label 아이디가 가리키는 엘리먼트의 주소는 R 클래스에 기록된다. 따라서 R 클래스를 살펴보면 화면을 구성하는 각 엘리먼트들을 구할 수 있다.

안드로이드에서는 특정 엘리먼트를 검색할 수 있는데, 이것을 '후킹(hooking)'

이라고 표현한다. 후킹은 무엇인가를 낚아채는 것으로, 엘리먼트를 검색하는 것은 엘리먼트의 핸들을 얻는 것과 같은 말이다. 엘리먼트의 핸들을 얻기 위해서는 Activity.findViewById() 메서드를 호출하면 된다. 이 메서드를 통해 화면 엘리먼트를 낚아채는 것이라고 생각하면 된다. findViewById() 메서드는 다음과 같이 이용한다.

```
TextView msgTextView = (TextView)findViewById(R.id.label);
    msgTextView.setText(R.string.push_me);
```

위의 소스는 R.id 클래스의 label 필드가 가리키는 엘리먼트를 검색한 후 캐스팅을 통해 TextView 타입의 msgTextView에 결과를 저장한다. 검색한 텍스트뷰의 내용을 바꾸기 위해서 setText()라는 메서드를 사용했다.

3.7.2 UI 이벤트 입력 처리하기

사용자 인터페이스를 위한 이벤트 처리 메서드는 public 타입으로 외부에 노출되어 있으며, 안드로이드에 의해 호출된다. 예를 들어 Activity 클래스에서 오버라이드할 수 있는 이벤트 처리 메서드는 onKeyDown(), onKeyUp() 등이다. 사용자가 키를 누르거나 떼면 안드로이드 시스템에 의해 위의 두 메서드들이 호출된다. Activity 클래스이외의 위젯에서도 onFocusChanged(boolean, int, Rect)라는 이벤트 처리 메서드를 제공한다.

그러나 버튼 클릭과 같은 몇몇 컴포넌트들에 대해서는 이벤트 처리 메서드가 별도로 제공되지 않는다. 따라서 다음과 같이 콜백(callback) 메서드를 수동으로 등록해야 이벤트를 처리할 수 있다.

```
public class SendResult extends Activity {
    protected void onCreate(Bundle savedValues) {
        ...
        // Listen for button clicks.
        Button button = (Button)findViewById(R.id.corky);
        button.setOnClickListener(mCorkyListener);
    }

    // Create an anonymous class to act as a button click listener.
```

```
    private onClickListener mCorkyListener = new onClickListener() {
        public void onClick(View v) {
            //
            Intent data = new Intent();
            data.setAction("Corky!");
            setResult(RESULT_OK, data);
            finish();
        }
    };
}
```

앞의 소스에서는 R.id.corky가 가리키는 버튼을 riatro하기 위해 findViewById() 메서드를 사용했다. 이 버튼을 클릭했다는 이벤트를 받기위한 메서드가 필요한데, 이 이벤트 처리 메서드를 프로그래머가 직접 구현해야 한다.

프로그래머는 button.setOnClickListener(mCorkyListener); 문장을 통해 이벤트를 처리할 수 있다. mCorkyListener는 OnClickListener 인터페이스로, 버튼과 같은 뷰가 클릭되었을 때 이벤트를 처리하기 위해 콜백을 등록하는 역할을 담당한다. 위와 같이 프로그래밍하면 버튼을 클릭했을 때 mCorkyListener 인터페이스의 onClick() 메서드가 호출된다.

3.7.3 애플리케이션에 테마 적용하기

테마는 애플리케이션의 전체적인 분위기를 설정한다. 안드로이드에는 Theme_Black, Theme_Light와 같이 어둡게 또는 밝게 애플리케이션의 분위기를 설정할 수 있는 테마가 제공된다. 만약 UI에 명시적으로 테마를 설정하지 않으면, 안드로이드는 android.R.style.Theme에 정의된 기본 테마를 사용한다. 테마를 설정하려면 'AndroidMenifest.xml' 파일을 수정해야 한다.

AndroidMenifest.xml'파일에는 테마를 지정할 수 있는 속성이 있는데, 여기에서는 다음과 같이 원하는 테마를 설정하면 된다. 즉 <application> 태그를 이용하여 테마를 지정하면 모든 Activity에 Theme_Black 테마가 지정된다.

```
<!-- AndroidManifest.xml -->
<manifest xmlns:android = "http://schemas.android.com/apk/res/android"
    package = "com.android.home">
    <application android:theme = "@android:style/Theme_Black">
        <activity class = ".home"
            .....
        </activity>
    </application>
</manifest>
```

테마는 원한다면 소스를 프로그래밍하면서도 지정할 수 있다. 프로그래밍하면서 테마를 설정하기 위해서는 View를 생성하기 전에 테마 값을 먼저 설정해야 한다. 다음은 하드 코딩을 통해 테마를 적용한 예제이다.

```
protected void onCreate(Bundle icicle) {
    super.OnCreate(icicle);
        ...
    setTheme(android.R.style.Theme_Light);
    setContentView(R.layout.linear_layout_3);
}
```

Theme_Light 테마를 사용하면 애플리케이션의 바탕이 밝아진다.

3.7.4 UI 관련 용어

UI 관련 용어 정리하면 다음과 같다.

- Activity

  Activity은 안드로이드 애플리케이션의 표준 화면을 의미한다. Activity는 대부분 UI 이벤트나 복잡한 작업을 처리할 수 있는 화면으로 그려지지만, 투명 또는 화면에 떠 있는 것으로 표시될 수도 있다.

- Canvas

  Canvas에서는 bitmap, line, circle, rectangles, text 등의 표준 그리기 메서드가 제공된다. Canvasama 2D 객체를 가장 간단하고 쉬운 방법으로 화면에 그릴 수 있게 하지만, OpenGL ES와 같은 하드웨어 가속은 제공하지 않는다.

- Dialog

  Dialog는 버튼을 가질 수 있는 창으로, 버튼을 클릭하는 것과 같은 간단한 이벤트에 반응하고, 값을 리턴할 수 있다. 복잡한 레이아웃이나 기능을 포함하지 않는 형태가 대부분이어서 히스토리 스택에 지속적으로 유지할 필요는 없다. 안드로이드에서는 프로그래머가 Dialog 레이아웃을 바꿀 수 있다.

- Drawable

  Drawable은 이미지와 같은 비주얼 엘리먼트를 말한다. 대부분의 drawable 객체들은 이미지 정보를 담고 있는 xml 파일 또는 비트맵 파일과 같은 리소스 파일로부터 로드된다.

- OpenGL ES

  안드로이드는 복잡한 3D 이미지를 위해 OpenGL ES 라이브러리를 제공한다. OpenGL Es 라이브러리는 Canvas를 사용하여 프로그래밍하는 것보다 어렵지만, OpenGL ES 라이브러리는 3D 객체를 다룰 수 있기 때문에 많이 사용된다. android.opengl과 javax.microedition.khronos.opengles에서 OpenGL ES 기능을 제공한다.

- Surface

  화면에 그리려는 내용은 화면에 곧바로 보이는 것이 아니라 먼저 메모리에 그려진다. 메모리에는 다양한 이미지가 복합적으로 그려지는데, 이렇게 혼합되어 그려지는 부분을 'Surface'라고 한다. Surface는 그리기 위한 Canvas 객체를 포함하고 있다. 프로그래머는 Surface를 직접 사용하면 안되고 SurfaceView를 거쳐서 사용해야 한다.

- SurfaceView

  앞에서 살펴본 Surface를 다룰 수 있게 한 View 객체이며, 크기와 포맷을 동적으로 명시할 수 있는 메서드를 제공한다. SurfaceView는 Canvas와 OpenGL ES 그래픽을 모두 지원한다.

- View

  View는 그리기, 클릭처리, 키스트로크 등 다른 상호작용 이벤트를 처리할 수 있는 사각형 영역이다. View는 자신을 그리라는 호출을 컨테이너로부터 수신하고, 부모 객체의 어디에, 어느 정도의 크기로 그릴 것인지를 부모 객체에 문의한다. 부모 객체는 View의 위치와 크기를 결정한다.

- ViewGroup

  ViewGroup은 다수의 자식 View 객체를 담고 있는 컨테이너이다. 자식 객체들이 어디에, 얼마만큼의 크기로 그려야 하는지를 결정하고, 적절한 시점에 화면에 그리도록 한다.

- Widget

  Widget은 텍스트 박스와 버튼, 체크 박스와 같은 엘리먼트를 의미한다. Widget 클래스는 자기 자신을 그리고 사용자로부터 입력되는 이벤트를 처리할 수 있다.

3.8 ListView

ListView는 여러 항목들을 수직방향으로 나열해서 스크롤하면서 볼 수 있게 해준다. ListView는 AutoComplete 비슷한 기능도 포함하고 있어서 찾으려는 항목을 검색할 수도 있다. 다음은 ListView의 실행 모습이다.

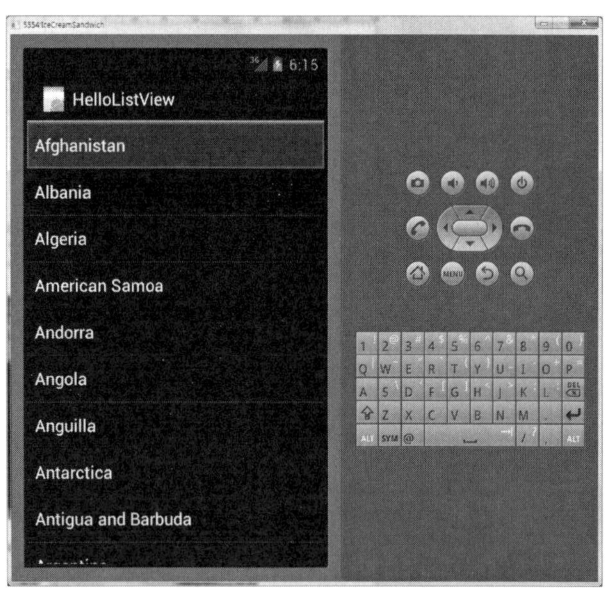

1 먼저 다음과 같이 프로젝트를 생성한다.

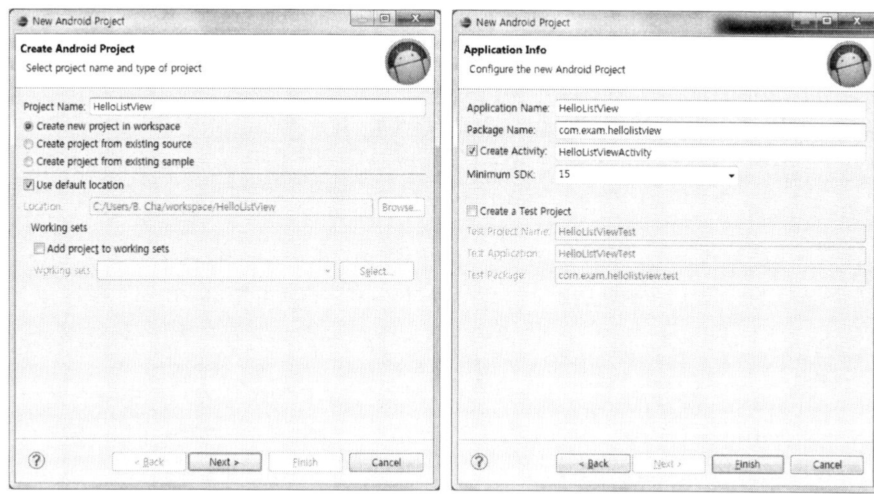

2 다음 코드를 왼쪽 프로젝트 탐색기에서 src ⇨ my.HelloListView ⇨ HelloList View.java를 열어서 코드를 수정한다.

```
package my.HelloListView;

import android.app.ListActivity;
import android.os.Bundle;
import android.widget.ArrayAdapter;

public class HelloListView extends ListActivity {
   @Override
   public void onCreate(Bundle savedInstanceState) {
       super.onCreate(savedInstanceState);
       setListAdapter(new ArrayAdapter<String>(this,
                   android.R.layout.simple_list_item_1, COUNTRIES));
       getListView().setTextFilterEnabled(true);
   }

static final String[] COUNTRIES = new String[] {
           "Afghanistan", "Albania", "Algeria", "American Samoa", "Andorra",
       "Angola", "Anguilla", "Antarctica", "Antigua and Barbuda", "Argentina",
       "Armenia", "Aruba", "Australia", "Austria", "Azerbaijan", "Bahrain",
       "Bangladesh",   "Barbados", "Belarus", "Belgium", "Belize", "Benin",
```

```
        "Bermuda", "Bhutan", "Bolivia", "Bosnia and Herzegovina", "Botswana",
        "Bouvet Island", "Brazil", "British Indian Ocean Territory",
        "British Virgin Islands", "Brunei", "Bulgaria",  "Burkina Faso", "Burundi",
        "Cote d'Ivoire", "Cambodia", "Cameroon", "Canada",    "Cape Verde",
        "Cayman Islands", "Central African Republic", "Chad", "Chile", "China",
        "Christmas Island", "Cocos (Keeling) Islands", "Colombia", "Comoros",
        "Congo", "Cook Islands", "Costa Rica", "Croatia", "Cuba", "Cyprus",
        "Czech Republic", "Democratic Republic of the Congo", "Denmark",
        "Djibouti", "Dominica", "Dominican Republic", "East Timor", "Ecuador",
        "Egypt", "El Salvador", "Equatorial Guinea", "Eritrea", "Estonia",
        "Ethiopia", "Faeroe Islands", "Falkland Islands", "Fiji", "Finland",
        "Former Yugoslav Republic of Macedonia", "France", "French Guiana",
        "French Polynesia", "French Southern Territories", "Gabon", "Georgia",
        "Germany", "Ghana", "Gibraltar", "Greece", "Greenland", "Grenada",
        "Guadeloupe", "Guam", "Guatemala", "Guinea", "Guinea-Bissau", "Guyana",
        "Haiti", "Heard Island and McDonald Islands", "Honduras", "Hong Kong",
        "Hungary", "Iceland", "India", "Indonesia", "Iran", "Iraq", "Ireland",
        "Israel", "Italy", "Jamaica", "Japan", "Jordan", "Kazakhstan", "Kenya",
        "Kiribati", "Kuwait", "Kyrgyzstan", "Laos", "Latvia", "Lebanon", "Lesotho",
        "Liberia", "Libya", "Liechtenstein", "Lithuania", "Luxembourg", "Macau",
        "Madagascar", "Malawi", "Malaysia", "Maldives", "Mali", "Malta",
        "Marshall Islands", "Martinique", "Mauritania", "Mauritius", "Mayotte",
        "Mexico", "Micronesia", "Moldova", "Monaco", "Mongolia", "Montserrat",
        "Morocco", "Mozambique", "Myanmar", "Namibia", "Nauru", "Nepal",
        "Netherlands", "Netherlands Antilles", "New Caledonia", "New Zealand",
        "Nicaragua", "Niger", "Nigeria", "Niue", "Norfolk Island", "North Korea",
        "Northern Marianas", "Norway", "Oman", "Pakistan", "Palau", "Panama",
        "Papua New Guinea", "Paraguay", "Peru", "Philippines", "Pitcairn Islands",
        "Poland", "Portugal", "Puerto Rico", "Qatar", "Reunion", "Romania",
        "Russia", "Rwanda", "Sqo Tome and Principe", "Saint Helena",
        "Saint Kitts and Nevis", "Saint Lucia", "Saint Pierre and Miquelon",
        "Saint Vincent and the Grenadines", "Samoa", "San Marino",
        "Saudi Arabia", "Senegal", "Seychelles", "Sierra Leone", "Singapore",
        "Slovakia", "Slovenia", "Solomon Islands", "Somalia", "South Africa",
        "South Georgia and the South Sandwich Islands", "South Korea", "Spain",
        "Sri Lanka", "Sudan", "Suriname", "Svalbard and Jan Mayen",
        "Swaziland", "Sweden", "Switzerland", "Syria", "Taiwan", "Tajikistan",

"Swaziland", "Sweden", "Switzerland", "Syria", "Taiwan", "Tajikistan",
        "Tanzania", "Thailand", "The Bahamas", "The Gambia", "Togo", "Tokelau",
        "Tonga", "Trinidad and Tobago", "Tunisia", "Turkey", "Turkmenistan",
        "Turks and Caicos Islands", "Tuvalu", "Virgin Islands", "Uganda",
```

```
        "Ukraine", "United Arab Emirates", "United Kingdom", "United States",
        "United States Minor Outlying Islands", "Uruguay", "Uzbekistan",
        "Vanuatu", "Vatican City", "Venezuela", "Vietnam", "Wallis and Futuna",
        "Western Sahara", "Yemen", "Yugoslavia", "Zambia", "Zimbabwe"
    };
}
```

위 코드를 살펴보면,

```
public class HelloListView extends ListActivity
    {
```

이 부분에서 HelloListView 클래스는 ListActivity를 상속받고 있으며, 앞의 예제들에서는 생성된 클래스가 Activity를 상속받고 있는 것과 다른 점이다. 이 예제에서도 AutoComplete 구현 예제처럼 COUNTRIES 배열을 사용하고 있다.

3 Ctrl+F11 키로 실행한다. 화면상에는 입력하는 필드가 보이지 않지만 "ko"라고 타이핑하면 위와 같이 글자가 입력되고 검색결과를 보여준다.

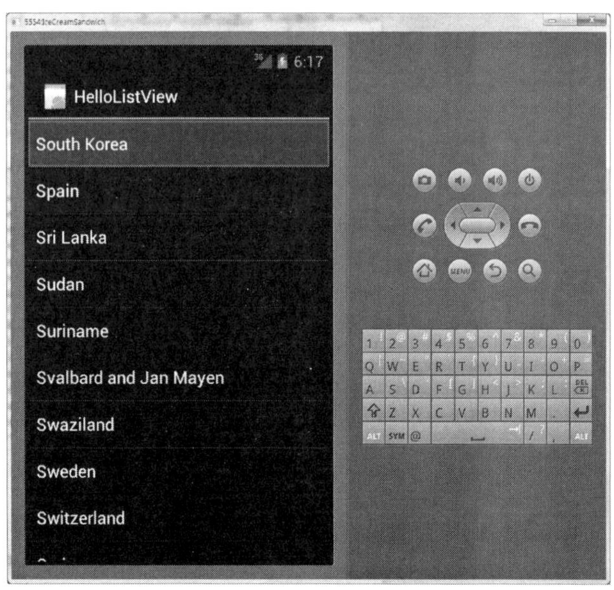

3.9 GridView

GridView는 아이템들을 2차원 격자 형태로 보여준다. 스크롤을 지원해서 스크롤하면서 볼 수 있다. 다음은 GridView를 이용해서 이미지를 출력한 모습이다.

1 이클립스에서 다음과 같이 프로젝트를 생성한다.

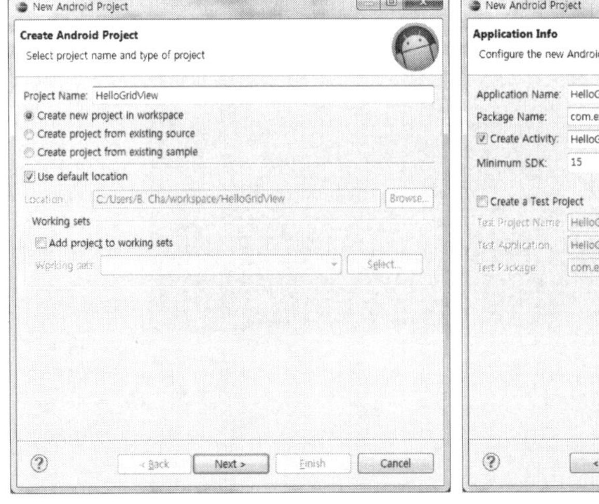

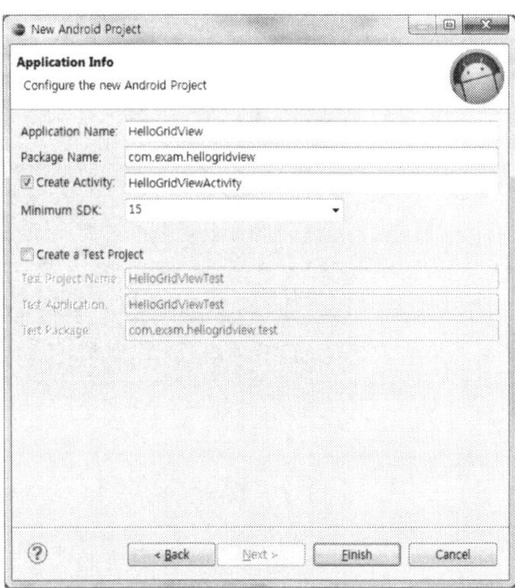

2 다음 그림들을 바탕화면에 다운 받은 다음 왼쪽 프로젝트 탐색기의 res ⇨ drawable-hdpi 폴더에 끌어다 놓는다.

3 위의 그림들을 끌어다 놓으면 다음과 같이 된다.

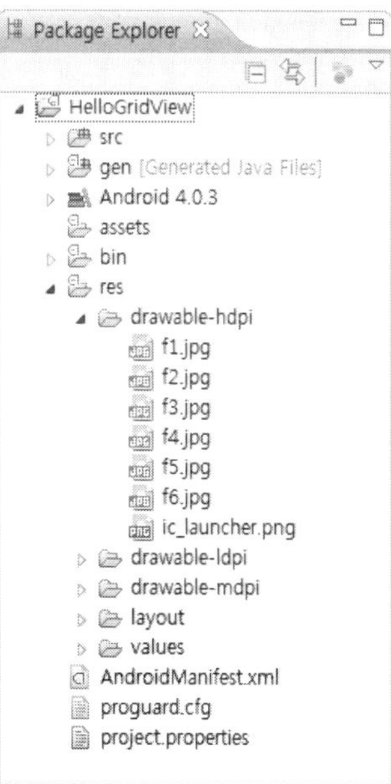

4 왼쪽 프로젝트 탐색기의 res ⇨ layout ⇨ main.xml을 열어 다음 코드를 붙여넣기를 한다.

```
<?xml version="1.0" encoding="utf-8"?>
<GridView xmlns:android="http://schemas.android.com/apk/res/android"
    android:id="@+id/gridview"
    android:layout_width="fill_parent"
    android:layout_height="fill_parent"
    android:numColumns="auto_fit"
    android:verticalSpacing="10dp"
    android:horizontalSpacing="10dp"
    android:columnWidth="90dp"
    android:stretchMode="columnWidth"
    android:gravity="center"
/>
```

5 왼쪽 탐색기에서 src ⇨ my.HelloGridView ⇨ HelloGridView.java를 열어서 다음 코드를 수정한다.

```
package my.HelloGridView;

import android.app.Activity;
import android.content.Context;
import android.os.Bundle;
import android.view.View;
import android.view.ViewGroup;
import android.widget.BaseAdapter;
import android.widget.GridView;
import android.widget.ImageView;

public class HelloGridView extends Activity {

public void onCreate(Bundle savedInstanceState) {
        super.onCreate(savedInstanceState);
        setContentView(R.layout.main);

        GridView gridview = (GridView) findViewById(R.id.gridview);
        gridview.setAdapter(new ImageAdapter(this));
    }
```

```
public class ImageAdapter extends BaseAdapter  {
        private Context mContext;

        public ImageAdapter(Context c)  {
             mContext = c;
        }

        public int getCount() {
             return mThumbIds.length;
        }

        public Object getItem(int position) {
             return null;
        }

        public long getItemId(int position) {
             return 0;
        }

        // create a new ImageView for each item referenced by the Adapter
        public View getView(int position, View convertView, ViewGroup parent) {
             ImageView imageView;
             if (convertView == null) {
             // if it's not recycled, initialize some attributes
                  imageView = new ImageView(mContext);
                  imageView.setLayoutParams(new
                  GridView.LayoutParams(85, 85));

                  imageView.setScaleType(
                  ImageView.ScaleType.CENTER_CROP);
                  imageView.setPadding(8, 8, 8, 8);
             } else {
                  imageView = (ImageView) convertView;
             }

             imageView.setImageResource(mThumbIds[position]);
             return imageView;
        }

        // references to our images
        private Integer[] mThumbIds = {
             R.drawable.f1, R.drawable.f2,
```

```
                R.drawable.f3, R.drawable.f4,
                R.drawable.f5, R.drawable.f6
            };
    }
}
```

코드를 살펴보면, ImageAdapter 클래스가 Hello GridView 클래스 내부에 추가로 정의되어 있다.

```
private Integer[] mThumbIds = {
            R.drawable.f1, R.drawable.f2,
            R.drawable.f3, R.drawable.f4,
            R.drawable.f5, R.drawable.f6
    };
```

위 코드를 보면 mThumbIds 배열에 출력할 이미지들을 정의하고 있다. 위에서 res ⇨ drawable-hdpi 폴더에 넣어둔 이미지들의 파일명을 사용했다.

6 Ctrl+F11 키로 실행한다.

3.10 Gallery

Gallery는 이미지 등 아이템을 가로로 스크롤 되게 보여주며, 선택한 아이템을 가운데로 위치하게 해주는 뷰(view)이다. 먼저 Gallery를 구현한 결과화면을 보자.

1 먼저 다음과 같이 프로젝트를 생성한다.

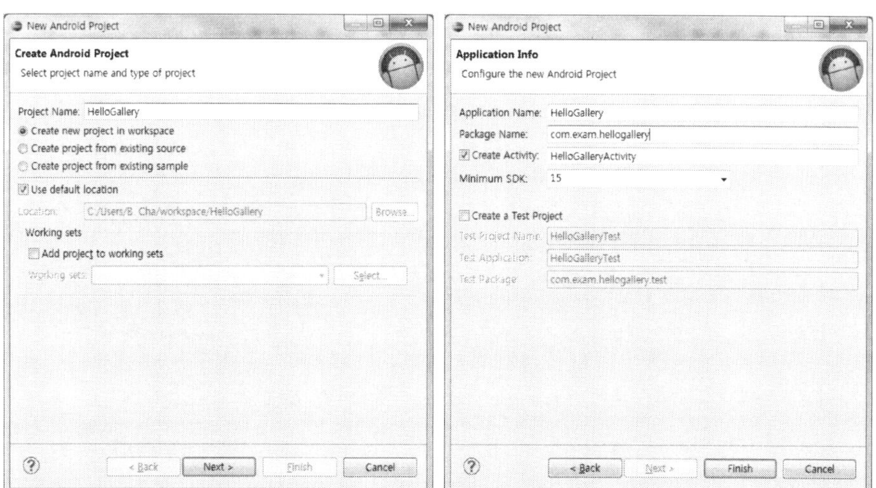

2 다음 이미지들을 바탕화면에 저장한 후 이클립스 왼쪽 프로젝트 탐색기에서 res ⇨ drawable-hdpi 폴더에 마우스로 끌어다 놓는다.

3 위의 그림들을 끌어다 놓으면 다음과 같이 된다.

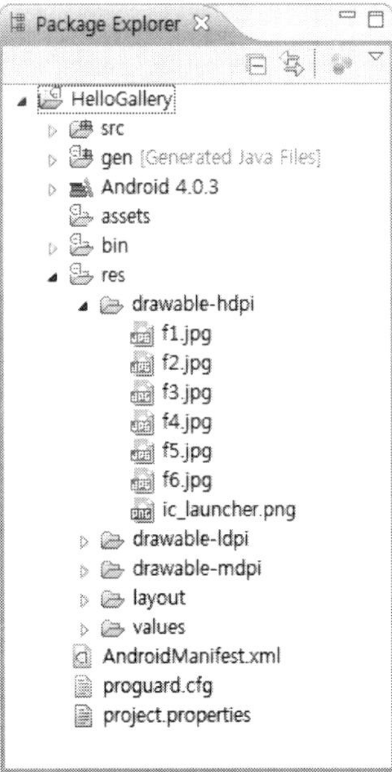

4 이클립스 왼쪽 프로젝트탐색기에서 res ⇨ layout ⇨ main.xml을 열어 다음과 같이 편집한다.

```
<?xml version="1.0" encoding="utf-8"?>
<Gallery xmlns:android="http://schemas.android.com/apk/res/android"
        android:id="@+id/gallery"
        android:layout_width="fill_parent"
        android:layout_height="wrap_content"
/>
```

5 프로젝트탐색기에서 res ⇨ values에 attr.xml을 생성하며, 다음 그림을 참고한다. 먼저 values 폴더에서 마우스 오른쪽 버튼을 눌러 아래와 같이 New ⇨ Other를 선택한다.

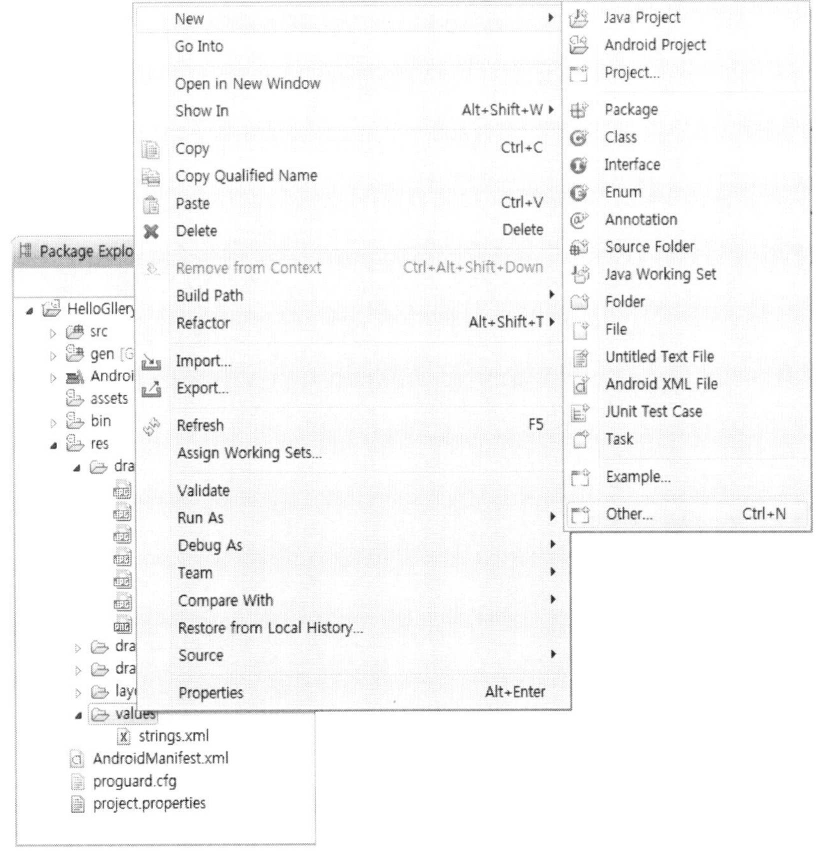

6 그리고 XML을 선택한다.

7 파일명을 attr.xml로 저장한다.

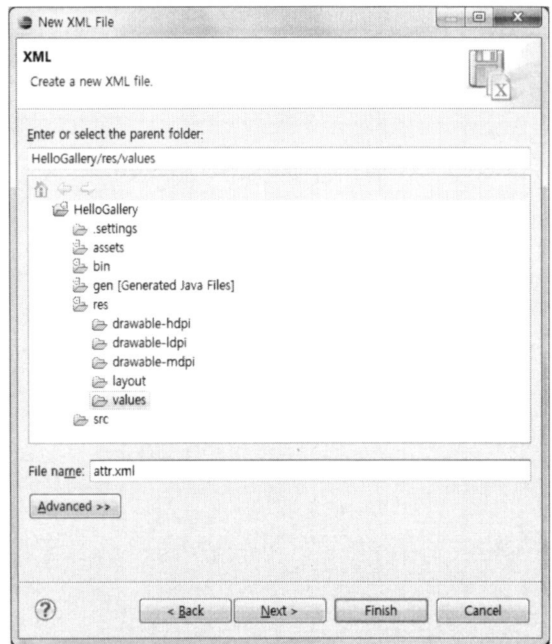

8 생성된 attr.xml에 다음 코드를 편집한다.

```
<?xml version="1.0" encoding="utf-8"?>
<resources>
   <declare-styleable name="Gallery1">
         <attr name="android:galleryItemBackground" />
      </declare-styleable>
</resources>
```

9 프로젝트탐색기에서 src ⇨ com.exam.hellogallery ⇨ HelloGalleryActivity.java를 열어 다음과 같이 편집한다.

```
package com.exam.hellogallery;

import android.app.Activity;
import android.content.Context;
import android.content.res.TypedArray;
import android.os.Bundle;
import android.view.View;
import android.view.ViewGroup;
import android.widget.AdapterView;
import android.widget.BaseAdapter;
import android.widget.Gallery;
import android.widget.ImageView;
import android.widget.Toast;
import android.widget.AdapterView.OnItemClickListener;

public class HelloGalleryActivity extends Activity {
      /** Called when the activity is first created. */
   @Override
   public void onCreate(Bundle savedInstanceState) {
           super.onCreate(savedInstanceState);
           setContentView(R.layout.main);

           Gallery g = (Gallery) findViewById(R.id.gallery);
           g.setAdapter(new ImageAdapter(this));

           g.setOnItemClickListener(new OnItemClickListener() {
                public void onItemClick(AdapterView parent, View v,
           int position, long id) {
                      Toast.makeText(HelloGallery.this, "" + position,
```

```
                Toast.LENGTH_SHORT).show();
            }
        });
    }

    public class ImageAdapter extends BaseAdapter  {
        int mGalleryItemBackground;
        private Context mContext;

        private Integer[] mImageIds = {
            R.drawable.f1,
            R.drawable.f2,
            R.drawable.f3,
            R.drawable.f4,
            R.drawable.f5,
            R.drawable.f6
        };

        public ImageAdapter(Context c) {
            mContext = c;
            TypedArray a = obtainStyledAttributes(R.styleable.Gallery1);
            mGalleryItemBackground = a.getResourceId(
                    R.styleable.Gallery1_android_galleryItemBackground, 0);
            a.recycle();
        }

        public int getCount() {
            return mImageIds.length;
        }

        public Object getItem(int position) {
            return position;
        }

        public long getItemId(int position) {
            return position;
        }

        public View getView(int position, View convertView, ViewGroup parent) {
            ImageView i = new ImageView(mContext);

            i.setImageResource(mImageIds[position]);
```

```
            i.setLayoutParams(new Gallery.LayoutParams(150, 100));
            i.setScaleType(ImageView.ScaleType.FIT_XY);
            i.setBackgroundResource(mGalleryItemBackground);

            return i;
        }
    }
}
```

소스코드에서 attr.xml에 정의된 Gallery1이 적용된다. attr.xml 코드와 대조해 보기 바란다. 참고로 안드로이드 개발자 사이트의 HelloGallery 예제에서는 R.styleable.Gallery1 부분이 android.R.styleable.Theme으로 되어 있는데 android.R.styleable는 Android SDK 1.0 R2에서 삭제되었다.

10 마지막으로 Ctrl+F11 키로 실행한다.

3.11 Spinner

스피너(Spinner)란 말이 좀 생소하지만, 흔히 콤보박스와 비슷한 기능을 수행한다. 다음은 스피너의 실행모습이다.

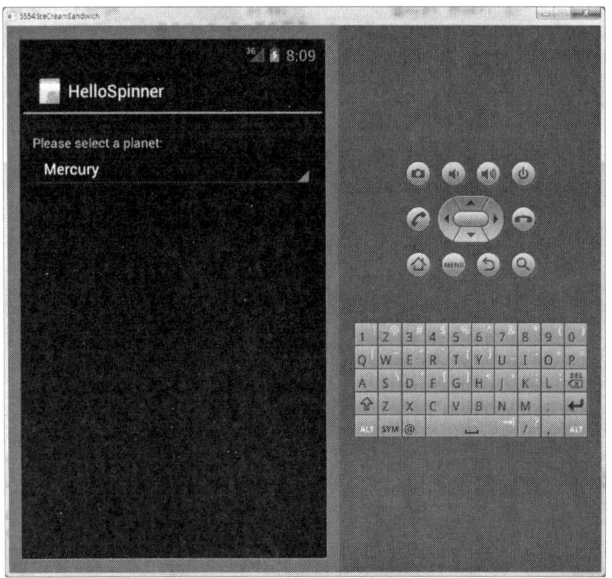

1 이클립스에서 다음과 같이 프로젝트를 생성한다.

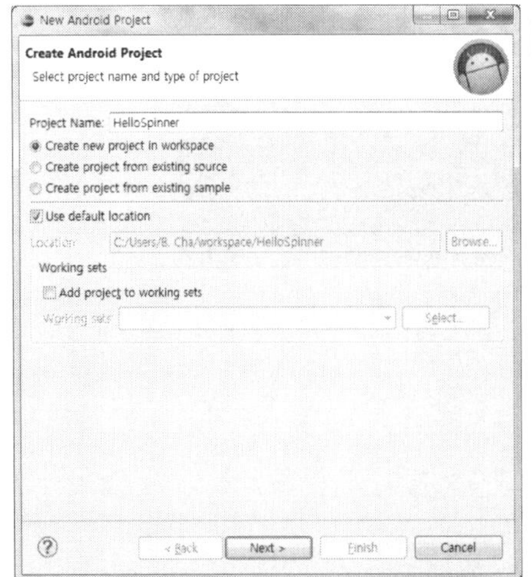

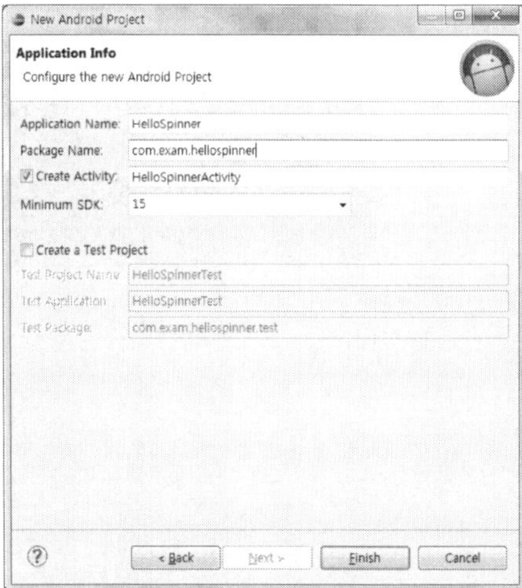

2 이클립스에서 왼쪽 프로젝트 탐색기에서 res ⇨ layout ⇨ main.xml에 다음의 코드로 수정한다.

```
<?xml version="1.0" encoding="utf-8"?>
<LinearLayout xmlns:android="http://schemas.android.com/apk/res/android"
        android:orientation="vertical"
        android:padding="10dip"
        android:layout_width="fill_parent"
        android:layout_height="wrap_content">

        <TextView
                android:layout_width="fill_parent"
                android:layout_height="wrap_content"
                android:layout_marginTop="10dip"
                android:text="Please select a planet:"
        />

        <Spinner
                android:id="@+id/spinner"
                android:layout_width="fill_parent"
                android:layout_height="wrap_content"
                android:drawSelectorOnTop="true"
                android:prompt="@string/planet_prompt"
        />

</LinearLayout>
```

위의 코드 중에서 android:prompt는 spinner가 실행돼서 선택할 때 맨 윗부분에 나타나는 문자열 부분을 지정하기 위해 사용한다.

3 위의 그림과 같이 Choose a planet를 출력하기 위해서는 strings.xml 파일을 편집해야 한다. 그리고 왼쪽 프로젝트 탐색기에서 res ⇨ values ⇨ string.xml 파일에 다음 코드로 수정한다.

```
<?xml version="1.0" encoding="utf-8"?>
<resources>
        <string name="hello">Hello World, HelloSpinner!</string>
        <string name="app_name">HelloSpinner</string>
        <string name="planet_prompt">Choose a planet</string>
</resources>
```

4 위 코드에서 Spinner에 나타날 item들을 정의하는 array.xml을 추가한다. 프로젝트 탐색기에서 res ⇨ value 폴더에서 마우스 오른쪽 버튼을 눌러 array.xml을 생성하며, 다음 그림을 참조하며, Other를 선택한다.

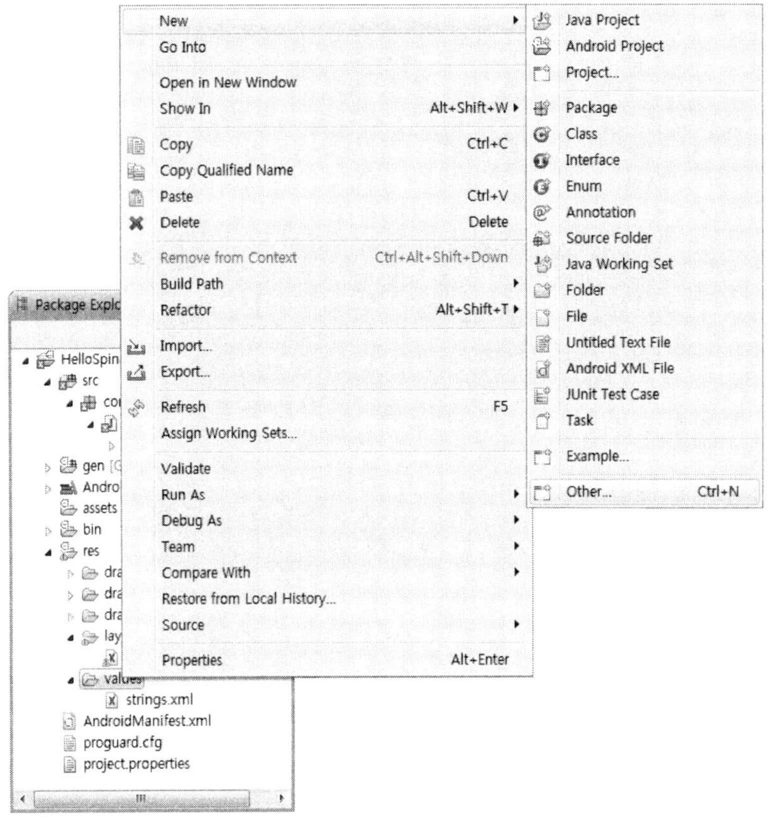

5 XML을 선택한다.

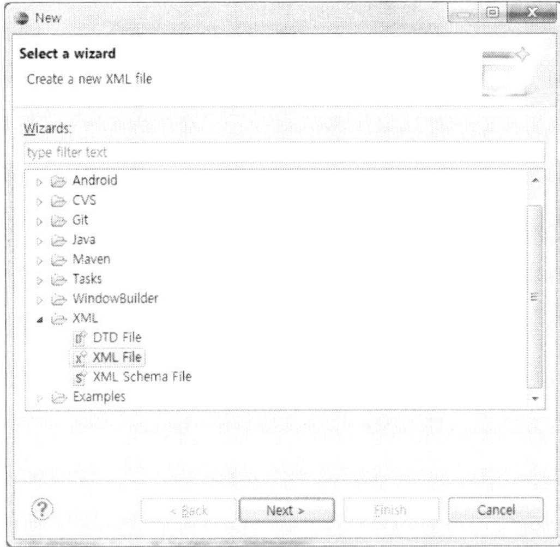

6 다음의 그림과 같이 File name에 arrays.xml을 입력하고 Finish를 선택한다.

7 생성된 arrays.xml에 다음 코드로 수정한다.

```
<?xml version="1.0" encoding="UTF-8"?>
<resources>
        <string-array name="planets">
             <item>Mercury</item>
             <item>Venus</item>
             <item>Earth</item>
             <item>Mars</item>
             <item>Jupiter</item>
             <item>Saturn</item>
             <item>Uranus</item>
             <item>Neptune</item>
        </string-array>
</resources>
```

8 왼쪽 프로젝트 탐색기에서 src ⇨ my.HelloSpinner ⇨ HelloSpinner.java 파일을 열어서 다음 코드로 수정한다.

```
package com.exam.hellospinner;
import android.app.Activity;
import android.os.Bundle;
import android.widget.ArrayAdapter;
import android.widget.Spinner;

public class HelloSpinnerActivity extends Activity {
        /** Called when the activity is first created. */
    @Override
    public void onCreate(Bundle savedInstanceState) {
              super.onCreate(savedInstanceState);
              setContentView(R.layout.main);

              Spinner s = (Spinner) findViewById(R.id.spinner);
              ArrayAdapter adapter = ArrayAdapter.createFromResource(this,
              R.array.planets, android.R.layout.simple_spinner_item);
              adapter.setDropDownViewResource(
              android.R.layout.simple_spinner_dropdown_item);
              s.setAdapter(adapter);
    }
}
```

9 Ctrl+F11 키로 실행하며, 다음은 실행결과이다. 실행 후 Spinner를 클릭하면 선택할 수 있는 item 목록이 나타나고 그 중 하나를 선택할 수 있다.

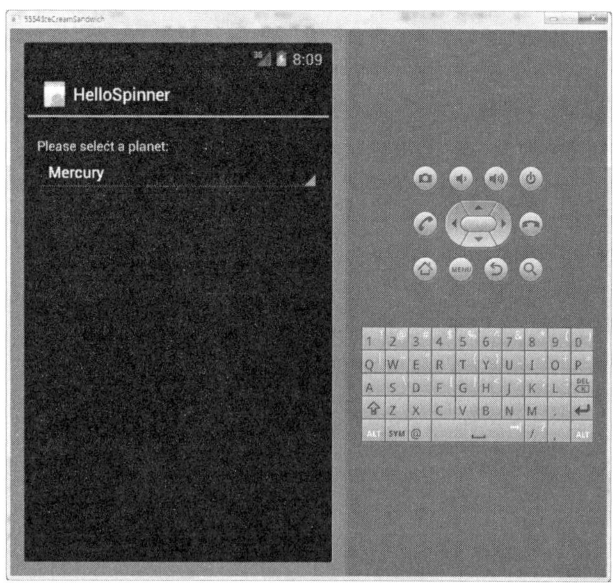

[spinner 처음 실행시 상태]

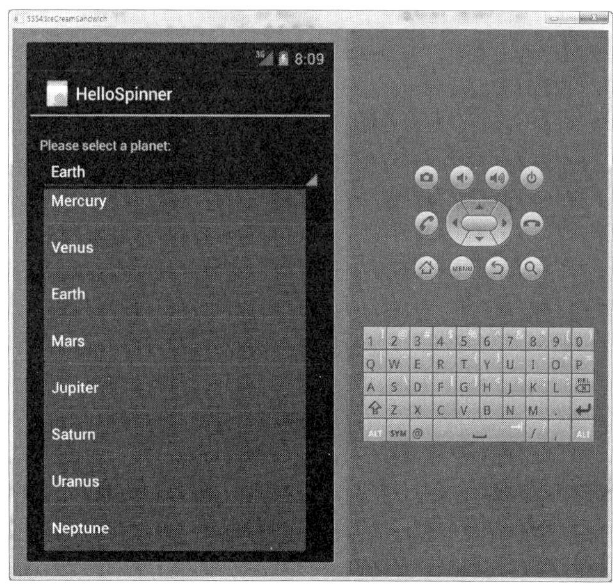

[Item들이 펼쳐진 모습]

3.12 WebView - 구글 홈페이지 띄우기

WebView는 웹페이지를 보여주는, 웹브라우저와 비슷한 역할을 하는 뷰이다.

1 다음과 같이 프로젝트를 생성한다.

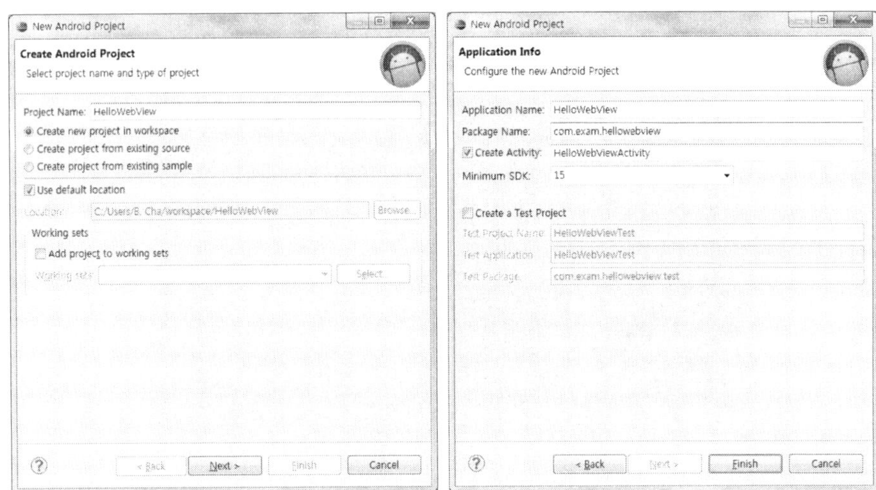

2 AndroidManifest.xml 파일을 다음과 같이 편집하며, 코드가 추가되어서 인터넷접속을 허가하는 권한을 부여한다.

```
<?xml version="1.0" encoding="utf-8"?>
<manifest xmlns:android="http://schemas.android.com/apk/res/android"
      package="com.exam.hellowebview"
      android:versionCode="1"
      android:versionName="1.0">
      <uses-permission android:name="android.permission.INTERNET" />
      <application android:icon="@drawable/icon" android:label="@string/app_name">
          <activity android:name=".HelloWebView"
              android:label="@string/app_name">
          <intent-filter>
                  <action android:name="android.intent.action.MAIN" />
                  <category android:name="android.intent.category.LAUNCHER" />
          </intent-filter>
          </activity>
```

```
        </application>
        <uses-sdk android:minSdkVersion="6" />
</manifest>
```

3 res ⇨ layout ⇨ main.xml을 다음과 같이 편집한다.

```
<?xml version="1.0" encoding="utf-8"?>
<LinearLayout xmlns:android="http://schemas.android.com/apk/res/android"
        android:layout_width="fill_parent"
        android:layout_height="fill_parent"
        android:orientation="vertical">

        <WebView
              android:id="@+id/webview"
              android:layout_width="fill_parent"
              android:layout_height="fill_parent"
        />
</LinearLayout>
```

4 src ⇨ com.exam.hellowebview ⇨ HelloWebViewActivity.java 파일을 다음과 같이 편집한다.

```
package com.exam.hellowebview;

import android.app.Activity;
import android.os.Bundle;
import android.view.KeyEvent;
import android.webkit.WebView;
import android.webkit.WebViewClient;

public class HelloWebViewActivity extends Activity {
    WebView mWebView;

        /** Called when the activity is first created. */
        @Override
        public void onCreate(Bundle savedInstanceState)  {
              super.onCreate(savedInstanceState);
              setContentView(R.layout.main);
```

```
        mWebView = (WebView) findViewById(R.id.webview);
        mWebView.getSettings().setJavaScriptEnabled(true);
    // 웹뷰에서 자바스크립트실행가능
        mWebView.loadUrl("http://www.google.com");
    // 구글홈페이지 지정
        mWebView.setWebViewClient(new HelloWebViewClient());
    // WebViewClient 지정

    }

    @Override
    public boolean onKeyDown(int keyCode, KeyEvent event) {
        if ((keyCode == KeyEvent.KEYCODE_BACK) && mWebView.canGoBack())  {
            mWebView.goBack();
            return true;
        }
        return super.onKeyDown(keyCode, event);
    }

    private class HelloWebViewClient extends WebViewClient {
        @Override
        public boolean shouldOverrideUrlLoading(WebView view, String url) {
            view.loadUrl(url);
            return true;
        }
    }
}
```

코드에서

```
  if ((keyCode == KeyEvent.KEYCODE_BACK) && mWebView.canGoBack()) {
    mWebView.goBack();
        return true;
    }
    return super.onKeyDown(keyCode, event);
```

이 부분은 뒤로가기 키를 눌렀을 때, 이전 페이지가 존재하면 전페이지로 돌아가게 해준다. 그리고, private class HelloWebViewClient extends WebViewClient에서 HelloWebViewClient 클래스는 WebViewClient 클래스를 상속받아서 만들었는데, WebViewClient는 WebView에서 로딩한 웹페이지의 링크를 클릭했을 때, 해당 URL을 로딩하는데 필요하다.

5 Ctrl+F11 키로 실행한다. 실행되어 구글 홈페이지가 로딩되기까지 시간이 좀 소요된다.

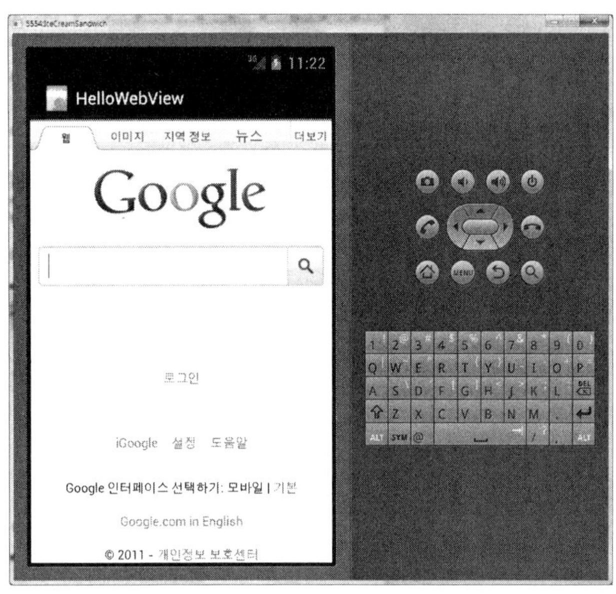

CHAPTER
04

폼 요소와 위젯

이번 장에서는 여러 가지 폼 구성 요소(Form Stuff)와 위젯(Widget)에 대해서 알아보자. 폼 요소에는 ImageButton, EditText, CheckBox, RadioButton, Toggle Button 등이 있으며, 위젯(Widget)은 텍스트 박스와 버튼, 체크 박스와 같은 엘리먼트를 의미한다. Widget 클래스는 자기 자신을 그리고 사용자로부터의 입력되는 이벤트를 처리한다.

4.1 ImageButton

1 먼저 다음과 같이 이클립스에서 프로젝트를 생성하여, ImageButton부터 구현해 보자.

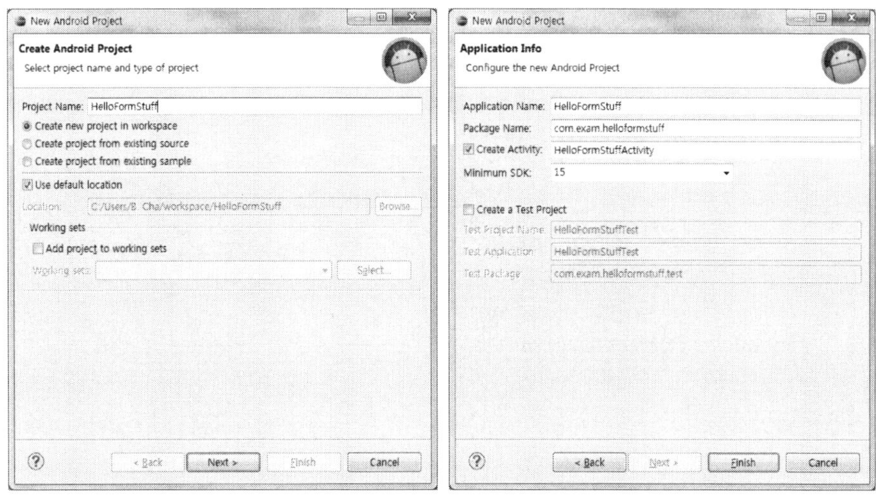

2 왼쪽 프로젝트 탐색기에서 res ⇨ layout ⇨ main.xml 파일을 선택한다. 먼저 이미지 버튼에 사용할 이미지를 바탕화면에 저장한 후 이클립스의 프로젝트탐색기에서 프로젝트폴더 res ⇨ drawable-hdpi 폴더에 드래그하여 끌어 놓는다.

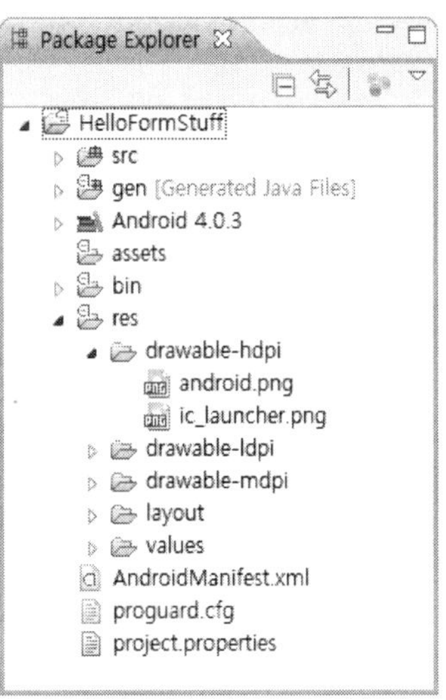

3 그리고 다음의 코드를 main.xml에 덮어쓰기를 한다.

```
<?xml version="1.0" encoding="utf-8"?>
<LinearLayout xmlns:android="http://schemas.android.com/apk/res/android"
        android:orientation="vertical"
        android:layout_width="fill_parent"
        android:layout_height="fill_parent" >

<ImageButton
        android:id="@+id/android_button"
        android:layout_width="100dip"
        android:layout_height="wrap_content"
        android:src="@drawable/android" />

</LinearLayout>
```

5 다음에는 왼쪽 프로젝트 탐색기에서 src ⇨ my.HelloFormStuff ⇨ HelloForm Stuff.java 파일을 열고 다음을 덮어 쓴다.

```
package com.exam.helloformstuff;

import android.app.Activity;
import android.os.Bundle;
import android.view.View;
import android.view.View.OnClickListener;
import android.widget.ImageButton;
import android.widget.Toast;

public class HelloFormStuffActivity extends Activity {
        /** Called when the activity is first created. */
        @Override
        public void onCreate(Bundle savedInstanceState) {
                super.onCreate(savedInstanceState);
                setContentView(R.layout.main);
                final ImageButton button = (ImageButton)
                findViewById(R.id.android_button);
                button.setOnClickListener(new OnClickListener() {
                        public void onClick(View v) {
                        // Perform action on clicks
                        Toast.makeText(HelloFormStuffActivity.this, "Beep Bop",
                        Toast.LENGTH_SHORT).show();
                        }
                });
        }
}
```

6 위의 코드를 코딩하면서 필요한 패키지들은 Ctrl+Shift+O를 누르면 자동으로 추가할 수 있는데 Ctrl+Shift+O를 누르면 다음과 같이 어느 패키지를 선택할건지 묻는 다이얼로그가 나타난다. 이때 첫 번째 것을 선택하고 Finish를 선택한다.

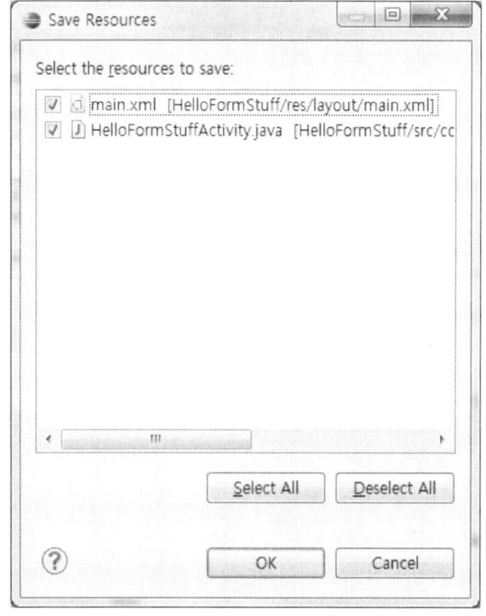

7 다음에 Ctrl+F11를 눌러서 실행해 보면, 다음과 같은 실행결과가 나타난다.

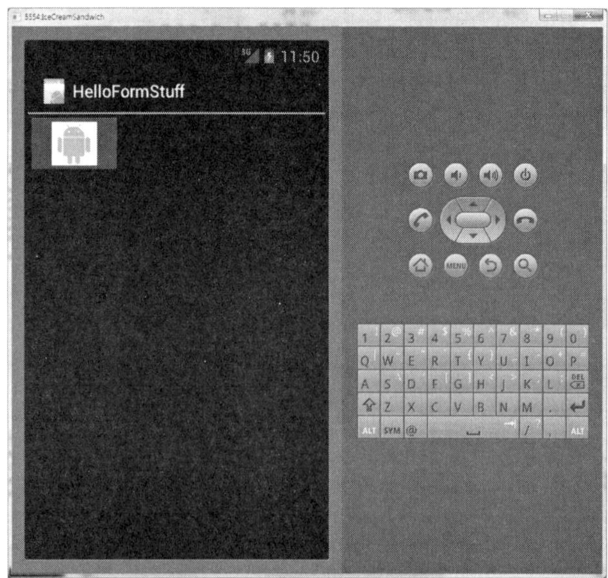

8 안드로이드 마스코드 이미지 버튼을 누르면 아래쪽에 Beep Bop이라는 글자가 나타났다가 사라지는 것을 볼 수 있다.

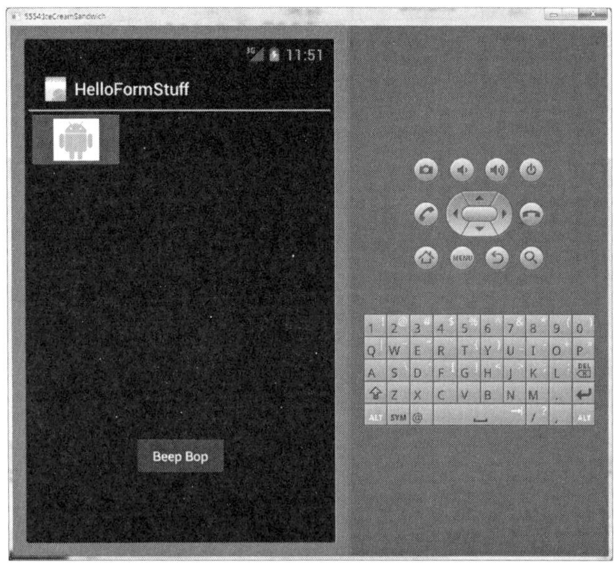

9 다음은 소스코드를 약간 수정한 것과 그 결과이다. 출력될 글자를 변경하고, Toast.LENGTH_LONG으로 변경한다. Toast.LENGTH_LONG이 Toast.LENGTH_ SHORT보다 더 글자가 오래 보였다가 사라진다.

```
Toast.makeText(HelloFormStuffActivity.this,        "안녕하세요!        안드로이드입니다.",
Toast.LENGTH_LONG).show();
```

4.2 EditText

1 폼 구성요소 중에서 EditText를 테스트 해보기 위해서 다음과 같이 이클립스에서 프로젝트를 생성한다.

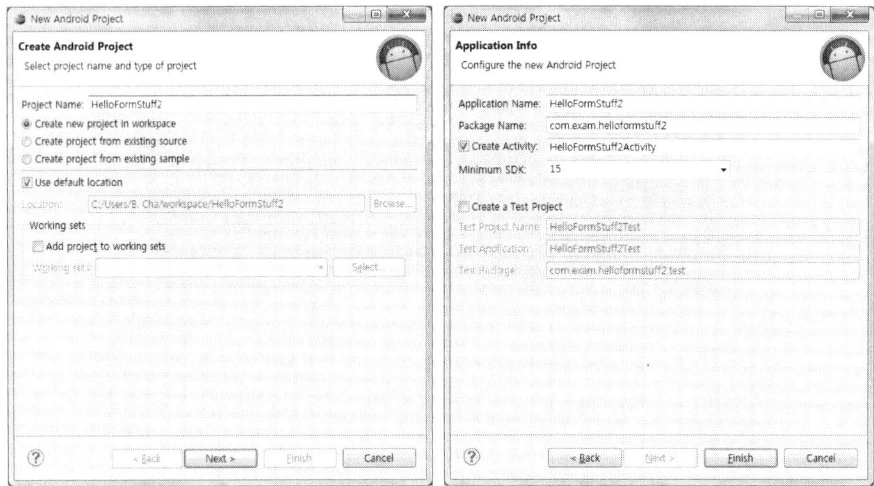

2 왼쪽 프로젝트 탐색기에서 res ⇨ layout ⇨ main.xml을 열어서 다음 코드를 덮어쓴다.

```
<?xml version="1.0" encoding="utf-8"?>
<LinearLayout xmlns:android="http://schemas.android.com/apk/res/android"
    android:orientation="vertical"
    android:layout_width="fill_parent"
    android:layout_height="fill_parent"
    >
<EditText
    android:id="@+id/edittext"
    android:layout_width="fill_parent"
    android:layout_height="wrap_content"/>
</LinearLayout>
```

3 왼쪽 프로젝트 탐색기에서 src ⇨ com.exam.HelloFormStuff2 ⇨ HelloForm Stuff2 Activity.java를 열어서 다음 코드를 덮어쓴다.

```
package com.exam.helloformstuff2;

import android.app.Activity;
import android.os.Bundle;
import android.view.KeyEvent;
import android.view.View;
import android.view.View.OnKeyListener;
import android.widget.EditText;
import android.widget.Toast;

public class HelloFormStuff2Activity extends Activity {
    /** Called when the activity is first created. */
    @Override
    public void onCreate(Bundle savedInstanceState) {
            super.onCreate(savedInstanceState);
            setContentView(R.layout.main);
            final EditText edittext = (EditText) findViewById(R.id.edittext);
            edittext.setOnKeyListener(new OnKeyListener() {
                public boolean onKey(View v, int keyCode, KeyEvent event) {
                    if ((event.getAction() == KeyEvent.ACTION_DOWN) &&
                    (keyCode == KeyEvent.KEYCODE_ENTER))
                    {
                        // Perform action on key press
                        Toast.makeText(HelloFormStuff2Activity.this,
                        edittext.getText(), Toast.LENGTH_SHORT).show();
                        return true;
                    }
                    return false;
                }
            });
    }
}
```

코드를 살펴보면, 이 부분에서 키가 눌려졌는데 눌려진 키가 Enter↵ 키이면 동작하도록 하고 있는 것을 알 수 있다.

```
if ((event.getAction() == KeyEvent.ACTION_DOWN) && (keyCode == KeyEvent.KEYCODE_ENTER))
```

4 위의 코드를 코딩하면서 필요한 패키지들은 Ctrl+Shift+O 키를 누르면 자동으로 추가할 수 있다.

5 다음에 Ctrl+F11를 눌러서 실행해 본다. 다음은 실행결과이다. EditText에 Android Test~1 ^.*를 입력하고 Enter 키를 누르면 아래쪽에 Android Test~! ^.* 글자가 나타났다가 사라지는 것을 볼 수 있다.

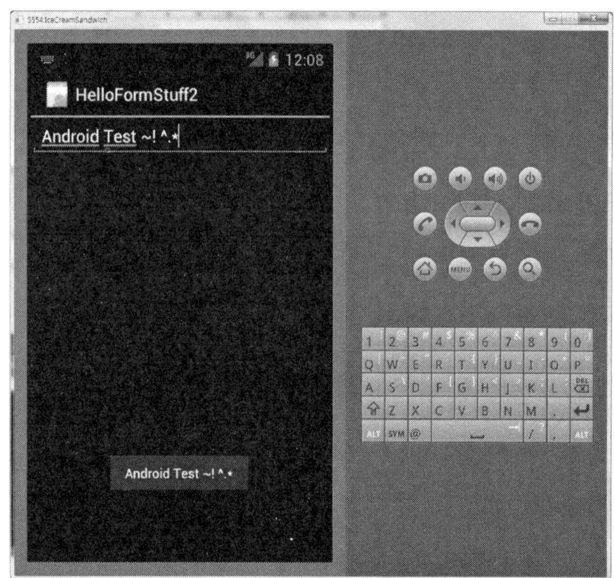

4.3 CheckBox

이번 절에서는 폼 구성요소(Form Stuff) 중 CheckBox에 대해서 알아보자.

1 먼저 이클립스에서 다음과 같이 프로젝트를 생성한다.

2 왼쪽 프로젝트 탐색기에서 res ⇨ layout ⇨ main.xml을 열어서 다음 코드를 붙여넣기를 수행한다.

```
<?xml version="1.0" encoding="utf-8"?>
<LinearLayout xmlns:android="http://schemas.android.com/apk/res/android"
    android:orientation="vertical"
    android:layout_width="fill_parent"
    android:layout_height="fill_parent"
    >
<CheckBox android:id="@+id/checkbox"
    android:layout_width="wrap_content"
    android:layout_height="wrap_content"
    android:text="check it out" />
</LinearLayout>
```

3 왼쪽 프로젝트 탐색기에서 src ⇨ my.HelloFormStuff3 ⇨ HelloFormStuff3.java를 열어서 다음 코드를 붙여넣기를 한다.

```
package com.exam.helloformstuff3;

import android.app.Activity;
import android.os.Bundle;
import android.view.View;
```

```
import android.view.View.OnClickListener;
import android.widget.CheckBox;
import android.widget.Toast;

public class HelloFormStuff3Activity extends Activity {
        /** Called when the activity is first created. */
        @Override
        public void onCreate(Bundle savedInstanceState) {
              super.onCreate(savedInstanceState);
              setContentView(R.layout.main);
              final CheckBox checkbox = (CheckBox) findViewById(R.id.checkbox);
              checkbox.setOnClickListener(new OnClickListener() {
                    public void onClick(View v) {
                                // Perform action on clicks
                                if (checkbox.isChecked()) {
                                      Toast.makeText(HelloFormStuff3Activity.this,
                                            "Selected", Toast.LENGTH_SHORT).show();
                                } else {
                                Toast.makeText(HelloFormStuff3Activity.this,
                                "Not selected", Toast.LENGTH_SHORT).show();
                          }
                    }
              });
        }
}
```

4 코드를 작성할 때 Ctrl+Shift+O 키를 누르면 필요한 패키지가 자동으로 Import된다.

5 Ctrl+F11로 실행하면 다음과 같은 실행결과가 나타난다. 체크박스를 체크하면 아래쪽에 Selected라는 글자가 나타났다가 사라진다. 반대로 체크박스 체크를 해제하면 Not Selected가 나타났다가 사라진다.

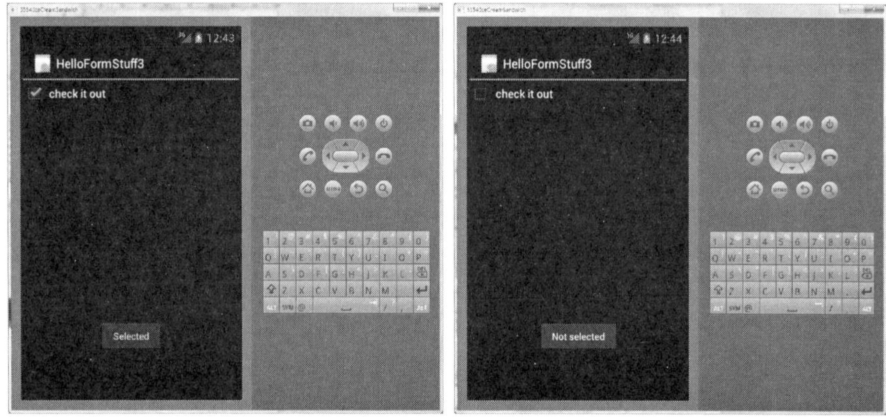

4.4 RadioButton

폼 구성 요소 중에서 RadioButton은 여러 항목 중의 한 개만을 선택할 때 주로 사용한다.

1 이클립스에서 다음과 같이 프로젝트를 생성한다.

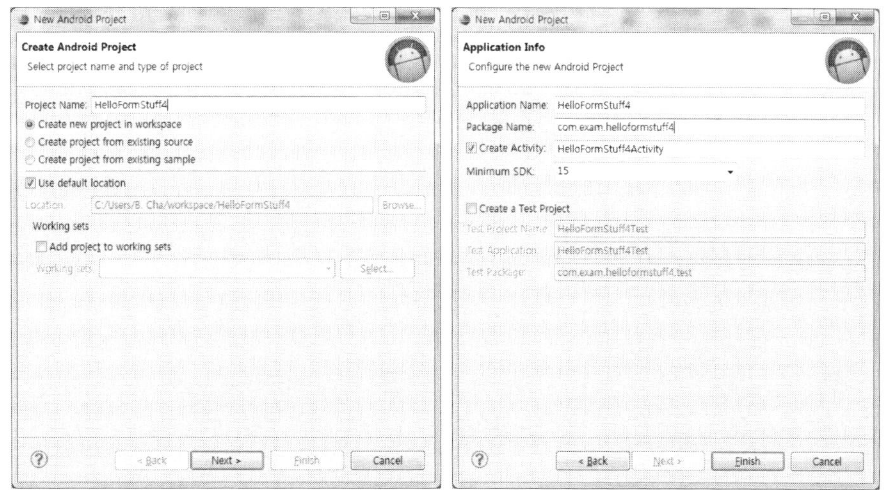

2 왼쪽 프로젝트 탐색기에서 res ⇨ layout ⇨ main.xml을 열어서 다음 코드를 덮어

쓴다. 다음의 코드에서 RadioButton 두 개가 하나의 RadioGroup에 속해 있음을 볼 수 있다. 같은 RadioGroup에 속한 RadioButton들은 그 중에서 하나만 선택이 가능하다.

```
<?xml version="1.0" encoding="utf-8"?>
<LinearLayout xmlns:android="http://schemas.android.com/apk/res/android"
   android:orientation="vertical"
   android:layout_width="fill_parent"
   android:layout_height="fill_parent" >
   <RadioGroup
       android:layout_width="fill_parent"
       android:layout_height="wrap_content"
       android:orientation="vertical">
       <RadioButton android:id="@+id/radio_red"
             android:layout_width="wrap_content"
             android:layout_height="wrap_content"
             android:text="Red" />
       <RadioButton android:id="@+id/radio_blue"
             android:layout_width="wrap_content"
             android:layout_height="wrap_content"
             android:text="Blue" />
   </RadioGroup>
</LinearLayout>
```

3 왼쪽 프로젝트탐색기에서 src ⇨ com.exam.HelloFormStuff4 ⇨ HelloFormStuff4 Activity.java를 열어서 다음 코드를 덮어 쓴다.

```
package com.exam.helloformstuff4;

import android.app.Activity;
import android.os.Bundle;
import android.view.View;
import android.view.View.OnClickListener;
import android.widget.RadioButton;
import android.widget.Toast;

public class HelloFormStuff4Activity extends Activity {
    /** Called when the activity is first created. */
    @Override
        public void onCreate(Bundle savedInstanceState)  {
```

```
        super.onCreate(savedInstanceState);
        setContentView(R.layout.main);

        final RadioButton radio_red = (RadioButton) findViewById(R.id.radio_red);
        final RadioButton radio_blue = (RadioButton) findViewById(R.id.radio_blue);
        radio_red.setOnClickListener(radio_listener);
        radio_blue.setOnClickListener(radio_listener);
    }

    OnClickListener radio_listener = new OnClickListener() {
        public void onClick(View v) {
            // Perform action on clicks
            RadioButton rb = (RadioButton) v;
            Toast.makeText(HelloFormStuff4Activity.this,
            rb.getText(), Toast.LENGTH_SHORT).show();
        }
    };
}
```

위 코드에서 다음의 코드는 두 개의 라디오 버튼이 클릭될 때마다 radio_ listener를 사용하고 있다.

```
radio_red.setOnClickListener(radio_listener);
   radio_blue.setOnClickListener(radio_listener);
```

다음의 코드에서 메시지를 출력할 때 rb.getText()를 사용해서 main.xml에 정의된 라디오 버튼의 text 값을 출력하고 있다.

```
Toast.makeText(HelloFormStuff4.this, rb.getText(), Toast.LENGTH_SHORT).show();
```

4 다음은 실행 결과이다. Red 라디오 버튼을 클릭하면 아래쪽에 Red 문자가 출력된다. 반대로 Blue 라디오 버튼을 클릭하면 아래쪽에 Blue 문자가 출력된다.

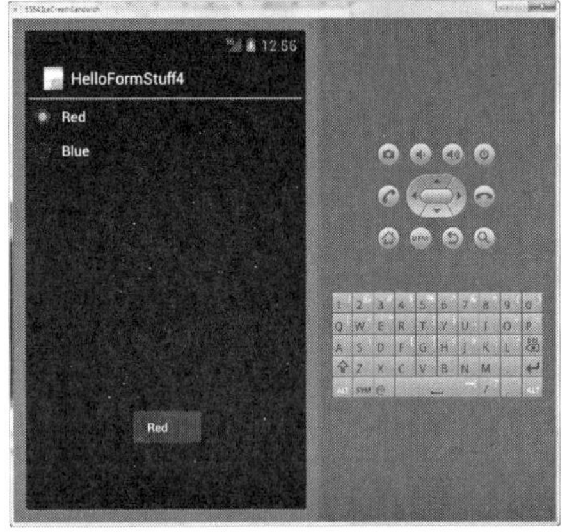

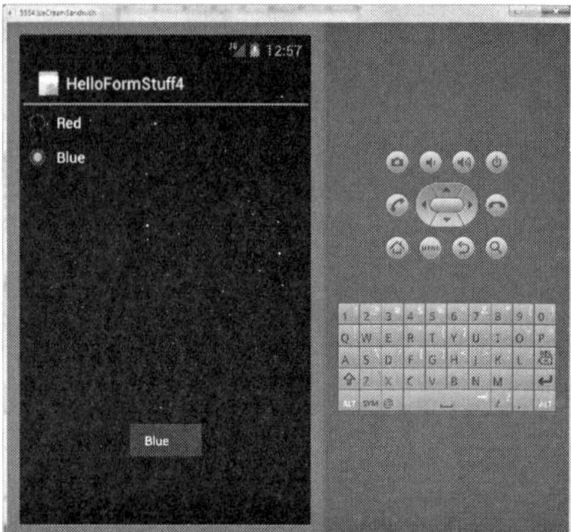

5 다음은 main.xml을 약간 수정한 코드와 실행 결과이다. 소스코드를 보면, android:orientation="horizontal"로 변경하고, 라디오 버튼의 text를 android:text="남", android:text="여"로 바꾸어 보았으며, 실행결과이다.

```
<?xml version="1.0" encoding="utf-8"?>
<LinearLayout xmlns:android="http://schemas.android.com/apk/res/android"
    android:orientation="vertical"
    android:layout_width="fill_parent"
    android:layout_height="fill_parent" >
    <RadioGroup
        android:layout_width="fill_parent"
        android:layout_height="wrap_content"
        android:orientation="horizontal">
        <RadioButton android:id="@+id/radio_red"
              android:layout_width="wrap_content"
              android:layout_height="wrap_content"
              android:text="남" />
        <RadioButton android:id="@+id/radio_blue"
              android:layout_width="wrap_content"
              android:layout_height="wrap_content"
              android:text="여" />
    </RadioGroup>
</LinearLayout>
```

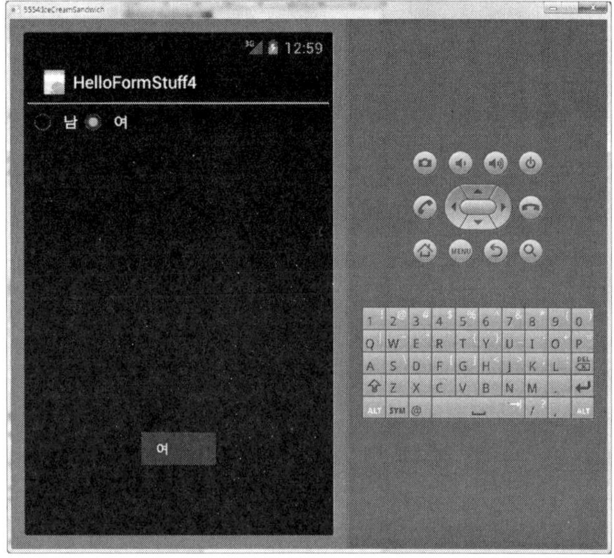

4.5 ToggleButton

토글 버튼은 클릭할 때마다 텍스트가 변경되는 버튼을 말한다. 즉 on ⇔ off가 서로 교대로 나타나게 된다.

1 다음과 같이 이클립스에서 New Android Project를 생성한다.

2 왼쪽 프로젝트 탐색기에서 res ⇨ layout ⇨ main.xml 파일을 열어서 다음 코드를 붙여넣기를 한다.

```
<?xml version="1.0" encoding="utf-8"?>
<LinearLayout xmlns:android="http://schemas.android.com/apk/res/android"
   android:orientation="vertical"
   android:layout_width="fill_parent"
   android:layout_height="fill_parent" >
   <ToggleButton android:id="@+id/togglebutton"
       android:layout_width="wrap_content"
       android:layout_height="wrap_content" />
</LinearLayout>
```

3 위 코드에서 토글 버튼에 나타나는 Text를 지정하지 않았음을 기억한다. 다음에는 왼쪽 프로젝트 탐색기에서 src ⇨ com.exam.helloformstuff5 ⇨ HelloFormStuff5 Activity.java를 열어서 다음과 같이 수정한다.

```
package com.exam.helloformstuff5;

import android.app.Activity;
import android.os.Bundle;
import android.view.View;
import android.view.View.OnClickListener;
import android.widget.Toast;
import android.widget.ToggleButton;

public class HelloFormStuff5Activity extends Activity {
        /** Called when the activity is first created. */
        @Override
        public void onCreate(Bundle savedInstanceState)  {
              super.onCreate(savedInstanceState);
              setContentView(R.layout.main);

              final ToggleButton togglebutton = (ToggleButton)
              findViewById(R.id.togglebutton);
              togglebutton.setOnClickListener(new OnClickListener()  {
                    public void onClick(View v) {
                          // Perform action on clicks
                          if (togglebutton.isChecked()) {
                                Toast.makeText(HelloFormStuff5Activity.this,
```

```
                    "ON", Toast.LENGTH_SHORT).show();
                    } else {
                    Toast.makeText(HelloFormStuff5Activity.this,
                    "OFF", Toast.LENGTH_SHORT).show();
                    }
            }
        });
    }
}
```

코드를 살펴보면,

```
if (togglebutton.isChecked()) {
        Toast.makeText(HelloFormStuff5.this, "ON",
            Toast.LENGTH_SHORT).show();
        } else {
            Toast.makeText(HelloFormStuff5.this, "OFF",
            Toast.LENGTH_SHORT).show();
        }
```

이 부분에서 토글 버튼이 체크되면 ON이라는 글자를, 체크되지 않으며 OFF라는 글자를 출력함을 알 수 있다. 이클립스에서 코드를 편집할 때 Ctrl+Shift+O 키를 누르면 필요한 패키지가 자동으로 입력된다.

4 이때 Ctrl+F11 키를 눌러서 실행한다.

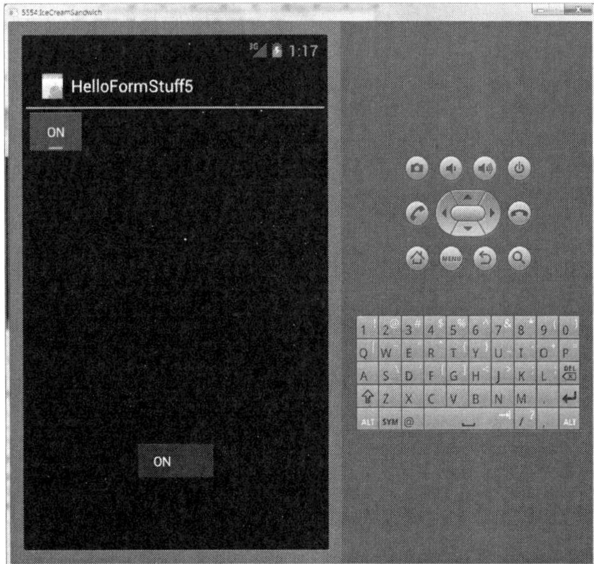

토글 버튼의 텍스트는 지정하지 않을 경우 기본 값으로 ON, OFF를 가지며, 토글 버튼을 클릭할 때마다 아래쪽 메시지가 ON ⇔ OFF로 바뀐다.

5 이번에는 토글 버튼에 나타나는 텍스트와 클릭했을 때 나타나는 메시지를 변경해 보자. 다음은 수정한 코드와 결과를 나타낸다. 먼저 main.xml에서 변경한 부분이다.

```
<ToggleButton android:id="@+id/togglebutton"
        android:layout_width="wrap_content"
            android:layout_height="wrap_content"
            android:textOff="선택"

            android:textOn="해제"/>
```

6 HelloFormStuff5Activity.java에서 다음과 같이 코드의 일부를 변경한 다음에 실행한 결과이다.

```
    if (togglebutton.isChecked()) {
            Toast.makeText(HelloFormStuff5Activity.this, "선택",
            Toast.LENGTH_SHORT).show();
        } else {
            Toast.makeText(HelloFormStuff5Activity.this, "해제",
            Toast.LENGTH_SHORT).show();
        }
```

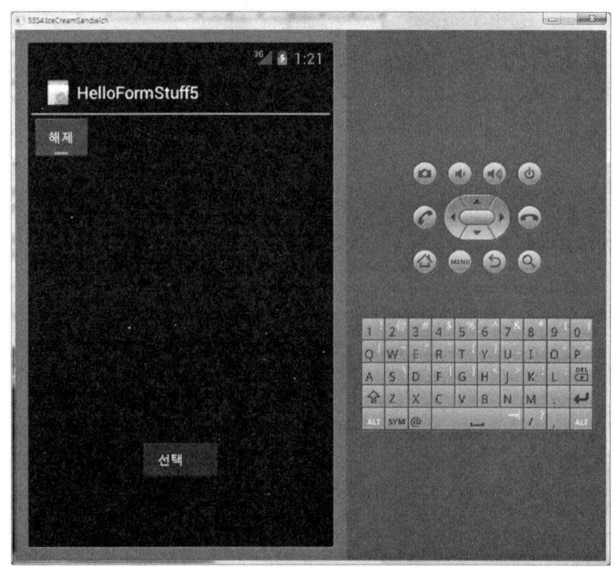

4.6 TimePicker

TimePicker는 시간과 분을 선택할 수 있도록 하는 위젯이다.

1 이클립스에서 다음과 같이 프로젝트를 생성한다.

2 왼쪽 프로젝트 탐색기에서 res > layout > main.xml을 열고 다음 코드를 붙여넣기를 수행한다.

```
<?xml version="1.0" encoding="utf-8"?>
<LinearLayout xmlns:android="http://schemas.android.com/apk/res/android"
    android:orientation="vertical"
    android:layout_width="fill_parent"
    android:layout_height="fill_parent" >
    <TextView android:id="@+id/timeDisplay"
        android:layout_width="wrap_content"
        android:layout_height="wrap_content"
        android:text="" />
    <Button android:id="@+id/pickTime"
        android:layout_width="wrap_content"
        android:layout_height="wrap_content"
        android:text="Change the time" />
</LinearLayout>
```

3 왼쪽 프로젝트 탐색기에서 src > my.HelloTimePicker > HelloTimePicker.java 파일을 열고 코드를 편집한다. 그리고 다음 zip파일을 풀어서 붙여넣기를 한다.

```
package com.exam.hellotimepicker;

import java.util.Calendar;
import android.app.Activity;
import android.app.Dialog;
import android.app.TimePickerDialog;
import android.os.Bundle;
import android.view.View;
import android.widget.Button;
import android.widget.TextView;
import android.widget.TimePicker;

public class HelloTimePickerActivity extends Activity {
    /** Called when the activity is first created. */

    private TextView mTimeDisplay;
    private Button mPickTime;

    private int mHour;
    private int mMinute;

    static final int TIME_DIALOG_ID = 0;
    @Override
    protected void onCreate(Bundle savedInstanceState) {
        super.onCreate(savedInstanceState);
        setContentView(R.layout.main);

        // capture our View elements
        mTimeDisplay = (TextView) findViewById(R.id.timeDisplay);
        mPickTime = (Button) findViewById(R.id.pickTime);

        // add a click listener to the button
        mPickTime.setOnClickListener(new View.OnClickListener() {
            public void onClick(View v) {
                showDialog(TIME_DIALOG_ID);
            }
        });

        // get the current time
```

```
        final Calendar c = Calendar.getInstance();
        mHour = c.get(Calendar.HOUR_OF_DAY);
        mMinute = c.get(Calendar.MINUTE);

// get the current time
        final Calendar c = Calendar.getInstance();
        mHour = c.get(Calendar.HOUR_OF_DAY);
        mMinute = c.get(Calendar.MINUTE);

        // display the current date
        updateDisplay();
    }

    @Override
    protected Dialog onCreateDialog(int id) {
        switch (id) {
        case TIME_DIALOG_ID:
            return new TimePickerDialog(this,
                    mTimeSetListener, mHour, mMinute, false);
        }
        return null;
    }

    // updates the time we display in the TextView
    private void updateDisplay() {
        mTimeDisplay.setText(
            new StringBuilder()
                    .append(pad(mHour)).append(":")
                    .append(pad(mMinute)));
    }

    // the callback received when the user "sets" the time in the dialog
    private TimePickerDialog.OnTimeSetListener mTimeSetListener =
        new TimePickerDialog.OnTimeSetListener() {
            public void onTimeSet(TimePicker view, int hourOfDay, int minute) {
                mHour = hourOfDay;
                mMinute = minute;
                updateDisplay();
            }
        };

        private static String pad(int c) {
```

```
            if (c >= 10)
                return String.valueOf(c);
            else
                return "0" + String.valueOf(c);
        }
}
```

4 이클립스에서 코드작성 할 때 Ctrl+Shift+O 키를 누르면 필요한 패키지들이 자동으로 import된다. Run ⇨ Run으로 실행한다.

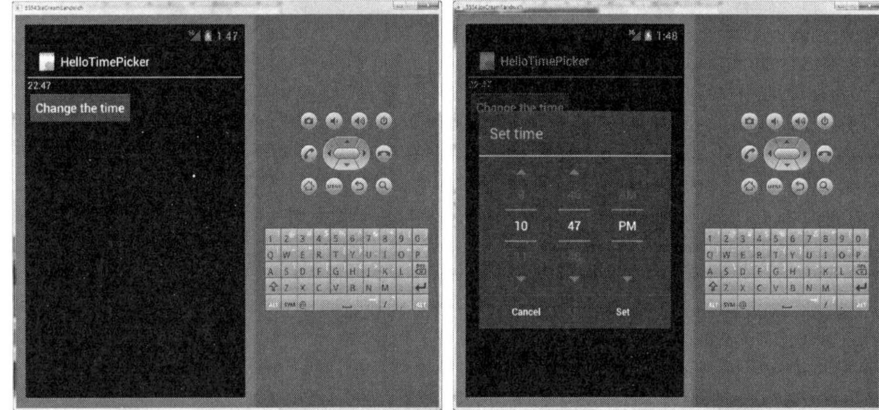

실행화면에서 "change the time" 버튼을 눌러야 TimePicker가 나타난다. 다음은 약간 수정한 소스코드와 실행결과이다.

```
@Override
    protected Dialog onCreateDialog(int id)
    {
            switch (id)
        {
                case TIME_DIALOG_ID:
                return new TimePickerDialog(this, mTimeSetListener, mHour,
            mMinute, true); // false->true로 변경. AM, PM 선택버튼 없어짐          }
            return null;
    }
```

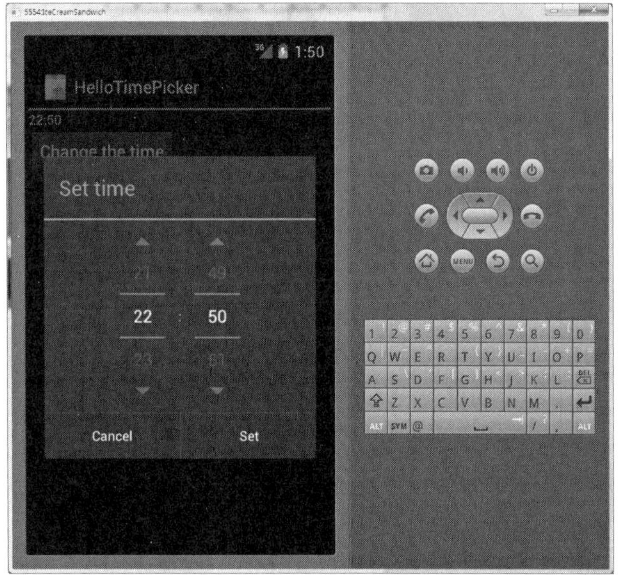

4.7 DatePicker

DatePicker는 년, 월, 일을 선택할 수 있는 위젯이다.

1 이클립스에서 프로젝트를 생성한다.

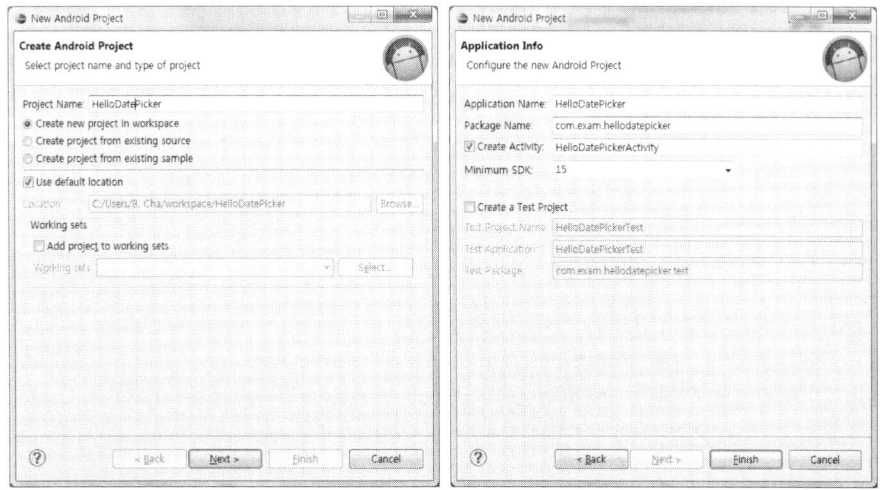

2 이클립스의 왼쪽 프로젝트 탐색기에서 res ⇨ layout ⇨ main.xml을 수정한다. 다음 코드를 붙여넣기를 수행한다.

```
<?xml version="1.0" encoding="utf-8"?>
<LinearLayout xmlns:android="http://schemas.android.com/apk/res/android"
        android:layout_width="wrap_content"
        android:layout_height="wrap_content"
        android:orientation="vertical">
        <TextView android:id="@+id/dateDisplay"
             android:layout_width="wrap_content"
             android:layout_height="wrap_content"
             android:text=""/>
        <Button android:id="@+id/pickDate"
             android:layout_width="wrap_content"
             android:layout_height="wrap_content"
             android:text="Change the date"/>
</LinearLayout>
```

3 HelloDatePickerActivity.java 파일을 다음의 코드로 편집한다. 그리고 import할 패키지가 있을 경우에는 Ctrl+Shift+O 키를 누르면 모든 필요한 package들이 자동으로 추가된다.

```
package com.exam.hellodatepicker;

import java.util.Calendar;
import android.app.Activity;
import android.app.DatePickerDialog;
import android.app.Dialog;
import android.os.Bundle;
import android.view.View;
import android.widget.Button;
import android.widget.DatePicker;
import android.widget.TextView;

public class HelloDatePickerActivity extends Activity {
    private TextView mDateDisplay;
      private Button mPickDate;

      private int mYear;
      private int mMonth;
```

```
    private int mDay;

    static final int DATE_DIALOG_ID = 0;

    @Override
    protected void onCreate(Bundle savedInstanceState) {
        super.onCreate(savedInstanceState);
        setContentView(R.layout.main);

        // capture our View elements
        mDateDisplay = (TextView) findViewById(R.id.dateDisplay);
        mPickDate = (Button) findViewById(R.id.pickDate);

        // add a click listener to the button
        mPickDate.setOnClickListener(new View.OnClickListener() {
            public void onClick(View v) {
                showDialog(DATE_DIALOG_ID);
            }
        });

        // get the current date
        final Calendar c = Calendar.getInstance();
        mYear = c.get(Calendar.YEAR);
        mMonth = c.get(Calendar.MONTH);
        mDay = c.get(Calendar.DAY_OF_MONTH);

// display the current date
        updateDisplay();
    }

    @Override
    protected Dialog onCreateDialog(int id) {
        switch (id) {
        case DATE_DIALOG_ID:
            return new DatePickerDialog(this,
                        mDateSetListener,
                        mYear, mMonth, mDay);
        }
        return null;
    }

    private void updateDisplay() {
```

```
        mDateDisplay.setText(
            new StringBuilder()
                    // Month is 0 based so add 1
                    .append(mMonth + 1).append("-")
                    .append(mDay).append("-")
                    .append(mYear).append(" "));
    }

    private DatePickerDialog.OnDateSetListener mDateSetListener =
        new DatePickerDialog.OnDateSetListener() {

            public void onDateSet(DatePicker view, int year,
                                  int monthOfYear, int dayOfMonth) {
                mYear = year;
                mMonth = monthOfYear;
                mDay = dayOfMonth;
                updateDisplay();
            }
        };
}
```

4 Run ⇨ Run으로 실행한다. 실행결과를 보기까지는 다소 시간이 소요된다. change the date 버튼을 눌러야 DatePicker가 나타난다.

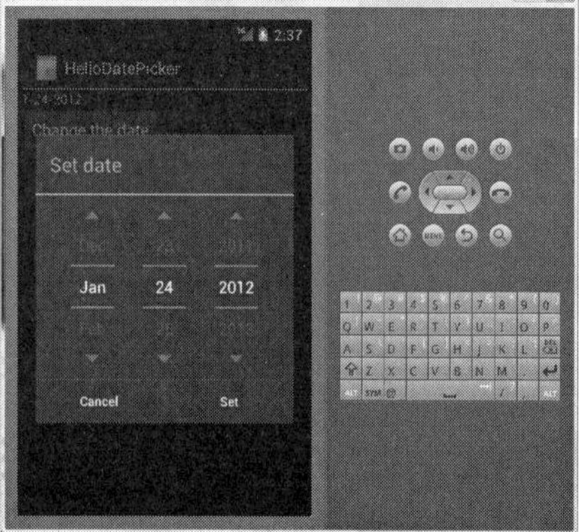

5 다음은 날짜를 2012-01-24 형식으로 나타내도록 변경한 코드와 결과이다.

```
private void updateDisplay() {
    mDateDisplay.setText(
        new StringBuilder()
                // Month is 0 based so add 1
                    .append(mYear).append("-") // 년도가 먼저 나오도록 순서를 변경했습니다.
                .append(mMonth + 1).append("-")
                    .append(mDay)
    );
}
```

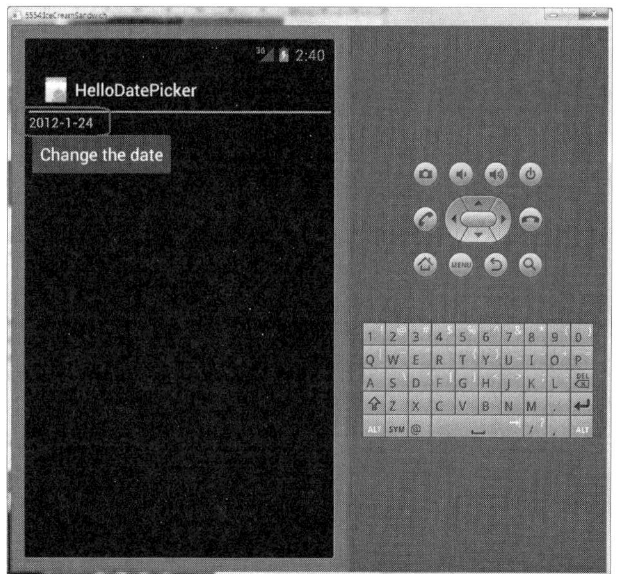

4.8 TabWidget

TabWidget은 Tab을 이용해서 서로 다른 view를 이동할 수 있게 해주는 위젯이다. 먼저 TabWidget의 모습을 보도록 하자.

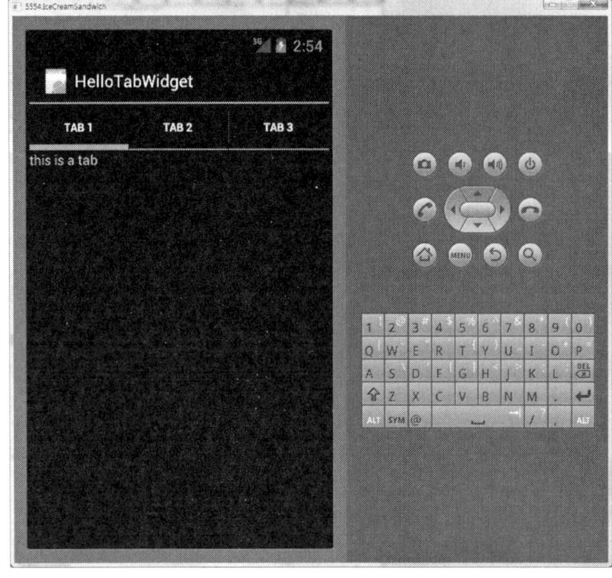

1 다음과 같이 프로젝트를 생성한다.

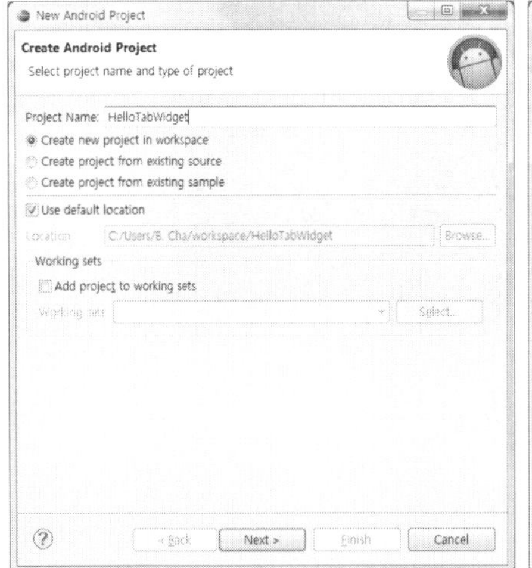

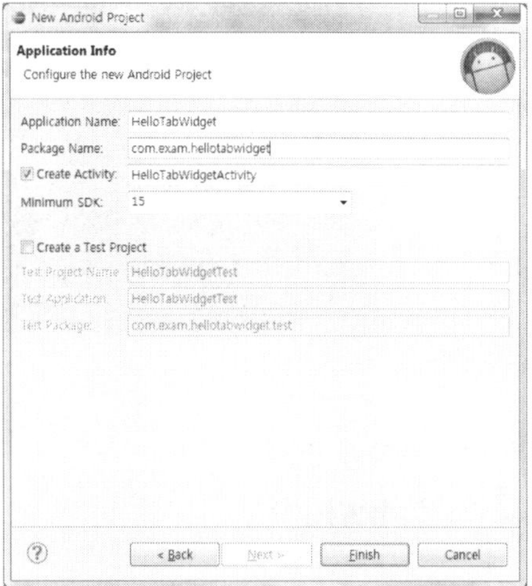

2 이클립스의 왼쪽 프로젝트 탐색기에서 res ⇨ layout ⇨ main.xml을 열어서 다음과 같이 편집한다.

```
<?xml version="1.0" encoding="utf-8"?>
<TabHost xmlns:android="http://schemas.android.com/apk/res/android"
        android:id="@android:id/tabhost"
        android:layout_width="fill_parent"
        android:layout_height="fill_parent">
        <LinearLayout
              android:orientation="vertical"
              android:layout_width="fill_parent"
              android:layout_height="fill_parent">
                    <TabWidget
                    android:id="@android:id/tabs"
                    android:layout_width="fill_parent"
                    android:layout_height="wrap_content" />
                    <FrameLayout
                    android:id="@android:id/tabcontent"
                    android:layout_width="fill_parent"
                    android:layout_height="fill_parent">
                    <TextView
                                android:id="@+id/textview1"
                                android:layout_width="fill_parent"
                                android:layout_height="fill_parent"
                                android:text="this is a tab" />
                    <TextView
                                android:id="@+id/textview2"
                                android:layout_width="fill_parent"
                                android:layout_height="fill_parent"
                                android:text="this is another tab" />
                    <TextView
                                android:id="@+id/textview3"
                                android:layout_width="fill_parent"
                                android:layout_height="fill_parent"
                                android:text="this is a third tab" />
              </FrameLayout>
        </LinearLayout>
</TabHost>
```

3 TabHost 안에 TabWidget이 위치함을 눈여겨본다. 프로젝트탐색기에서 src ⇨ com.exam.hellotabwidget ⇨ HelloTabWidgetActivity.java를 열어서 다음과 같이 편집한다.

```
package com.exam.hellotabwidget;

import android.app.TabActivity;
import android.os.Bundle;
import android.widget.TabHost;

public class HelloTabWidgetActivity extends TabActivity  {
    TabHost mTabHost = null;
        /** Called when the activity is first created. */
        @Override
        public void onCreate(Bundle savedInstanceState)  {
            super.onCreate(savedInstanceState);
            setContentView(R.layout.main);

            mTabHost = getTabHost();

            mTabHost.addTab(mTabHost.newTabSpec("tab_test1").
            setIndicator("TAB 1").setContent(R.id.textview1));
            mTabHost.addTab(mTabHost.newTabSpec("tab_test2").
            setIndicator("TAB 2").setContent(R.id.textview2));
            mTabHost.addTab(mTabHost.newTabSpec("tab_test3").
            setIndicator("TAB 3").setContent(R.id.textview3));
        mTabHost.setCurrentTab(0);
        }
}
```

위의 코드의 일부분만 설명하면,

- TabHost – Tab으로 구성된 view를 담기위한 컨테이너(Container) addTab() – Tab을 추가한다.
- NewTabSpec() – Tab의 Spec(indicator,content,tag)을 만듦. 괄호안의 매개변수 값인 tab_test1 등이 tag setCurrentTab() – 현재 탭을 결정.
- 처음엔 일반적으로 첫 번째 탭(인덱스 0)이 지정됨

와 같이 설명할 수 있다.

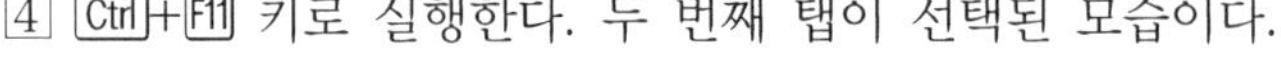
4 Ctrl+F11 키로 실행한다. 두 번째 탭이 선택된 모습이다.

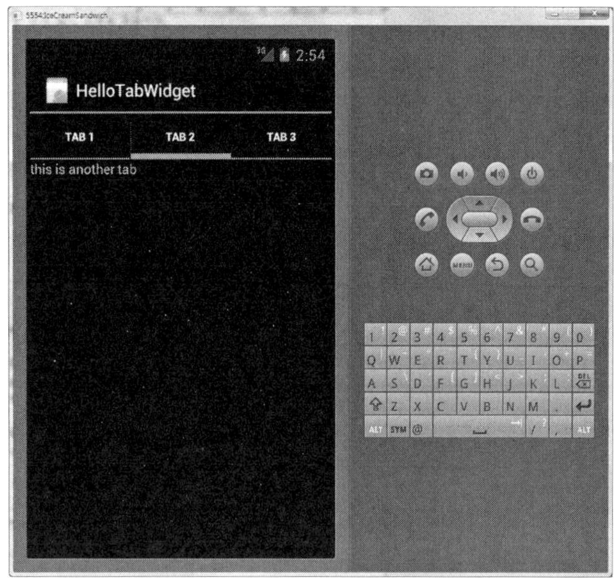

4.9 TabWidget 사용하기 - TitleBar 제거 및 아이콘 추가

TabWidget은 Tab을 이용해서 서로 다른 view를 이동할 수 있게 해주는 위젯이다. 이번에는 TabWidget을 출력할 때 상단의 TitleBar(HellowTabWidget 글씨가 보이는 부분)를 없애도록 해보자. 앞 절의 TabWidget 사용하기와 연속으로 이어진다.

1 이클립스 프로젝트탐색기에서 res ⇨ AndroidManifest.xml을 열어서 다음과 같이 편집한다. 아래 그림의 빨간색박스 부분을 눌러서 AndroidManifest.xml 파일을 편집한다.

```
<?xml version="1.0" encoding="utf-8"?>
<manifest xmlns:android="http://schemas.android.com/apk/res/android"
      package="my.HelloTabWidget"
      android:versionCode="1"
      android:versionName="1.0">
      <application android:icon="@drawable/icon"
           android:theme="@android:style/Theme.NoTitleBar">
      <activity android:name=".HelloTabWidget"
             android:label="@string/app_name">
           <intent-filter>
                   <action android:name="android.intent.action.MAIN" />
                   <category android:name="android.intent.category.LAUNCHER" />
           </intent-filter>
      </activity>
      </application>
      <uses-sdk android:minSdkVersion="6" />
</manifest>
```

원래 코드에서 바뀐 부분은 다음 application 태그이다.

```
<application android:icon="@drawable/icon"
   android:theme="@android:style/Theme.NoTitleBar">
```

2 Ctrl+F11 키로 실행한다.

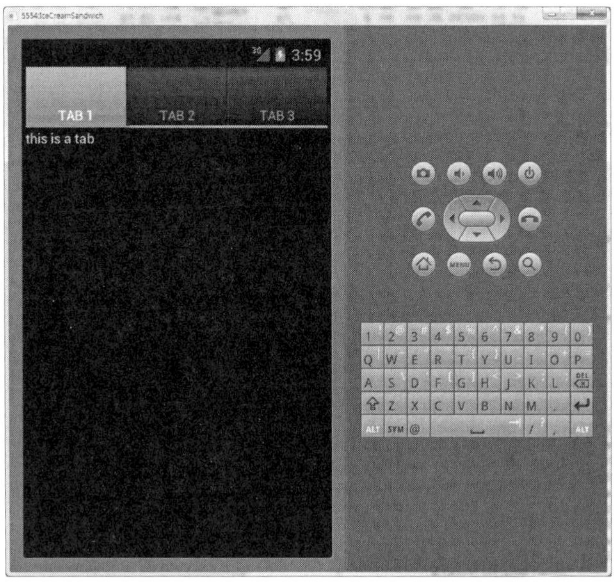

3 다음에는 탭에 아이콘을 넣어 본다. 다음 아이콘 이미지를 다운로드해서 바탕화면에 저장한 다음 프로젝트 탐색기에서 res ⇨ drawable-hdpi 폴더에 끌어다 넣는다.

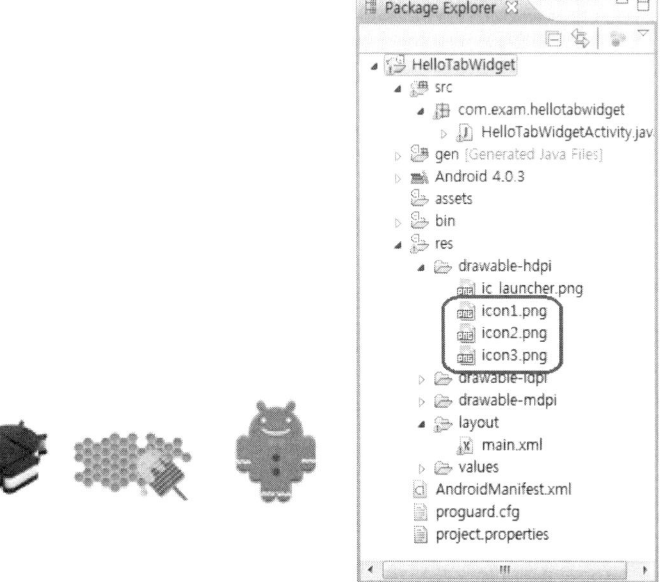

4 프로젝트 탐색기에서 src ⇨ com.exam.hellotabwidget ⇨ HelloTabWidgetActivity.java를 열어서 다음과 같이 편집한다. setIndicator 메서드 부분이 변경되었다.

```
package com.exam.hellotabwidget;

import android.app.TabActivity;
import android.os.Bundle;
import android.widget.TabHost;

public class HelloTabWidgetActivity extends TabActivity  {
    TabHost mTabHost = null;
        /** Called when the activity is first created. */
        @Override
        public void onCreate(Bundle savedInstanceState)  {
              super.onCreate(savedInstanceState);
              setContentView(R.layout.main);

              mTabHost = getTabHost();

              mTabHost.addTab(mTabHost.newTabSpec("tab_test1").
              setIndicator("TAB 1", getResources().
              getDrawable(R.drawable.icon1)).setContent(R.id.textview1));
              mTabHost.addTab(mTabHost.newTabSpec("tab_test2").
              setIndicator("TAB 2", getResources().
              getDrawable(R.drawable.icon2)).setContent(R.id.textview2));
              mTabHost.addTab(mTabHost.newTabSpec("tab_test3").
              setIndicator("TAB 3", getResources().
              getDrawable(R.drawable.icon3)).setContent(R.id.textview3));
              mTabHost.setCurrentTab(0);
        }
}
```

5 Ctrl+F11 키로 실행한다.

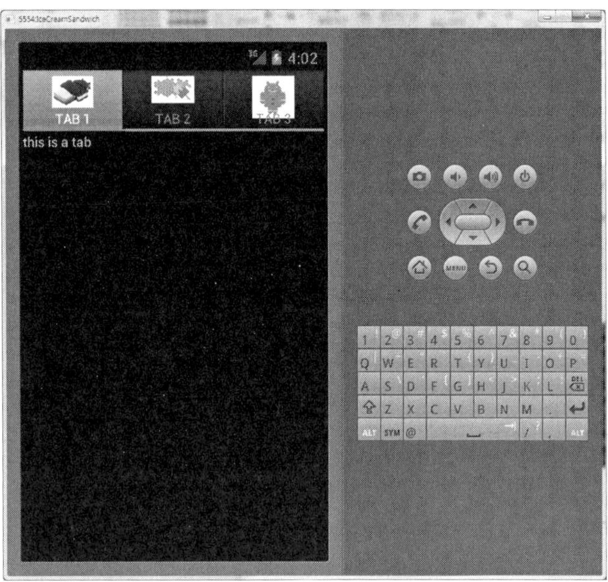

CHAPTER 05

그래픽 2D

안드로이드의 그래픽 2D에서는 안드로이드 아이콘 띄우기, SurfaceView 활용, onTouchEvent 사용하기, 아이콘 여러 개 띄우기, ACTION_DOWN 사용하기에 대해 알아본다.

5.1 그래픽 2D 1 - 안드로이드 아이콘 띄우기, 커스텀 뷰 활용

이번에는 2D 그래픽 출력한다. 커스텀 뷰를 이용해서 안드로이드 마스코트 아이콘을 화면에 출력해 보자.

1 다음과 같이 프로젝트를 생성한다.

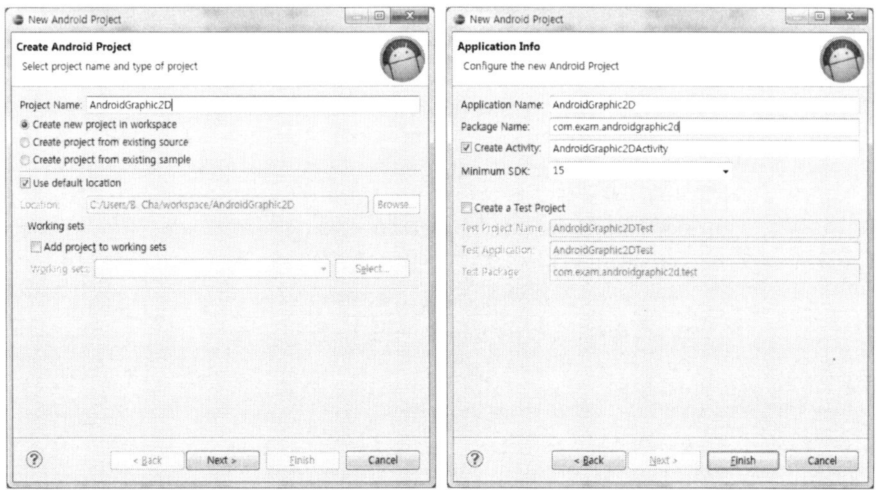

[2] src ⇨ com.exam.androidgraphic2d ⇨ AndroidGraphic2DActivity.java를 다음과 같이 편집한다.

```
package com.exam.androidgraphic2d;

import android.app.Activity;
import android.content.Context;
import android.graphics.Bitmap;
import android.graphics.BitmapFactory;
import android.graphics.Canvas;
import android.graphics.Color;
import android.os.Bundle;
import android.view.View;
import android.view.Window;

public class AndroidGraphic2DActivity extends Activity {
        /** Called when the activity is first created. */
        @Override
        public void onCreate(Bundle savedInstanceState)  {
              super.onCreate(savedInstanceState);
              requestWindowFeature(Window.FEATURE_NO_TITLE); // 타이틀바 제거
              setContentView(new CustomView(this)); // 커스텀뷰 CustomView를 출력
        }

        class CustomView extends View {
              public CustomView(Context context) {
                    super(context);
              }

              @Override
              public void onDraw(Canvas canvas) {
                    Bitmap bm = BitmapFactory.decodeResource(getResources(),
                    R.drawable.ic_launcher);
                    canvas.drawColor(Color.parseColor("#dedede"));
                    canvas.drawBitmap(bm, 70, 70, null);
              }
        }
}
```

코드를 보면,

- class CustomView extends View에서 커스텀 뷰(사용자가 정의한 뷰) Custom

View 클래스는 View 클래스를 상속 받아 만든다.

- public void onDraw(Canvas canvas)에서 그림을 그리게 된다.
- canvas는 그림을 담을(hold) 수 있는 객체이다.
- Bitmap bm = BitmapFactory.decodeResource(getResources(), R.drawable.icon); 에서 R.drawable.icon(안드로이드 마스코트 이미지임. res ⇨ drawable-hdpi ⇨ icon.png)을 Bitmap 객체로 만든다.
- canvas.drawColor(Color.parseColor("#dedede"));는 배경색을 지정하며, #dedede 는 옅은 회색이다.
- canvas.drawBitmap(bm, 70, 70, null); 비트맵(bm)을 왼쪽 70, 위쪽 70 좌표점에 그린다.

3 Ctrl+F11 키로 실행한다. Run As 대화상자가 나타나면 Android Application을 선택하고, OK 버튼을 클릭한다.

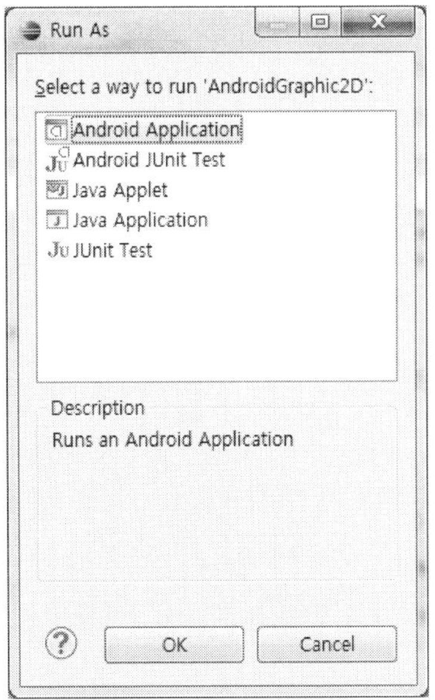

4 그러면 회색 바탕에 안드로이드 마스코트 아이콘이 출력된다.

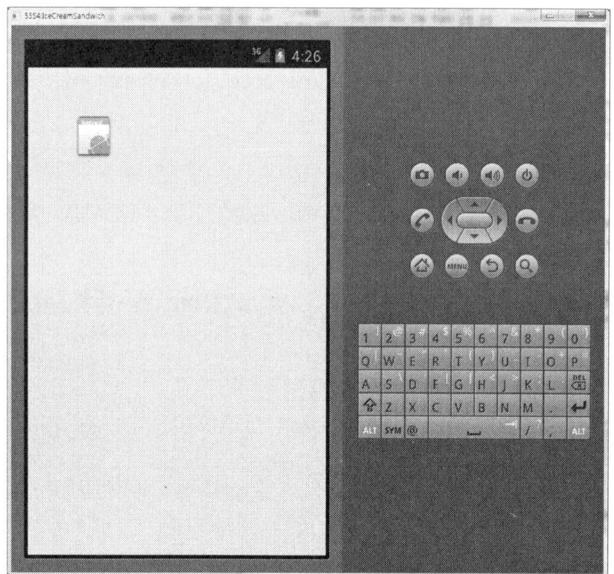

5.2 그래픽 2D – SurfaceView 활용

이번 강좌에서는 SurfaceView를 활용하는 방법을 알아보자. 앞 절의 '그래픽 2D 1 – 안드로이드 아이콘 띄우기, 커스텀뷰 활용'과 실행결과는 같으나 SurfaceView를 사용하여 구현된 점이 다른 점이다. SurfaceView는 View클래스의 서브클래스로서, 게임이나 카메라 프리뷰와 같은 작업을 위해서 UI Thread와 별개로 (독립적으로) 그래픽을 그릴 수 있도록 해준다.

SurfaceView를 참조하는 Secondary Thread는 자신만의 페이스(pace)로 자신만의 Canvas에 그릴 수 있으며, SurfaceView를 통해 실제 그래픽을 그리기 위해서는 SurfaceHolder가 필요하다.

1 다음과 같이 New Android Project를 생성한다.

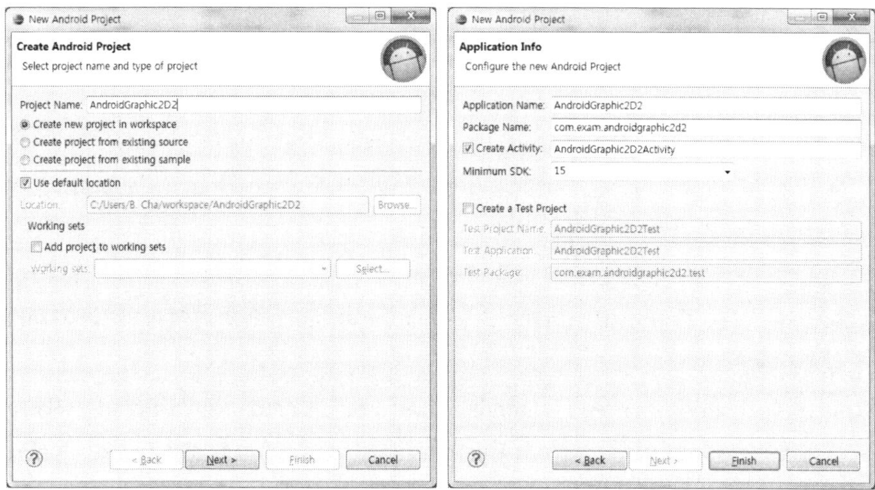

2 src ⇨ com.exam.androidgraphic2d2 ⇨ AndroidGraphic2D2Activity.java파일을 다음과 같이 편집한다.

```
package com.exam.androidgraphic2d2;

import android.app.Activity;
import android.os.Bundle;
import android.view.SurfaceHolder;
import android.view.SurfaceView;
import android.view.Window;

public class AndroidGraphic2D2Activity extends Activity {
   @Override
      public void onCreate(Bundle savedInstanceState) {
           super.onCreate(savedInstanceState);
           requestWindowFeature(Window.FEATURE_NO_TITLE);
           setContentView(new CustomView(this));
      }

      class CustomView extends SurfaceView implements SurfaceHolder.Callback {    }

      class CustomViewThread extends Thread {    }
}
```

위의 코드는 완성된 코드는 아니며, 코드전체의 윤곽을 보여주는 클래스들을 먼저 작성한 것이다.

- setContentView(new CustomView(this));에서 CustomView클래스를 사용해서 화면을 구성한다.
- class CustomView extends SurfaceView implements SurfaceHolder.Callback에서 CustomView클래스는 SurfaceView 클래스와 SurfaceHolder.Callback 인터페이스를 상속받아서 작성한다.
- SurfaceView를 이용해서 그림을 그리기 위해서는 SurfaceHolder가 필요하며, SurfaceHolder.Callback 인터페이스는 SunfraceHolder 인터페이스의 NestedInterface이다.
- class CustomViewThread extends Thread에서 CustomViewThread는 Thread 클래스를 상속 받아 작성한다. CustomViewThread는 SurfaceView와 연계되어 독립적으로 그림을 그리는 작업을 수행하게 될 Thread이다.

3 CustomView 클래스 내부에 다음과 같이 편집한다.

```
class CustomView extends SurfaceView implements SurfaceHolder.Callback {

   public CustomView(Context context) {
          super(context);
          getHolder().addCallback(this);
      }

   @Override
      public void onDraw(Canvas canvas) {
          Bitmap bm = BitmapFactory.decodeResource(getResources(),
          R.drawable.ic_launcher);
          canvas.drawColor(Color.parseColor("#dedede"));
           canvas.drawBitmap(bm, 70, 70, null);
      }

      @Override
      public void surfaceChanged(SurfaceHolder holder, int format, int width, int height)
      {    }

      @Override
      public void surfaceCreated(SurfaceHolder holder) {     }
```

```
        @Override
        public void surfaceDestroyed(SurfaceHolder holder) {      }
}
```

위의 코드 역시 아직 완성된 코드는 아니며, CustomView 클래스를 구성하는 메서드들을 먼저 작성한 것이다.

- getHolder().addCallback(this);는 Callback을 위해서 SurfaceHolder에 CustomView를 추가한다.
- onDraw는 이미지파일로 비트맵을 만들고, Canvas에 그리는 역할을 한다.
- SurfaceHolder.Callback 인터페이스는 SurfaceHolder 인터페이스의 Nested Interface인데, surfaceChanged, surfaceCreated, surfaceDestroyed 메서드를 오버라이딩 해야 한다. surfaceChanged는 surface에 구조적인 변화(format, size 등)가 있을 때 호출된다. surfaceCreated는 surface가 처음 생성될 때 호출되며, surfaceDestroyed는 surface가 소멸(Destroyed)될 때 호출된다.

4 이번에는 CustomViewThread 클래스 내부를 다음과 같이 편집한다.

```
class CustomViewThread extends Thread {
    private SurfaceHolder surfaceholder;
        private CustomView customview;
        private boolean running = false;

        public CustomViewThread(SurfaceHolder surfaceHolder, CustomView CustomView) {
            surfaceholder = surfaceHolder;
            customview = CustomView;
        }

        public void setRunning(boolean run) {
            running = run;
        }

        @Override
        public void run() {   }

}
```

이번에도 완성된 코드가 아니라 CustomViewThread 클래스를 구성하는 주요 멤버들의 개요를 먼저 작성한다.

- running은 Thread의 running 상태를 표시하는데 사용되는 멤버변수이다.
- CustomViewThread 생성자에서는 멤버변수 surfaceholder, customview를 초기화 한다.
- setRunning은 priavate 멤버변수 running에 값을 저장하는 역할을 하며, run은 Thread가 수행할 작업을 구현하는 메서드이다.

5 CustomViewThread 클래스의 run() 메서드를 다음과 같이 작성한다.

```
@Override
    public void run() {
        Canvas c;
        while (running) {
                c = null;
                try {
                c = surfaceholder.lockCanvas(null);
                synchronized (surfaceholder) {
                        customview.onDraw(c);
                }
            } finally {
                if (c != null) {
                        surfaceholder.unlockCanvasAndPost(c);
                }
            }
        }
    }
```

코드를 보면, 먼저 Canvas 오브젝트를 만든 다음, running 멤버변수로 루프를 돌면서 Canvas 객체를 이용해 그림을 그린다.

여기서 그림을 그리는 순서를 요약해보면,

1. canvas를 잠금 - lockCanvas
2. 그림을 그림 - customview.onDraw(c); 이때 surfaceholder를 동기화하여 처리
3. canvas의 잠금을 품 - unlockCanvasAndPost

와 같다.

⑥ CustomView 클래스의 생성자에서 CustomViewThread 객체를 생성하고, surface Created 메서드와 surfaceDestroyed 메서드에서 이 Thread객체를 사용하도록 다음과 같이 작성한다.

```
class CustomView extends SurfaceView implements SurfaceHolder.Callback {
    private CustomViewThread CVThread;  // CustomViewThread 객체 선언
        public CustomView(Context context) {
            super(context);
            getHolder().addCallback(this);
            CVThread = new CustomViewThread(getHolder(), this);
        // CustomViewThread 객체 생성
        }

        @Override
        public void onDraw(Canvas canvas) {
            Bitmap bm = BitmapFactory.decodeResource(getResources(),
            R.drawable.ic_launcher);
            canvas.drawColor(Color.parseColor("#dedede"));
            canvas.drawBitmap(bm, 70, 70, null);
        }

        @Override
        public void surfaceChanged(SurfaceHolder holder, int format, int width, int height)
        {    // TODO Auto-generated method stub
         }

        @Override
        public void surfaceCreated(SurfaceHolder holder) {
            CVThread.setRunning(true);  // running 의 값을 true로 저장
            CVThread.start(); // thread 시작
        }

        @Override
        public void surfaceDestroyed(SurfaceHolder holder) {
            boolean retry = true;
            CVThread.setRunning(false); //running 의 값을 false로 저장

            while (retry) {
                try {
                    CVThread.join(); // Thread 종료될 때까지 기다림
                    retry = false;
                    } catch (InterruptedException e) {      }
```

```
            }
        }
    }
```

코드를 보면 생성자에서 CVThread 쓰레드 객체를 만들고, surfaceCreated 메서드에서 CVThread 쓰레드를 start하고, surfaceDestroyed 메서드에서 running의 값을 false로 바꾸고 CVThread 쓰레드가 종료할 때까지 기다린다.

7 지금까지 작성된 코드의 완성된 모습은 다음과 같다.

```
package com.exam.androidgraphic2d2;

import android.app.Activity;
import android.content.Context;
import android.graphics.Bitmap;
import android.graphics.BitmapFactory;
import android.graphics.Canvas;
import android.graphics.Color;
import android.os.Bundle;
import android.view.SurfaceHolder;
import android.view.SurfaceView;
import android.view.Window;

public class AndroidGraphic2D2Activity extends Activity {
  @Override
    public void onCreate(Bundle savedInstanceState)  {
        super.onCreate(savedInstanceState);
        requestWindowFeature(Window.FEATURE_NO_TITLE);
        setContentView(new CustomView(this));
    }

  class CustomView extends SurfaceView implements SurfaceHolder.Callback {
    private CustomViewThread CVThread;

        public CustomView(Context context) {
            super(context);
            getHolder().addCallback(this);
            CVThread = new CustomViewThread(getHolder(), this);
        }

        @Override
```

```
        public void onDraw(Canvas canvas) {
            Bitmap bm = BitmapFactory.decodeResource(getResources(),
            R.drawable.ic_launcher);
            canvas.drawColor(Color.parseColor("#dedede"));
            canvas.drawBitmap(bm, 70, 70, null);
        }

        @Override
        public void surfaceChanged(SurfaceHolder holder, int format, int width,
        int height) {
            // TODO Auto-generated method stub
    }

        @Override
        public void surfaceCreated(SurfaceHolder holder) {
            CVThread.setRunning(true);
            CVThread.start();
        }

        @Override
        public void surfaceDestroyed(SurfaceHolder holder) {
            boolean retry = true;
            CVThread.setRunning(false);
            while (retry) {
                    try {
                    CVThread.join();
                    retry = false;
                } catch (InterruptedException e) { }
            }
        }
}

class CustomViewThread extends Thread {
    private SurfaceHolder surfaceholder;
        private CustomView customview;
        private boolean running = false;

        public CustomViewThread(SurfaceHolder surfaceHolder, CustomView
        CustomView) {
            surfaceholder = surfaceHolder;
            customview = CustomView;
        }
```

```
            public void setRunning(boolean run) {
                running = run;
            }
            @Override
            public void run() {
                Canvas c;
                while (running) {
                        c = null;
                        try {
                        c = surfaceholder.lockCanvas(null);
                        synchronized (surfaceholder) {
                        customview.onDraw(c);
                        }
                        } finally {
                        if (c != null) {
                            surfaceholder.unlockCanvasAndPost(c);
                        }
                    }
                }
            }
        }
    }
```

8 Ctrl+F11 키로 실행하며, 실행결과는 안드로이드 마스코트 아이콘이 화면에 출력된다.

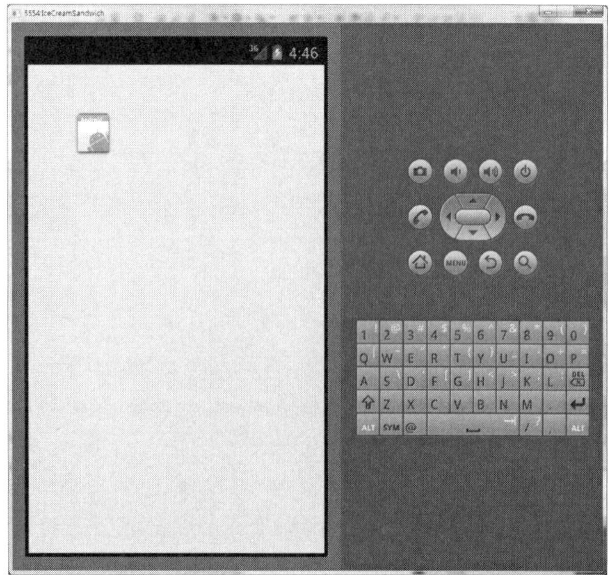

5.3 그래픽 2D – onTouchEvent 사용하기

onTouchEvent 사용하기는 그래픽 2D 3 – SurfaceView 활용 2에서 연속되며, 화면에 안드로이드 마스코트 아이콘을 띄웠다면, 이번에는 이 아이콘이 화면을 터치한 위치로 이동하도록 코드를 작성해 보자.

1 CustomView 클래스의 생성자를 다음과 같이 작성한다.

```
public CustomView(Context context) {
    super(context);
        getHolder().addCallback(this);
        CVThread = new CustomViewThread(getHolder(), this);
        setFocusable(true);
}
```

기존 코드에 setFocusable(true);가 추가되었다. setFocusable(true);는 해당 View가 touch mode에서 Focus가 가도록 지정한다.

2 CustomView 클래스에서 터치한 위치를 표시하는 x, y 멤버변수를 사용하도록 다음과 같이 작성한다.

```
class CustomView extends SurfaceView implements SurfaceHolder.Callback {
    private CustomViewThread CVThread;
        private int x = 70;
        private int y = 70;

            .... 중간 생략

        @Override
        public void onDraw(Canvas canvas) {
            Bitmap bm = BitmapFactory.decodeResource(getResources(),
            R.drawable.ic_launcher);
            canvas.drawColor(Color.parseColor("#dedede"));
            canvas.drawBitmap(bm, x, y, null);
        }

        ... 이하 생략

}
```

비트맵이 표시되는 좌표를 x, y 변수에 저장해서 canvas.drawBitmap(bm, x, y, null);에서 사용하고 있다.

3 터치이벤트를 처리하는 onTouchEvent 메서드를 CustomView 클래스에 작성한다.

```
@Override
    public boolean onTouchEvent(MotionEvent event) {
        x = (int) event.getX();
        y = (int) event.getY();
        return true;
    }
    x = (int) event.getX(); // x좌표
    y = (int) event.getY(); // y좌표
```

4 Ctrl+Shift+O 키를 눌러서 pacakage들을 확실하게 추가한 다음 Ctrl+F11 키로 실행한다. 실행 후 마우스를 이용해서 다른 위치를 클릭하면 해당위치로 아이콘이 이동하는 것을 알 수 있다. 그런데, 커서위치에 아이콘의 중심이 아닌 왼쪽 상단 부분이 위치한다.

5 이미지의 중심이 터치한 위치에 오도록 onTouchEvent 메서드 내부를 다음과 같이 수정한다. 터치한 위치를 이미지의 중심에 오게 하려면, x좌표와 y좌표를 각각 가로, 세로 사이즈의 반만큼 왼쪽으로 이동하면 되므로 x- (bm.getWidth() / 2), y - (bm.getHeight() / 2)와 같이 작성한다.

6 지금까지 작성한 CustomView 클래스의 전체 코드는 다음과 같다.

```
@Override
    public void onDraw(Canvas canvas) {
        Bitmap bm = BitmapFactory.decodeResource(getResources(),
        R.drawable.ic_launcher);
        canvas.drawColor(Color.parseColor("#dedede"));
        canvas.drawBitmap(bm, x- (bm.getWidth() / 2), y - (bm.getHeight() / 2),
```

```
            null);
    }

class CustomView extends SurfaceView implements SurfaceHolder.Callback {
    private CustomViewThread CVThread;
        private int x = 70;
        private int y = 70;

        public CustomView(Context context) {
            super(context);
            getHolder().addCallback(this);
            CVThread = new CustomViewThread(getHolder(), this);
            setFocusable(true);
        }

        @Override
        public void onDraw(Canvas canvas) {
            Bitmap bm = BitmapFactory.decodeResource(getResources(),
            R.drawable.ic_launcher);
            canvas.drawColor(Color.parseColor("#dedede"));
            canvas.drawBitmap(bm, x- (bm.getWidth() / 2), y - (bm.getHeight() / 2),
            null);
        }

        @Override
        public boolean onTouchEvent(MotionEvent event) {
            x = (int) event.getX();
            y = (int) event.getY();
            return true;
        }

        @Override
        public void surfaceChanged(SurfaceHolder holder, int format, int width, int height){
            // TODO Auto-generated method stub
    }

        @Override
        public void surfaceCreated(SurfaceHolder holder) {
            CVThread.setRunning(true);
            CVThread.start();
        }
```

```
        @Override
        public void surfaceDestroyed(SurfaceHolder holder) {
            boolean retry = true;
            CVThread.setRunning(false);
            while (retry) {
                    try {
                    CVThread.join();
                    retry = false;
                    } catch (InterruptedException e) { }
            }
        }
}
```

7 Ctrl+F11 키로 실행하면 다음과 같은 결과를 얻을 수 있으며, 마우스 커서 위치에 아이콘의 중앙부분이 위치한다.

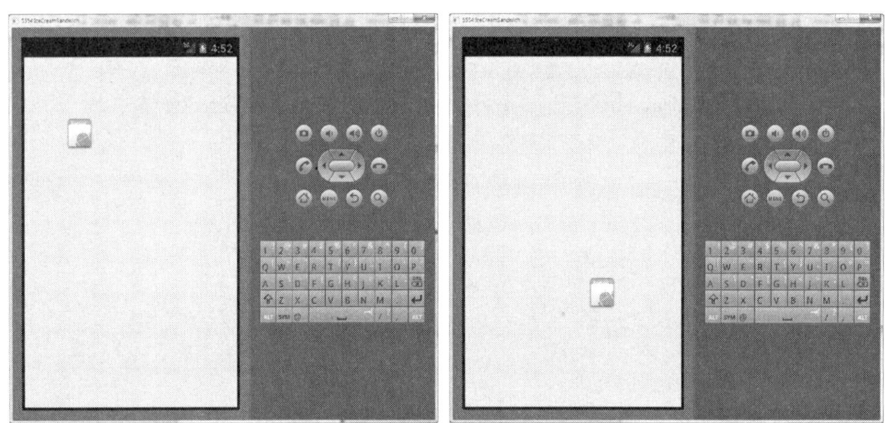

5.4 그래픽 2D - 아이콘 여러 개 띄우기

onTouchEvent 사용하기에 이어서, 터치하는 위치에 새로운 아이콘이 추가되도록 해보자. 중요한 점을 미리 정리하면,

a. 새로운 비트맵 아이콘들을 생성하기 위한 클래스를 추가한다.
b. a에서 만든 클래스로 생성된 객체들을 담기위해서 ArrayList를 사용한다.
c. CustomView클래스의 onDraw메서드에서 for문을 사용해서 아이콘이미지들

을 그린다.

d. onTouchEvent에서 SurfaceHolder를 동기화하여 처리한다.

와 같다.

그럼 단계적으로 살펴본다.

1 새로운 클래스 GraphicIcon를 MyGraphics2D02 클래스 내부에 다음과 같이 작성한다.

```
class GraphicIcon {
    private Bitmap bm;
    private Coordinates co;

    public GraphicIcon(Bitmap bitmap) {
        bm = bitmap;
        co = new Coordinates();
    }
    public Bitmap getGraphic() {
        return bm;
    }
    public Coordinates getCoordinates() {
        return co;
    }
    public class Coordinates {
        private int x = 0;
        private int y = 0;

        public int getX() {
                return x;
        }

        public void setX(int value) {
                x = value - bm.getWidth() / 2;
        }

        public int getY() {
                return y;
        }

        public void setY(int value) {
```

```
                    y = value - bm.getHeight() / 2;
            }
        }
}
```

- GraphicIcon 클래스 내부에 Coordinates 클래스가 정의되어 있다.
- Coordinates 클래스는 좌표처리를 담당한다.
- GraphicIcon 클래스는 비트맵 아이콘들을 생성하는 역할을 담당한다.

2 CustomView 클래스에 ArrayList graphics를 정의한다. ArrayList graphics는 GraphicIcon 클래스를 사용해 생성한 객체들을 저장하게 된다.

```
class CustomView extends SurfaceView implements SurfaceHolder.Callback {
    private CustomViewThread CVThread;
        private ArrayList<GraphicIcon> graphics = new ArrayList<GraphicIcon>();

    ... 이하 생략 ...

}
```

3 CustomView 클래스의 onDraw를 다음과 같이 수정한다. for (GraphicIcon graphic : graphics)에서 ArrayList graphics에 들어 있는 객체들을 하나씩 꺼내어 graphic변수에 저장하여 그림을 그린다.

```
    @Override
        public void onDraw(Canvas canvas) {
        Bitmap bm;
            canvas.drawColor(Color.parseColor("#dedede"));
             GraphicIcon.Coordinates co;
            for (GraphicIcon graphic : graphics) {
                bm = graphic.getGraphic();
                co = graphic.getCoordinates();
                canvas.drawBitmap(bm, co.getX(), co.getY(), null);
            }
        }
```

4 CustomView 클래스의 onTouchEvent를 다음과 같이 수정한다. graphic 객체를 생성해서 ArrayList graphics에 추가한다.

```
    @Override
        public boolean onTouchEvent(MotionEvent event) {
                GraphicIcon graphic = new
                GraphicIcon(BitmapFactory.decodeResource(getResources(),
                R.drawable.ic_launcher));
                graphic.getCoordinates().setX((int) event.getX());
                graphic.getCoordinates().setY((int) event.getY());
                return graphics.add(graphic);
        }
```

5 지금까지 작성한 CustomView 클래스는 다음과 같다.

```
class CustomView extends SurfaceView implements SurfaceHolder.Callback {
    private CustomViewThread CVThread;
        private ArrayList<GraphicIcon> graphics = new ArrayList<GraphicIcon>();

        public CustomView(Context context) {
                super(context);
                getHolder().addCallback(this);
                CVThread = new CustomViewThread(getHolder(), this);
                setFocusable(true);
        }

        @Override
        public void onDraw(Canvas canvas) {
                Bitmap bm;
                canvas.drawColor(Color.parseColor("#dedede"));
                GraphicIcon.Coordinates co;
                for (GraphicIcon graphic : graphics) {
                            bm = graphic.getGraphic();
                            co = graphic.getCoordinates();
                            canvas.drawBitmap(bm, co.getX(), co.getY(), null);
                }
        }

        @Override
        public boolean onTouchEvent(MotionEvent event) {
                GraphicIcon graphic = new
```

```
            GraphicIcon(BitmapFactory.decodeResource(getResources(),
            R.drawable.ic_launcher));
            graphic.getCoordinates().setX((int) event.getX());
            graphic.getCoordinates().setY((int) event.getY());
            return graphics.add(graphic);
        }

        @Override
        public void surfaceChanged(SurfaceHolder holder, int format, int width, int height){
            // TODO Auto-generated method stub
        }

        @Override
        public void surfaceCreated(SurfaceHolder holder) {
            CVThread.setRunning(true);
            CVThread.start();
        }

        @Override
        public void surfaceDestroyed(SurfaceHolder holder) {
            boolean retry = true;
            CVThread.setRunning(false);
            while (retry) {
                    try {
                    CVThread.join();
                    retry = false;
                    } catch (InterruptedException e) { }
            }
        }
}
```

6 Ctrl+F11 키로 실행한다.

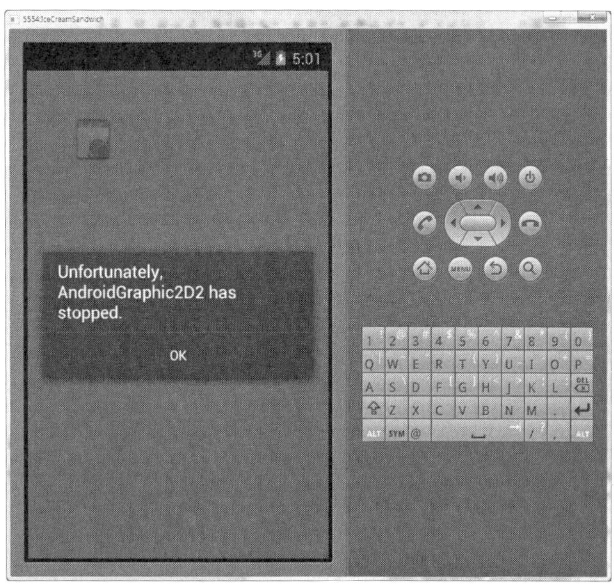

실행해서 화면을 클릭하다 보면 Exception이 발생한다. 이때 발생하는 Exception은 ConcurrentModificationException인데, onDraw의 for문에서 ArrayList안의 객체들을 처리하는 중간에 사용자가 화면을 터치하면 새로운 객체가 ArrayList에 추가되면서 ArrayList의 요소 갯수에 변화가 생겨 발생하게 된다. 이를 방지하기 위해서, surfaceholder를 동기화 한다.

7 CustomViewThread 클래스 내부에 다음과 같이 surfaceholder 멤버변수를 읽을 수 있는 getSurfaceHolder메서드를 추가한다.

```
public SurfaceHolder getSurfaceHolder() {
        return surfaceholder;
    }
```

8 onTouchEvent를 다음과 같이 수정한다. CVThread.getSurfaceHolder()를 이용해서 sufaceholder를 동기화하여 처리한다.

```
@Override
    public boolean onTouchEvent(MotionEvent event) {
```

```
        synchronized (CVThread.getSurfaceHolder()) {
            GraphicIcon graphic = new
            GraphicIcon(BitmapFactory.decodeResource(getResources(),
            R.drawable.ic_launcher));
            graphic.getCoordinates().setX((int) event.getX());
            graphic.getCoordinates().setY((int) event.getY());
            return graphics.add(graphic);
        }
    }
```

9 Ctrl+F11 키로 실행하며, 화면을 클릭할 때마다 안드로이드 아이콘이 생성되는 것을 볼 수 있다.

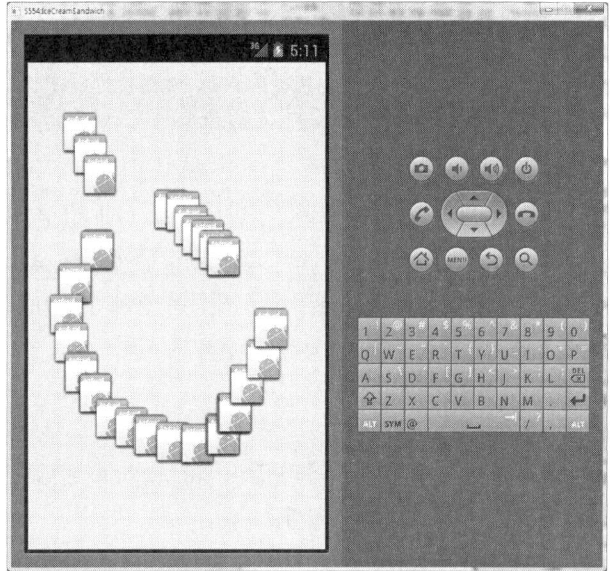

5.5 그래픽 2D - ACTION_DOWN 사용하기

앞 절에서 화면을 터치하여 여러 개의 아이콘을 띄우는 작업을 해봤다. 이번에는 ACTION_DOWN 사용하여 아이콘 여러 개를 띄워 보자. 그러면, 화면을 클릭한 상태에서 드래그하면 다음과 같이 드래그한 궤적을 따라 아이콘이 연속적으로 생성되는 것을 볼 수 있을 것이다. onTouchEvent는 화면을 클릭했을 때 뿐만 아니라 화면을 드래그했을 때도 호출되기 때문에 위와 같은 결과가 나온다. 이것을 방지하기 위해서 MotionEvent.ACTION_DOWN을 사용한다.

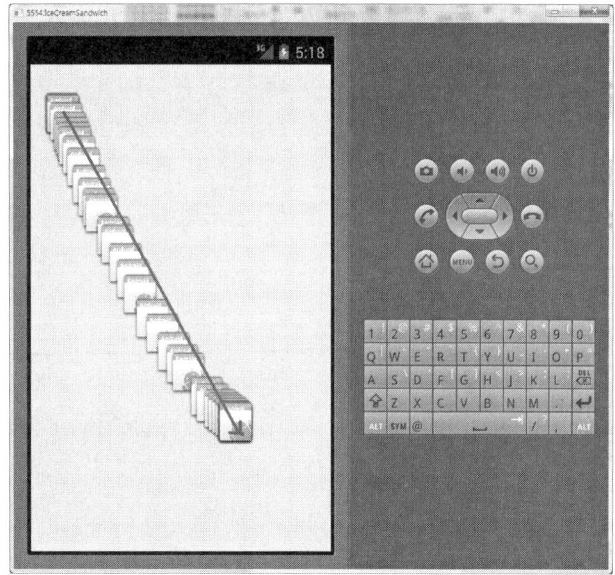

1 1. onTouchEvent 메서드를 다음과 같이 코딩한다.

```
@Override
    public boolean onTouchEvent(MotionEvent event) {
        synchronized (CVThread.getSurfaceHolder()) {
            if (event.getAction() == MotionEvent.ACTION_DOWN) {
                GraphicIcon graphic = new
                GraphicIcon(BitmapFactory.decodeResource(getResources(),
                R.drawable.ic_launcher));
                graphic.getCoordinates().setX((int) event.getX());
```

```
                    graphic.getCoordinates().setY((int) event.getY());
                    graphics.add(graphic);
                }
                return true;
            }
        }
```

2 Ctrl+F11 키로 실행해보면 드래그해도 아이콘이 연속적으로 생성되지 않는 것을 알 수 있다.

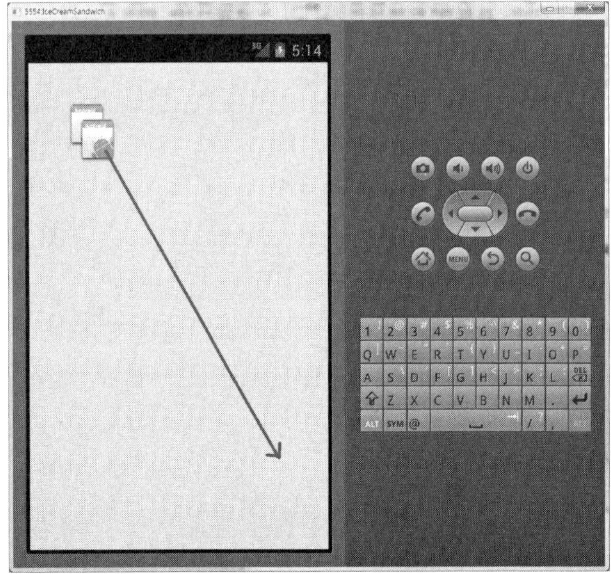

CHAPTER 06

카메라 서비스

네이티브 시스템 서비스는 C++로 작성돼 있으며 안드로이드 프레임워크의 4가지 계층 구조에서 라이브러리 계층에 속한다. 카메라 서비스를 분석하면서 서비스 프레임워크가 어떤 네이티브 시스템 서비스로 구성되어 있고, 애플리케이션 프레임워크 계층과 네이티브 시스템 서비스 간의 연동이 어떻게 이루어지는지 알아본다.

카메라 서비스는 최근 모바일 디바이스에 카메라 디바이스를 장착하고, 이를 이용해 멀티미디어 기능을 제공하는 것이 필수 사항이 되므로 안드로이드의 대표적인 네이티브 시스템 서비스가 되었다. 구글 인증을 받기 위한 CTS (Compatibility Test Suit) 요구사항을 정의한 문서인 CDD(Compatibility Definition Document)에서도 최소 2백만 화소의 카메라 디바이스가 장착돼 있을 것을 요구하고 있다.

안드로이드 SDK의 기본 패키지에도 카메라 애플리케이션이 포함되어 있으며, 개발자는 카메라 디바이스를 장착된 모바일 디바이스가 없어도 에뮬레이터를 통해 카메라 서비스와 연동되는 애플리케이션을 개발할 수 있다.

6.1 카메라 애플리케이션

카메라 서비스가 어떻게 사용되는지 CameraPreview 예제 코드를 통해 알아보자. 애플리케이션에서 카메라 서비스에 접근하려면 다음의 코드와 같이 AndroidManifest.xml 파일에 CAMERA 권한을 설정해야 한다.

```
<uses-permission android:name="android.permission.CAMERA"/>
```

안드로이드에서는 디바이스 노드의 접근 권한을 리눅스의 유저 ID나 그룹 ID로 설정하는 것 외에 애플리케이션에서 디바이스를 사용하려면 그에 해당하는 권한을 명시적으로 부여하도록 하고 있다. 애플리케이션에서 특정 디바이스에 대한 접근 권한이 없이 이용하려고 한다면 시스템 서비스에서 동작을 거부당하게 된다. 이는 악의를 가진 크래커를 비롯해서 운영체제나 애플리케이션에 나쁜 영향을 줄 수 있는 애플리케이션이 배포되더라도 사용자는 애플리케이션을 설치할 때 이러한 권한 정보를 보고 설치 여부를 판단할 수 있다.

CameraPreview 예제는 애플리케이션 프레임워크에서 제공하는 android.hardware.Camera 클래스를 사용해서 카메라 서비스에 접근한다. 다음의 그림은 애플리케이션의 Surface가 생성되고, 속성이 변경되며, 소멸되는 과정에서 카메라 서비스를 어떻게 사용하는 지 보여준다.

그림 12 ApiDemo의 CameraPreview 예제의 동작

프로그램을 실행하면 액티비티가 생성되면서 다음의 코드에서 보는 것과 같이 CameraPreview 액티비티의 onCreate() 메서드가 호출된다. mPreview = new Preview(this);의 코드에서 카메라 서비스와 연동되고, 화면에 그리기를 전담하는 Preview 클래스의 인스턴스를 생성한다.

```
public class CameraPreview extends Activity {
    private Preview mPreview;
    protected void onCreate(Bundle savedInstanceState)  {
        super.onCreate(savedInstanceState);
        mPreview = new Preview(this);
        setContentView(mPreview);
    }
}
```

다음의 코드에서 Preview 클래스의 선언부와 생성자를 볼 수 있다. Preview 클래스는 SurfaceView 클래스를 확장하고 SurfaceHolder.Callback 인터페이스를 구현한다. SurfaceView는 시스템의 뷰 계층 구조에서 애플리케이션을 위한 그리기 전용 공간을 제공한다. 그리기 전용 공간에서 수행되는 모든 그리기 작업은 백그라운드로 처리되므로 애플리케이션은 Surface가 생성될 때까지 혹은 그리기 작업이 완료될 때까지 기다리지 않는다.

```
class Preview extends SurfaceView implements SurfaceHolder.Callback {
    Preview(Context context) {
        super(context);
        mHolder = getHolder();
        mHolder.addCallback(this);
        mHolder.setType(SurfaceHolder.SURFACE_TYPE_BUFFERS);
    }
    ...
}
```

SurfaceHolder.Callback를 상속받아 인터페이스를 구현하는 이유는 애플리케이션에서는 Surface에 직접 접근할 수 없고 SurfaceHolder를 통해 Surface에 대한 처리를 하기 때문이다. 따라서 위의 코드에서 SurfaceView가 생성되어 생성자가 호출될 때 getHolder() 메서드로 SurfaceHolder의 인스턴스를 얻어오고, addCallback() 메서드로 자신의 Surface와 Callback 메서드를 연결한다. Surface가 생성되거나 소멸 또는 속성이 변경되면 SurfaceHolder.Callback 인터페이스의 메서드가 호출되고, 이를 구현한 Preview의 메서드가 호출된다.

Surface가 생성되면 다음의 코드의 surfaceCreated() 메서드가 호출되며, Camera 인스턴스를 얻는다. surfaceCreated() 메서드는 Surface에 대한 정보(화면 크기 정보)가 전달되지 않는다. 카메라에 대한 속성은 이후에 호출되는 surface Changed()

메서드에서 지정한다.

```
public void surfaceCreated(SurfaceHolder holder) {
    mCamera = Camera.open();
}
```

surfaceCreated() 메서드

Surface의 속성이 변경되면 화면 크기 정보를 인자로 다음의 코드의 surfaceChanged() 메서드가 호출된다. Camera의 setParameters() 메서드로 미리 보기 화면의 크기를 설정하고, startPreview() 메서드를 호출해서 미리 보기를 수행하다.

```
public void surfaceChanged(SurfaceHolder holder, int format, int w, int h) {
    Camera.Parameters parameters = mCamera.getParameters();
    List<Size> sizes = parameters.getSupportedPreviewSizes();
    Size optimalSize = getOptimalpreviewSize(sizes, w, h);
    parameters.setPreviewSize(optimalSize.width, optimalSize.height);
    mCamera.setParameters(parameters);
    mCamera.startPreview();
}
```

surfaceChanged() 메서드

애플리케이션에서 사용중인 Surface가 더 이상 필요하지 않다면 다음 코드의 surfaceDestoryed() 메서드가 호출된다. 미리보기를 중지하고, 이어서 카메라 서비스와의 연결을 해제한다.

```
public void surfaceDestoryed(SurfaceHolder holder) {
    mCamera.stopPreview();
    mCamera.release();
    mCamera = null;
}
```

surfaceDestoryed() 메서드

CameraPreview 예제는 애플리케이션 프레임워크에서 제공하는 android.hadware.Camera를 이용해 카메라 디바이스를 동작시키는 아주 간단한 예제이지만 프레임워크 내부에서는 많은 단계를 거쳐서 애플리케이션의 요구를 수행하게 된다.

6.2 카메라 서비스 프레임워크

이 번 절에서는 카메라 서비스 프레임워크에 대해서 설명하고 애플리케이션에서 카메라 서비스를 사용하는 방법을 살펴보자.

카메라 서비스의 동작 방법은 Surface를 생성할 때 카메라 서비스와 연결하고, Surface의 속성이변경되면 카메라 디바이스의 설정과 미리 보기가 시작된다. Surface가 소멸되면 미리 보기를 중지하고 카메라 서비스와의 연결을 해제한다. 그리고 카메라 서비스 프레임워크의 구조와 동작을 살펴보면, ICamera Service 인터페이스의 바인더 RPC를 이용한 카메라 서비스 연결 과정, ICamera 인터페이스의 바인더 RPC를 이용한 카메라 디바이스 설정 및 제어, 그리고 ICameraClient 인터페이스의 바인더 RPC를 이용한 카메라 디바이스의 이벤트 처리의 세 가지 측면을 살펴본다.

6.2.1 카메라 서비스 프레임워크의 계층 구조

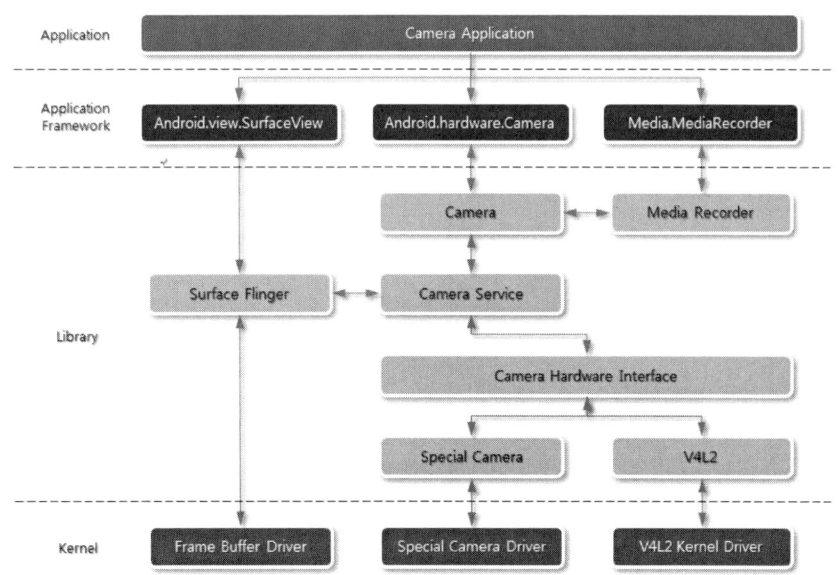

그림 13 카메라 서비스 프레임워크의 계층 구조

카메라 서비스 프레임워크의 구성과 각 계층의 연결 관계를 [그림 13]에 나타낸 것이다. 앞 부분의 애플리케이션에서 살펴 본 것처럼 애플리케이션은 안드로이드 프레임워크에서 제공되는 android.hardware.Camera 클래스를 통해 카메라 서비스에 접근한다. android.hardware.Camera에서 native로 정의된 메서드는 JNI를 통해 라이브러리 내에 있는 Camera의 멤버 함수를 호출한다.

Camera는 애플리케이션에서 요청하는 동작을 처리하기 위해 카메라 서비스와 바인더 RPC로 상호 작용한다. 아래 그림의 Camera에서 연결을 위한 서비스 프록시와 서비스 간에 이뤄지는 바인더 RPC 상호 작용을 표현한다.

CamerahardwareInterface는 추상 클래스로 서비스 프레임워크에서 카메라 디바이스 접근하기 위한 인터페이스를 정의하고 있다. 각 디바이스 벤더는 이 클래스를 상속받아서 카메라 디바이스의 기능을 구현하는 것으로 서비스 프레임워크와 연결이 가능하게 된다.

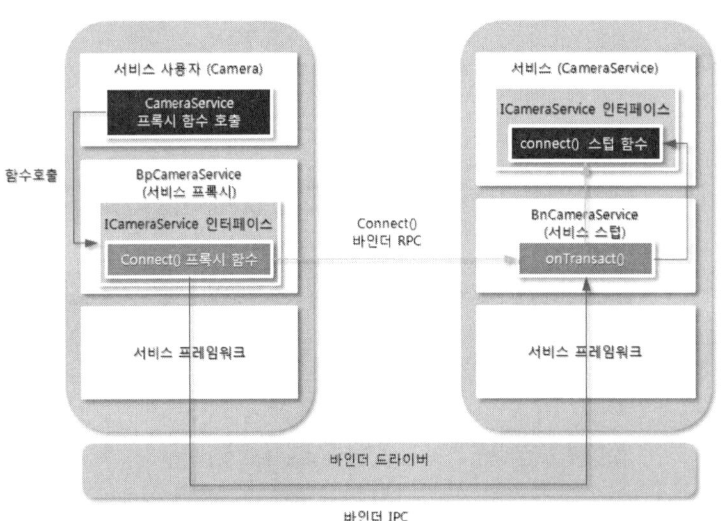

그림 14 카메라 서비스에 연결시 사용되는 바인더 RPC 구조

6.2.2 카메라 서비스 프레임워크의 클래스

카메라 서비스가 어떻게 동작하는 지 이해하려면 서비스 프레임워크를 구성하는 각 클래스와 바인더 RPC의 연결 관계를 이해할 필요가 있다. [그림 15]는

카메라 서비스 프레임워크의 각기 다른 3개의 클래스를 나타낸다.

ICameraClient를 상속받은 Camera는 애플리케이션과 카메라 서비스 사이에서 바인더 RPC 데이터 전달을 담당한다. ICameraService를 상속받은 CameraService는 애플리케이션과 카메라 서비스의 연결을 담당한다. ICamera를 상속받은 CameraService::Client는 카메라 디바이스의 설정 제어 및 카메라 디바이스로부터 수신되는 이벤트 처리를 담당한다.

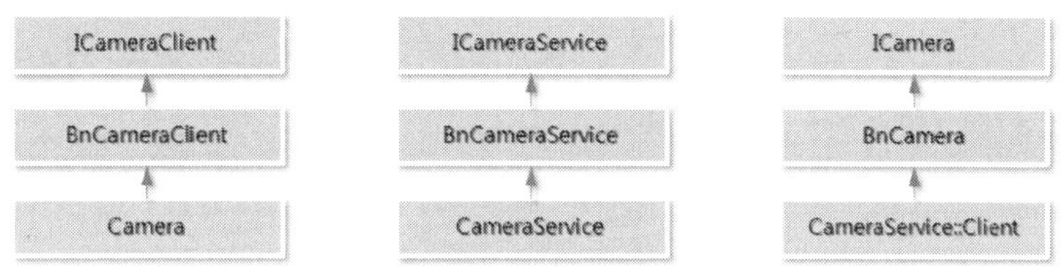

그림 15 카메라의 클래스

다음은 각 클래스에 대한 바인더 RPC 관계를 살펴본다. android.hardware.Camera에서 native로 정의된 JNI를 통해 Camera의 멤버 함수를 호출한다.

애플리케이션에서 카메라 서비스와 연결할 때는 Camera에서 BpCamera Service를 통해 BnCameraService와 바인더 RPC가 이뤄진다. 응용프로그램에서 카메라 디바이스를 설정하거나 미리 보기 기능을 요청할 때는 Camera에서 Bp Camera를 통해 BnCamera와 바인더 RPC가 이뤄진다. 카메라 디바이스에서 이벤트가 발생할 때는 CameraService::Client에서 BpCameraClient를 통해 BnCamera Client와 바인더 RPC가 이뤄진다.

CameraService는 애플리케이션과 바인더 RPC를 연결하기 위해 콘텍스트 매니저(Context Manager)에 서비스를 등록한다. 그리고 Camera와 CameraService::Client도 서비스로 동작하지만 콘텍스트 매니저에 서비스를 등록하지 않는다. 대신 애플리케이션에서 카메라 서비스와 연결될 때 Camera와 CamersaServie::Client 간에 두 개의 바인더 RPC 구조가 추가로 생성된다.

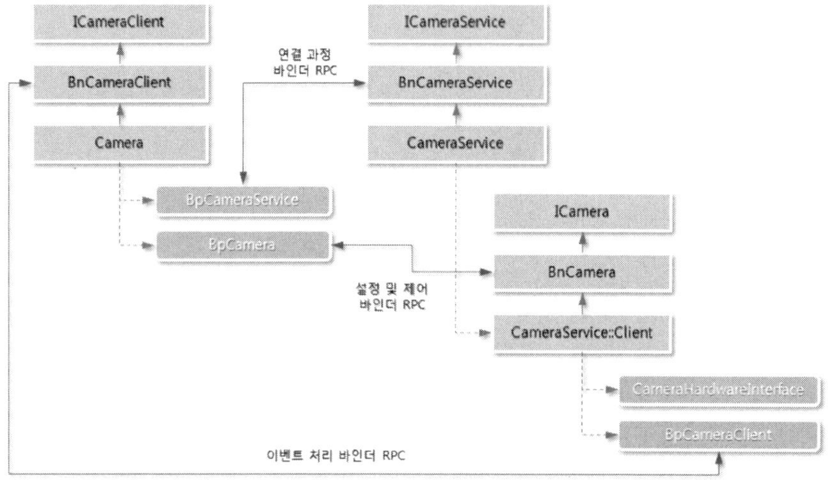

그림 16 클래스와 바인더 RPC 관계

6.3 카메라 서비스 프레임워크의 동작

6.3.1 카메라 서비스의 초기화

카메라 서비스는 미디어 서버(Media Server)에서 초기화된다. 다음은 미디어 서버의 main() 함수에서 카메라 서비스가 시작되는 부분이다. instantiate() 멤버 함수에서 CameraService의 초기화를 수행한다.

```
int main(int argc, char** argv) {
    sp<ProcessState> proc(ProcessState::self());
    sp<IServiceManager> sm = defaultServiceManager();
    ...
    CameraService::instantiate();
    ...
}
```

MediaServie의 main() 함수

다음의 코드는 CameraService의 instantiate() 멤버 함수에서 인스턴스를 생성하고 서비스를 등록하는 과정을 보여준다. CameraService의 인스턴스를 생성하고 콘텍스트 매니저에 서비스를 등록한다. 서비스 등록 과정은 다른 서비스와 동일하다. 이렇게 해서 카메라 서비스는 사용자의 요청을 수행할 준비를 마친다.

```
void CameraService::instantiate() {
    defaultServiceManager()->addService(String16("media.camera"), new
    CameraService());
}
```

CameraService의 instantiate() 멤버 함수

6.3.2 카메라 서비스 연결과정

카메라 서비스의 연결이 어떻게 처리되는지 소스코드를 통해 살펴보며, JNI 부분은 단순히 Camera 클래스의 멤버 함수를 호출하는 부분이라 소스에서 다루지 않는다. Camera에서 바인더 RPC 데이터를 송수신하는 부분을 살펴보자.

애플리케이션이 호출한 JNI 메서드에서 호출되는 Camera의 connect() 멤버 함수이다. getCameraService()는 콘텍스트 매니저로부터 카메라 서비스 핸들을 획득하여 BpCameraService의 인스턴스를 생성하고 반환한다. 여기서는 BpCamera Service의 connect() 멤버 함수를 호출할 때 생성한 Camera의 인스턴스를 전달하는 것에 주목한다.

```
sp<Camera> Camera::connect() {
    sp<Camera> C = new Camera();
    const sp<ICameraService>& cs = getCameraService();
    if (cs != 0) {
        c -> mCamera = cs->connect(c);
    }
    return c;
}
```

Camera의 connect() 멤버 함수

다음의 코드는 BpCameraService의 connect() 멤버 함수의 주요 코드이다. 인

자로 전달되는 Camera의 인스턴스가 바인더 RPC 데이터로 전달될 수 있게 바인더 객체로 변환되어 저장된다. 바인더 객체를 저장하는 것은 바인더 드라이버에서 Camera에 대한 바인더 노드를 새로 할당하고, Camera가 서비스로 동작하도록 한다. 그리고 바인더 RPC 데이터를 수신하는 측에서는 Camera의 바인더 객체를 바탕으로 Camera에 대한 서비스 프록시인 BpCameraClient의 인스턴스를 생성한다.

CameraService에서 연결을 처리하고, 결과로 응답하는 바인더 RPC 데이터에는 CameraService::Client의 바인더 객체를 포함하고 있으며, 이를 바탕으로 CameraService::Client의 서비스 프록시인 BpCamera 인스턴스를 생성한다. 생성된 인스턴스는 Camera의 connect() 멤버함수에서 Camera의 mCamera 멤버 변수에 저장한다.

```
class BpCameraService: public BpInterface<ICameraService> {
    virtual sp<ICamera> connect(const sp<ICameraClient>& cameraClient) {
        Parcel data, reply;
        data.writeInterfaceToken(ICameraService::
            getInterfaceDescriptor());
        datawriteStrongBinder(cameraClient->asBinder());
        remote()->transact(BnCameraService::CONNECT, data, &replay);
        return interface_cast<ICamera>(replay.readStrongBinder());
    }
}
```

BpCameraService의 connect() 멤버함수

CameraService에서 수신한 바인더 RPC 데이터를 처리하고 결과를 응답하는 부분을 살펴보자. 카메라 서비스에서 바인더 RPC로 수신한 데이터에는 Camera에 대한 바인더 객체를 포함하고 있다. 이를 기반으로 하여 Pacle의 readStrong Binder()와 interface_cast<ICameraClient>를 수행하여 Camera에 대한 서비스 프록시인 BpCamersClient의 인스턴스를 생성한다. CameraService의 connect() 멤버 함수를 호출할 때 생성한 BpCameraClient의 인스턴스를 인자로 전달한다. CameraService의 connect() 함수에서는 CameraService::Client의 인스턴스를 생성하여 반환값으로 돌려주는데, 리턴된 인스턴스를 Parcel의 writeStrongBinder() 멤버 함수를 이용하여 전송하는 바인더 RPC 데이터에 바인더 객체로 저장한다. 이 과정에 의해서 CameraService::Client도 바인더 노드를 할당받고 서비스로 동

작하게 된다.

```
status_t BnCameraService::onTransact(uint32_t code, const Parcel& data,
    Parcel* replay, unit32_t flags) {
    switch(code) {
        case CONNECT: {
             CHECK_INTERFACE(ICamerService, data, reply);
             sp<ICameraClient> cameraClient =
                  interface_cast<ICameraClient> (
                  data.readStrongBinder());
             sp<ICamera> camera = connect(cameraClient);
             reply->writeStrongBinder(camera->asBinder());
             return NO_ERROR;
        } break;
        default:
             return BBinder::onTransact(code, data, reply, flags);
    }
}
```

BnCameraService의 onTranscat() 멤버 함수

다음은 실제로 연결 과정을 처리하는 CameraService에 포함된 connect() 멤버 함수의 주요 코드를 보여준다. CameraService의 connect() 멤버 함수에서는 CameraService::Client의 인스턴스를 생성한다. 이때 자신에 대한 포인터(this)와 BpCameraClient(cameraClient)가 인자로 전달한다.

```
sp<ICamera> CameraService::connect(const sp<ICameraClient>& cameraClient) {
    int callingPid = getCallingPid();
    Client = new Client(this, cameraClient, callingPid);
    mClient = client;
    return client;
}
```

CameraService의 connect() 멤버 함수

카메라 디바이스 인터페이스를 참조하는 CameraService::Client의 인스턴스를 생성하는 부분을 살펴보자.

```
CameraService::Client::Client(const sp<CameraService>& cameraService, const
    sp<ICameraClient>& cameraClient, Pid_t clientPid) {
```

```
    mCameraService = cameraService;
    mCameraClient = cameraClient;
    mHardware = openCameraHardware();
}
```

CameraService::Client의 Client() 생성자

멤버변수 mCameraClient에 Camera에 대한 서비스 사용자 클래스인 BpCamera Client의 인스턴스를 할당한다. openCameraHardware()를 호출하여 카메라 디바이스를 초기화한다.

연결 과정이 수행되면서 새로운 Camera와 CameraService::Client 객체가 생성되고, 바인더 RPC의 구조가 완성된다. 새로 생성되는 Camera와 CameraService ::Client는 서비스로 동작하고, Camera에서는 CameraService::Client의 서비스 프록시인 BpCamera의 인스턴스가 생성된다. CameraService::Client에서는 Camera의 서비스 프록시인 BpCameraClient의 인스턴스가 생성된다. 이렇게 해서 Camera와 CameraService::Client 간에는 서비스 또는 사용자가 되는 상호 연결 구조가 형성된다.

6.3.3 카메라 설정 및 제어 과정

애플리케이션에서 카메라 디바이스의 설정을 변경하거나 미리 보기와 같은 요청을 처리할 때는 ICamera의 바인더 RPC를 사용한다. 애플리케이션에서 set Parameters() 메서드를 호출하고 나서 카메라 디바이스까지 바인더 RPC로 데이터가 전달되는 과정을 알아보자.

애플리케이션에서 카메라 디바이스의 설정을 변경하려면 android.hardware. Camera의 setParameters() 메서드를 호출한다. setParameters() 메서드는 native로 정의돼 있으며, JNI에 의해 android_hardware_Camera_setParameters() 함수가 호출된다. android_hardware_Camera_setParameters() 함수에서 Camera의 set Parameters() 멤버 함수를 호출한다. Camera의 setParameters() 멤버 함수는 Bp Camera를 통해 BnCamera에 바인더 RPC로 카메라 디바이스의 설정 변경을 요청한다. CameraService::Client의 setParameters() 멤버 함수에서 CameraHardware Interface의 setParameters() 멤버 함수를 호출한다. CameraHardwareInterface에

서 전달받은 설정 변경 사항을 카메라 디바이스에 적용한다.

이번에는 소스코드를 바탕으로 카메라 디바이스를 설정하는 과정을 살펴보자. 먼저 Camera 클래스의 setParameters() 멤버 함수를 살펴보는 것으로 시작한다.

mCamera에는 BpCamera의 인스턴스가 저장되어 있다. BpCamera의 setParameters()는 바인더 RPC를 통해 CameraService::Client의 setParameters()를 호출한다.

```
status_t Camera::setParameters(const String8& params) {
    sp<ICamera> c = mCamera;
    return c -> setParameters(params);
}
```

Camera의 setParameters() 멤버 함수

다음은 CameraService::Client에 포함된 setParameters() 멤버 함수의 주요 코드이다. mHardware에는 CameraHardwareInterface의 인스턴스가 저장되어 있는데, mHardware를 통해 카메라 디바이스의 설정이 적용된다.

```
status_t CameraService::Client::setParameters(const String8& params) {
    CameraParameters p(params);
    return mHardware -> setParameters(prams);
}
```

CameraService::Client의 setParameters() 멤버 함수

6.3.4 카메라 이벤트의 처리 과정

카메라 디바이스에서 발생하는 이벤트를 애플리케이션에 전달하는 데는 ICameraClient의 바인더 RPC가 사용된다. 예를 들면, 애플리케이션에서 takePicture()를 호출하여 정지 영상 이미지를 얻고자 하는 경우 카메라 디바이스는 정지 영상 이미지가 준비되면 비동기적으로 정지 영상 이미지가 준비됐음을 애플리케이션에 통보한다. 이 과정에서 가장 먼저 셔터에 대한 이벤트가 발생하며, 차례로 RAW 이미지와 JPEG 포맷 이미지에 대한 이벤트가 각각 발생한다.

이는 CameraService::Client에서 BpCameraClient를 통해 바인더 RPC로 Camera에게 전달되고, 결국 JNI를 통해 애플리케이션에 전달된다. 셔터 이벤트가 발생한 이후의 이벤트 처리과정을 살펴본다.

카메라 디바이스에서 정지 영상 이미지가 준비되면 CameraHardwareInterface를 통해 가장 먼저 셔터에 대한 이벤트가 발생한다.

CameraService::Client에서 CameraHardwareInterface를 초기화할 때 등록한 콜백 함수가 호출되며, 셔터에 대한 이벤트는 CameraService::Client의 handle Shutter() 멤버함수에서 처리된다. CameraService::Client의 handleShtter() 멤버 함수에서는 BpCameraClient를 통해 바인더 RPCfh BnCameraClient에 셔터 이벤트에 대한 처리를 요청하며, 바인더 RPC로 전달된 이벤트의 실제 처리는 Camera의 nootifyCallback() 멤버 함수에서 이뤄진다.

Camera의 notifyCallback() 멤버 함수는 JNI 인터페이스를 통해서 애플리케이션에 셔터에 대한 이벤트를 전달하며, 애플리케이션에서 미리 정의된 콜백함수가 호출되어 셔터에 대한 이벤트를 처리한다.

이번에는 카메라 서비스 프레임워크에서 이벤트 처리에 대해 소스코드를 통해 알아보자. 우선, 애플리케이션에서 takePicture() 메서드로 정지 영상 이미지를 요청하는 것부터 시작한다. 애플리케이션에서 android.hardware.Camera의 takePicture() 메서드로 정지 영상 이미지를 요청하면 앞에서 살펴 본 카메라 설정 및 제어 과정에 따라 CameraService::Client의 takePicture()가 수행된다.

CameraService::Client의 takePicture()에서는 카메라 디바이스에 CAMERA_MSG_SHUTTER를 비롯한 CAMERA_MSG_RAW_IMAGE, CAMERA_MSG_COMPRESSED_IMAGE에 대한 이벤트가 발생했을 때 이를 통보하도록 설정하고, 카메라 디바이스로 정지 영상 이미지를 처리하는 함수를 호출한다.

```
status_t CameraService::Client::takePicture() {
    mHardware->enableMsgType(CAMERA_MSG_SHUTTER |
        CAMERA_MSG_POSTVIEW_FRAME |
        CAMERA_MSG_RAW_IMAGE |
        CAMERA_MSG_COMPRESSED_IMAGE);
    return mHardware->takePicture();
}
```

CameraService::Client의 takePicture() 멤버 함수

다음의 코드는 CameraService::Client에 들어 있는 handleShutter() 멤버 함수의 주요 코드이다. 카메라 디바이스에서 정지 영상 이미지가 준비되면 가장 먼저 CAMERA_MSG_SHUTTER에 대한 이벤트를 보내며, 이 이벤트는 Camera Service::Client의 handleShutter() 멤버 함수에서 치리된다. mCameraClient에는 BpCameraClient의 인스턴스가 저장돼 있다. 바인더 RPC로 Camera의 notify Callback()를 처리하도록 요청한다. 그리고 CAMERA_MSG_SHUTTER에 대한 이벤트가 발생되지 않게 설정한다.

```
void CameraService::Client::handleShutter(image_rect_type *size) {
    sp<ICameraClient> c = mCameraClient;
    if (c != NULL)      {
        c -> notifyCallback(CAMERA_MSG_SHUTTER, 0, 0);
    }
    mHardware->disableMsgType(CAMERA_MSG_SHUTTER);
}
```

CameraService::Client의 handleShutter() 멤버 함수

다음으로 셔터 이벤트를 바인더 RPC로 수신하여 처리하는 Camera의 notify Callback 멤버 함수를 살펴보자. Camera의 notifyCallback에서는 바인더 RPC로 수신한 이벤트를 CameraListener의 notify()를 호출하여 애플리케이션에 전달되게 한다. mListener에는 연결 과정에서 생성한 JNICameraContext의 인스턴스가 저장돼 있는데, 이를 JNI를 통해 애플리케이션과 서비스 프레임워크 사이에 데이터를 전송하는 데 사용된다.

```
void Camera::notifyCallback(int32_t msgType, int32_t ext1, int32_t ext2) {
    sp<CameraListener> listener; {
        listener = mListener;
    }
    if(listener != NULL) {
        listener->notify(msgType, ext1, ext2);
    }
}
```

Camera의 notifyCallback() 멤버 함수

6.4 카메라 미리보기

안드로이드에서 카메라는 다양하게 응용할 수 있는 주변장치이다. 카메라 이용에서 가장 기본이 되는 것은 미리보기이다. 여기서는 카메라 미리보기를 만드는 방법에 대해서 알아보자. 안드로이드 SDK에 포함된 에뮬레이터는 실제 카메라를 완벽하게 흉내를 내는 가짜(fake) 모듈을 갖고 있다.

위의 그림은 가짜 카메라에서 보내주는 카메라 영상을 미리보기로 보여준다. 실제 장치로 변경된 경우 카메라 모듈이 실제 카메라로부터 촬영된 영상을 동일한 방식으로 보내주기 때문에 애플리케이션은 수정할 필요가 없다.

1 이클립스에서 New Android Project를 생성한다.

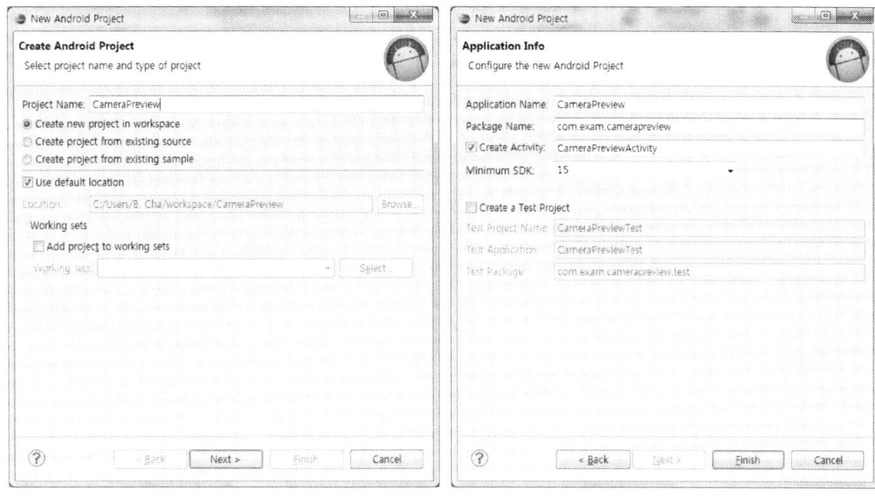

2 res ⇨ AndroidManifest.xml을 다음의 코드를 추가한다.

```
<uses-permission android:name="android.permission.CAMERA" />

...
```

3 CameraPreview.java의 코드를 다음과 같이 입력한다.

```
package com.exam.camerapreview;

import android.app.Activity;
import android.content.Context;
import android.hardware.Camera;
import android.hardware.Camera.Size;
import android.os.Bundle;
import android.view.SurfaceHolder;
import android.view.SurfaceView;
import android.view.Window;
import java.io.IOException;
import java.util.List;

public class CameraPreview extends Activity {
```

```
    private Preview mPreview;

    @Override
    protected void onCreate(Bundle savedInstanceState) {
        super.onCreate(savedInstanceState);

        requestWindowFeature(Window.FEATURE_NO_TITLE);

        mPreview = new Preview(this);
        setContentView(mPreview);
    }
}

class Preview extends SurfaceView implements SurfaceHolder.Callback {
    SurfaceHolder mHolder;
    Camera mCamera;

    Preview(Context context) {
        super(context);

        mHolder = getHolder();
        mHolder.addCallback(this);
        mHolder.setType(SurfaceHolder.SURFACE_TYPE_PUSH_BUFFERS);
    }

 public void surfaceCreated(SurfaceHolder holder) {
        mCamera = Camera.open();
        try {
          mCamera.setPreviewDisplay(holder);
        } catch (IOException exception) {
           mCamera.release();
           mCamera = null;
        }
    }
    public void surfaceDestroyed(SurfaceHolder holder) {
        mCamera.stopPreview();
        mCamera.release();
        mCamera = null;
    }
    private Size getOptimalPreviewSize(List<Size> sizes, int w, int h) {
        final double ASPECT_TOLERANCE = 0.05;
        double targetRatio = (double) w / h;
```

```
        if (sizes == null) return null;
        Size optimalSize = null;
        double minDiff = Double.MAX_VALUE;
        int targetHeight = h;
        for (Size size : sizes) {
            double ratio = (double) size.width / size.height;
            if (Math.abs(ratio - targetRatio) > ASPECT_TOLERANCE) continue;
            if (Math.abs(size.height - targetHeight) < minDiff) {
                optimalSize = size;
                minDiff = Math.abs(size.height - targetHeight);
            }
        }
        if (optimalSize == null) {
            minDiff = Double.MAX_VALUE;
            for (Size size : sizes) {
                if (Math.abs(size.height - targetHeight) < minDiff) {
                    optimalSize = size;
                    minDiff = Math.abs(size.height - targetHeight);
                }
            }
        }
        return optimalSize;
    }

    public void surfaceChanged(SurfaceHolder holder, int format, int w, int h) {
        Camera.Parameters parameters = mCamera.getParameters();
        List<Size> sizes = parameters.getSupportedPreviewSizes();
        Size optimalSize = getOptimalPreviewSize(sizes, w, h);
        parameters.setPreviewSize(optimalSize.width, optimalSize.height);
        mCamera.setParameters(parameters);
        mCamera.startPreview();
    }
}
```

4 Ctrl+F11 키로 실행한다. 그러면 가짜 카메라에서 보내주는 카메라 영상을 미리보기로 확인할 수 있다.

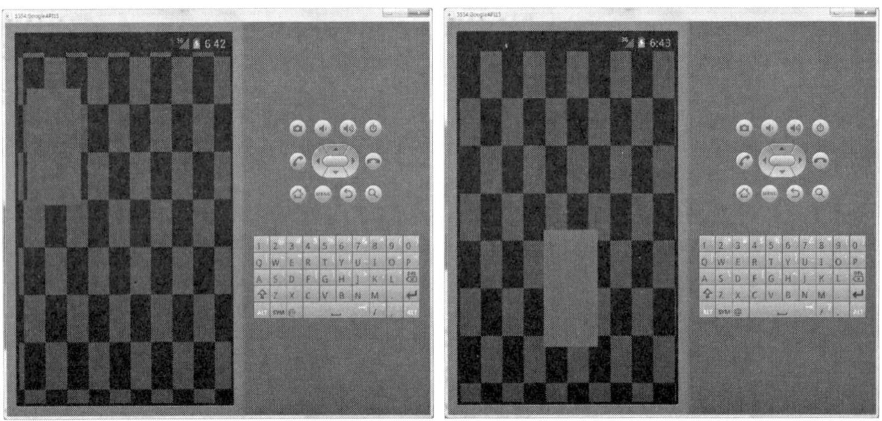

위의 코드에서

```
mPreview = new Preview(this);
setContentView(mPreview);
```

는 레이아웃을 이용하지 않고 직접 뷰를 생성하여 컨텐트 뷰로 설정한다. 안드로이드에서 직접 뷰를 정의할 때는 2가지 방법을 사용할 수 있다.

- View 하위 클래스로 뷰를 정의
- SurfaceView 하위 클래스로 뷰를 정의

두 가지 방법의 차이는 사용자 이벤트에 의한 렌더링을 할 것인지, 아니면 동영상이나 카메라 미리보기와 같이 사용자 이벤트와 상관없이 계속 렌더링 할 것인지에 있다. 전자의 경우 View 하위 클래스로 뷰를 정의하고 후자는 Surface View 하위로 정의한다. 하위 클래스를 정의한 다음 전자의 경우 onDraw 메서드를 재정의하여 렌더링을 구현하고, 후자의 경우 워커 스레드를 생성해 스레드의 루프에서 렌더링을 구현한다. 예제의 경우 사용자 이벤트 없이 카메라 미리보기가 되어야 하므로 후자의 기법을 사용하며, SurfaceView 하위 클래스로 Preview 클래스를 정의한다.

CameraPreview.javadp 구현된 surfaceCreated, surfaceDestroyed, surfaceChanged 메서드는 SurfaceHolder.Callback 인터페이스를 구현한 메서드로 각각 Surface의 생성, 파괴, 크기 변화에서 호출된다. 주의할 것은 구현된 surfaceDestroyed 메서드에서 Camera.stopPreview 카메라 모듈의 동작을 정지시키는데, 카메라 모듈은 시스템 전체에 걸쳐 공유되지 않기 때문에 Surface가 사라질 때는 반드시 카메라 모듈을 정지시켜야 한다. 마지막으로 surfaceCreated는 Surface가 생성되었다는 사실은 알지만 Surface의 크기는 알 수 없기 때문에 실제 카메라 모듈을 동작시키는 부분은 surfaceChanged에 있다는 사실을 숙지한다. 카메라 모듈을 동작시키는 메서드는 Camera.setPreviewSize, CamerastartPreview이다. Surface에 실제 렌더링하는 동작은 카메라 모듈이 자동적으로 처리한다.

CHAPTER 07

전화 통신과 SMS

착신 통화와 발신 통화를 비롯하여 모바일 음성과 데이터 연결을 모니터하고, SMS 메시지를 주고받는데 사용하는 안드로이드의 전화통신 API에 대해 알아본다.

전화통신 패키지는 전화를 걸고, 폰의 상태와 전화 통화를 모니터하고, 착신 통화의 세부 정보를 모니터하는 데 쓰인다. 그렇기 때문에 전화통신 패키지를 살펴보면 통신 하드웨어에 대해 자세히 알 수 있다.

또한 안드로이드는 SMS의 모든 기능을 API로 제공하기 때문에 애플리케이션에서도 SMS 메시지를 주고받을 수 있다. 이 안드로이드 API를 이용하면 SMS 클라이언트 애플리케이션을 만들어, 안드로이드 소프트웨어 스택에 포함된 네이티브 클라이언트를 대체할 수 있다. 또 애플리케이션에 메시징 기능을 통합하여 SMS를 전송 계층으로 이용하는 소셜 애플리케이션을 개발할 수 있다.

7.1 전화 통신

안드로이드의 전화통신 API는 애플리케이션이 하부의 전화 하드웨어 스택에 접근할 수 있게 해준다. 따라서 개발자만의 다이얼러를 만들거나 애플리케이션에 통화 처리 및 폰 상태 모니터링 기능을 통합해 넣는 것이 가능하다. 애플리케이션에서 폰, 서비스, 셀 이벤트를 모니터하고 제어하는 방법에 대해 알아본다.

7.1.1 다이얼러 띄우기

전화를 걸고자 할 때는 인텐트로 다이얼러 애플리케이션을 띄우는 것이 최선책이다. 인텐트 액션을 이용해 다이얼러 액티비티를 시작시키면 된다. 전화번호는 인텐트의 데이터 컴포넌트에 지정하며, 스키마는 tel:을 사용한다.

다이얼러를 띄우려면 Intent.ACTION_DIAL 액션을 이용하며, 이 액션은 지정된 전화번호를 가지고 다이얼러 액티비티를 시작시킨다. 이 액션은 지정된 번호로 전화를 걸 수 있도록 키패드의 다이얼을 미리 눌러놓기만 하며, 사용자가 직접 통화 버튼을 누리기 전까지는 전화 통화를 시도하지 않는다. 이는 전화 통화 기능을 필요로 하는 애플리케이션에서 사용하는 표준적인 방법으로서, 별도의 권한 없이도 이용할 수 있다.

```
Intent intent = new Intent(Intent.ACTION_DIAL, Uri.parse("tel:01036206946"));
startActivity(intent);
```

이처럼 전화를 걸고자 하는 사용자의 의도를 인텐드를 통해 알리게 되며, 전화를 거는데 쓰이는 다이얼러 구현과 개발자의 애플리케이션을 서로 분리해 유지할 수 있다. 예컨대, 기존 다이얼러를 IP기반 전화 통화가 가능한 복합 다이얼러로 바꾸더라도, 인텐트를 이용해 전화를 거는 기존 애플리케이션들은 별다른 수정 없이 새로운 기능을 이용할 수 있다.

7.1.2 네이티브 다이얼러 대체하기

네이티브 다이얼러 애플리케이션을 대체하는 과정은 다음의 두 단계를 수반한다.

1. 현재 네이티브 다이얼러가 서비스하고 있는 인텐트 가로채기
2. 전화 걸기와 전화 통화 관리하기

현재 네이티브 다이얼러 애플리케이션은 사용자가 디바이스에 있는 통화 버튼을 누르거나, tel: 스키마를 이용해 데이터를 보여달라고 요청하거나, tel: 스키마를 이용해 전화 걸기를 요청하는 인텐트 액션에 반응한다.

이러한 요청들을 가로채려면, 새로운 다이얼러 액티비티에 대해 다음의 액션에 귀 기울이는 <intent-filter> 태그를 추가한다.

- Intent.ACTION_CALL_BUTTON
  이 액션은 사용자가 디바이스에 있는 통화 버튼을 눌렀을 때 방송된다. 이 액션에 귀 기울이는 인텐트 필터를 만들고, 여기에 기본 카테고리를 부여한다.
- Intent.ACTION_DIAL
  이 인텐트 액션은 다이얼러를 띄워 전화를 걸 수 있도록 하려는 애플리케이션에 의해 쓰인다. 이 액션을 잡는데 쓰이는 인텐트 필터는 기본 카테고리와 브라우조블 카테고리를 모두 지정해야 하며, 기존 다이얼러 기능을 대체하기 위해 반드시 tel: 스키마를 지정해야 한다.
- Intent.ACTION_VIEW
  뷰 액션은 데이터를 보여주고자 하는 애플리케이션에 의해 쓰인다. 액티비티가 전화 번호를 보여주는 데 사용될 수 있도록 하려면, 인텐트 필터에 tel: 스키마를 지정한다.

이어지는 매니페스트 코드는 위 액션들을 잡아내는 인텐트 필터를 가진 액티비티를 보여준다.

```
<activity
    android:name=".MyDialerActivity"
    android:label="@string/app_name">
    <intent-filter>
        <action android:name="android.intent.action.CALL_BUTTON" />
        <category android:name="android.intent.category.DEFAULT" />
    </intent-filter>
    <intent-filter>
        <action android:name="android.intent.action.VIEW" />
        <action android:name="android.intent.action.DIAL" />
        <category android:name="android.intent.category.DEFAULT" />
<category android:name="android.intent.category.BROWSABLE" />
    </intent-filter>
</activity>
```

다이얼러 애플리케이션이 시작되고 난 뒤에 사용자로 하여금 전화번호를 입력 또는 수정할 수 있게 하거나, 통화 버튼을 눌러 전화를 걸 수 있도록 하는 것은 개발자의 역할이다.

가장 간단한 방법은 기존 전화 통신 스택을 이용하는 것이며, 이 경우에는 Intent.ACTION_CALL 액션을 이용하면 표준 통화중 액티비티를 이용해 전화통화를 시작할 수 있다. 이렇게 하면 다이얼링, 접속, 음성 처리를 시스템이 처리하게 된다. 애플리케이션에서 이 액션을 방송하려면 CALL_PHONE uses-permission을 반드시 가져야 한다. 아니면 기존 전화통신 스택 대신 직접 다이얼링 및 음성 처리 프레임워크를 구현해 사용할 수 있으며, 이 방법은 VOIP 애플리케이션을 구현하는 경우에 적합하다.

7.1.3 폰과 네트워크의 속성 및 상태 정보 접근하기

전화통신 API는 전화통신 매니저를 통해 이용할 수 있으며, 전화통신 매니저는 다음의 코드에 나타나는 것처럼 getSystemService 메서드를 통해 접근할 수 있다.

```
String srvcName = Context.TELEPHONY_SERVICE;
TelephonyManager telephonyManager = (TelephonyManager)getSystemService(srvcName);
```

전화통신 매니저는 디바이스, 네트워크, SIM, 데이터 상태 세부 정보 등 다양한 폰 속성에 직접 접근할 수 있게 해 준다.

1) 폰 디바이스 세부 정보 읽기

전화통신 매니저를 이용하면 폰 종류(GSM. CDMA), 고유 ID(IMEI, MEID), 소프트웨어 버전, 전화번호 등을 얻을 수 있다. 여기서 폰 종류를 제외한 나머지 속성은 애플리케이션 매니페스트에 READ_PHONE_STATE uses-permission이 포함되어 있어야 읽을 수 있다.

```
<uses-permission android:name="android.permission.READ_PHONE_STATE"/>
```

다음의 코드는 이들 각각의 세부 정보를 읽는 법을 보여준다.

```
int phoneType = telephonyManager.getPhoneType();
```

```
switch (phoneType) {
    case (TelephonyManager.PHONE_TYPE_CDMA): break;
    case (TelephonyManager.PHONE_TYPE_GSM): break;
    case (TelephonyManager.PHONE_TYPE_NONE): break;
    default: break;
}

// -- READ_PHONE_STATE uses-permission이 필요 --
// GSM의 경우 IMEI를, CDMA의 경우 MEID를 읽어옴
String deviceId = telephonyManager.getDeviceId();
// 폰의 소프트웨어 버전을 읽어옴
String softwareVersion = telephonyManager.getDeviceSoftwareVersion();
// 폰의 전화번호를 읽어옴
String phoneNumber = telephonyManager.getLine1Number();
```

폰 세부 정보 읽기

2) 데이터 연결 및 전송 상태 읽기

다음의 코드처럼 getDataState와 getDataActivity 메서드를 이용하면, 각각 현재 데이터 연결 상태와 전송 상태를 알 수 있으며, 일반적으로 데이터 연결 상태나 전송 상태의 변화를 감지하는 데 유용하다.

```
int dataActivity = telephonyManager.getDataActivity();
int dataState = telephonyManager.getDataState();

switch (dataActivity) {
    case TelephonyManager.DATA_ACTIVITY_IN : break;
    case TelephonyManager.DATA_ACTIVITY_OUT : break;
    case TelephonyManager.DATA_ACTIVITY_INOUT : break;
    case TelephonyManager.DATA_ACTIVITY_NONE : break;
}

switch (dataState) {
    case TelephonyManager.DATA_CONNECTED : break;
    case TelephonyManager.DATA_CONNECTING : break;
    case TelephonyManager.DATA_DISCONNECTED : break;
    case TelephonyManager.DATA_SUSPENDED : break;
}
```

폰 데이터 연결 및 전송 상태 읽기

3) 네트워크 세부 정보 읽기

네트워크에 연결되어 있는 경우에는 전화통신 매니저를 통해 모바일 국가 코드 및 네트워크 코드(MCC+MNC), ISO 국가 코드, 현재 연결되어 있는 네트워크의 종류를 알아낼 수 있다. 이 정보는 모바일 네트워크에 연결되어 있는 경우에만 알 수 있으며, CDMA 네트워크의 경우에는 신뢰하지 못할 수도 있다. 위에 언급한 getPhoneType 메서드를 이용하면, 현재 연결되어 있는 네트워크의 종류를 파악할 수 있다.

다음 코드는 네트워크의 세부 정보를 읽어오는 법과 현재 지원되는 네트워크 연결들의 종류를 보여준다.

```
// 연결된 네트워크의 ISO 국가 코드를 얻어옴
String networkCountry = telephonyManager.getNetworkCountryIso();
// 연결된 네트워크의 사업자 ID(MMC+MNC)를 얻어옴
String networkOperatorId = telephonyManager.getNetworkOperator();
// 연결된 네트워크의 사업자 이름을 얻어옴
String neyworkName = telephonyManager.getNetworkOperatorName();
// 연결된 네트워크의 종류를 얻어옴
int networkType = telephonyManager.getNetworkType();
switch (networkType) {
    case (TelephonyManager.NETWORK_TYPE_1xRTT) : [... 필요한 작업 수행 ...]
        break;
    case (TelephonyManager.NETWORK_TYPE_CDMA) : [... 필요한 작업 수행 ...]
        break;
    case (TelephonyManager.NETWORK_TYPE_EDGE) : [... 필요한 작업 수행 ...]
        break;
    case (TelephonyManager.NETWORK_TYPE_EVDO_0) : [... 필요한 작업 수행 ...]
        break;
    case (TelephonyManager.NETWORK_TYPE_EVDO_A) : [... 필요한 작업 수행 ...]
        break;
    case (TelephonyManager.NETWORK_TYPE_GPRS) : [... 필요한 작업 수행 ...]
        break;
    case (TelephonyManager.NETWORK_TYPE_HSDPA) : [... 필요한 작업 수행 ...]
        break;
    case (TelephonyManager.NETWORK_TYPE_HSPA) : [... 필요한 작업 수행 ...]
        break;
    case (TelephonyManager.NETWORK_TYPE_HSUPA) : [... 필요한 작업 수행 ...]
        break;
    case (TelephonyManager.NETWORK_TYPE_UMTS) : [... 필요한 작업 수행 ...]
```

```
        break;
    case (TelephonyManager.NETWORK_TYPE_UNKNOWN) : [... 필요한 작업 수행 ...]
        break;
    default: break;
}
```

네트워크 세부 정보 읽기

4) SIM 세부 정보 읽기

GSM 디바이스의 경우에는 SIM을 가지고 있다. 개발자의 애플리케이션이 GSM 디바이스에서 실행되고 있는 경우에 전화통신 매니저를 통해 SIM 세부 정보를 질의하면, 현재 디바이스에 설치된 SIM의 ISO 국가 코드, 사업자 이름, 사업자 MCC 및 MNC를 얻어 올 수 있다. 이 정보는 특정 이동통신 사업자에 특화된 기능을 제공할 필요가 있을 때 유용하다. 또한 SIM의 시리얼 번호를 얻어 올 수 있는데, 이 경우에는 Application Manifest에 READ_PHONE_STAT uses-permission이 포함되어 있어야 한다.

SIM 세부 정보를 얻어 올 때는 그에 앞서 SIM이 준비상태에 있는지 꼭 확인해야 한다. 이를 확인하려면, 다음의 코드처럼 getSimState 메서드를 이용한다.

```
int simState = telephonyManager.getSimState();
switch (simState) {
    case (TelephonyManager.SIM_STATE_ABSENT) : break;
    case (TelephonyManager.SIM_STATE_NETWORK_LOCKED) : break;
    case (TelephonyManager.SIM_STATE_PIN_REQUIRED) : break;
    case (TelephonyManager.SIM_STATE_PUK_REQUIRED) : break;
    case (TelephonyManager.SIM_STATE_UNKNOWN) : break;
    case (TelephonyManager.SIM_STATE_READY) : {
        // SIM의 ISO 국가 코드를 얻어옴
        String simCountry = telephonyManager.getSimCountryIso();
        // 개통된 SIM의 사업자 코드(MCC+MNC)를 얻어옴
        String simOperatorCode = telephonyManager.getSimOperator();
        // SIM의 사업자 이름을 얻어옴
        String simOperatorName = telephonyManager.getSimOperatorName();
        // -- READ_PHONE_STATE uses-permission이 필요 --
        // SIM의 시리얼 번호를 얻어옴
        String simSerical = telephonyManager.getSimSerialNumber();
```

```
            break;
        }
        default: break;
    }
```

SIM 세부 정보 읽기

7.1.4 폰 상태, 폰 활동, 데이터 연결 변화 모니터링

안드로이드의 전화통신 API를 이용하면 폰 상태를 모니터할 수 있고, 착신 전화번호를 검색할 수 있으며, 데이터 연결, 신호 세기, 네트워크 연결의 변화를 관찰할 수 있다.

폰 상태를 모니터하고 관리하기 위해서는 아래의 XML 코드에서 보이는 것처럼 Application Manifest에 반드시 READ_PHONE_STAT uses-permission을 지정해야 한다.

```
<uses-permission android:name="android.permission.READ_PHONE_STATE"/>
```

폰의 상태 변화를 모니터하려면 PhoneStateListener 클래스를 이용한다. 이 폰 상태 리스너를 확장해 통화 상태, 셀 위치 변경, 음성 메일 및 통화 전달 상태, 폰 서비스 변경, 모바일 신호 세기 변화 등의 폰 상태 변화를 감지하고 반응한다.

폰의 상태 변화 이벤트에 반응하려면 새로운 폰 상태 리스너를 구현하고, 반응하고자 하는 이벤트의 이벤트 핸들러를 재정의한다. 각 핸들러는 현재 셀 위치, 통화 상태, 신호 세기 같은 새로운 폰 상태를 나타내는 매개 변수를 전달 받는다.

다음의 코드는 폰 상태 리스터에서 사용 가능한 상태 변화 핸들러들을 보여준다.

```
PhoneStateListener phoneStateListener = new PhoneStateListener() {
    public void onCallForwardingIndicatorChanged(boolean cfi) { }
    public void onCallStateChanged(int state, String incomingNumber) { }
    public void onCellLocationChanged(CellLocation location) { }
```

```
        public void onDataActivity(int direction) { }
        public void onDataConnectionStateChanged(int state) { }
        public void onMessageWaitingIndicatorChanged(boolean mwi) { }
        public void onServiceStateChanged(ServiceState serviceState) { }
        public void onSignalStrengthChanged(int asu) { }
    }
```

폰 상태 리스너의 골격 클래스

폰 상태 리스터를 구현했으면, 관심 있는 이벤트들을 나타내는 비트 마스크를 가지고 이를 전화통신 매니저에 등록한다.

```
telephonyManager.listen(phoneStateListener,
    phoneStateListener.LISTEN_CALL_FORWARDING_INDICATOR |
    phoneStateListener.LISTEN_CALL_STATE |
    phoneStateListener.LISTEN_CELL_LOCATION |
    phoneStateListener.LISTEN_DATA_ACTIVITY |
    phoneStateListener.LISTEN_DATA_CONNECTION_STATE |
    phoneStateListener.LISTEN_MESSAGE_WAITING_INDICATOR |
    phoneStateListener.LISTEN_SERVICE_STATE |
    phoneStateListener.LISTEN_SIGNAL_STRENGTH);
```

폰 상태 리스너 등록하기

리스너를 등록 해제하려면, 아래에 보이는 것처럼 listen에 PhoneStateListener.LISTEN_NONE을 비트 필드 매개변수로 전달해 호출한다.

```
telephonyManager.listen(phoneStateListener, PhoneStateListener.LISTEN_NONE);
```

1) 착신 전화 통화 모니터링

폰 상태를 모니터링하는 가장 일반적인 이유는 걸려오는 전화를 감지해 반응하기 위해서다. 그렇게 하려면 다음의 코드와 같이, 폰 상태 리스터 구현에 onCallStateChanged 메서드를 재정의한 뒤에 통화 상태가 바뀔 때 통지받을 수 있도록 등록한다.

```
PhoneStateListener callStateListener = new PhoneStateListener() {
    publiic void onCallStateChanged(int state, String incomingNumber) {
```

```
        // TODO: 걸려오는 전화에 반응함
    }
};

telephonyManager.listen(CallStateListener, PhoneStateListener.LISTEN_CALL_STATE);
```

전화 통화 모니터링

onCallStateChanged 핸들러는 걸려오는 전화와 관련된 전화번호와, 현재 통화 사태를 나타내는 상태 매개변수를 전달받는다. 이때, 상태 매개 변수는 아래의 세 가지 값들 중 하나로 표현된다.

- TelephonyManager.CALL_STATE_IDLE
- TelephonyManager.CALL_STATE_RINGING
- TelephonyManager.CALL_STATE_OFFHOOK

TelephonyManager.CALL_STATE_IDLE은 폰이 울리지도 통화중도 않는 경우에, TelephonyManager.CALL_STATE_RINGING은 폰이 울리고 있는 경우, 그리고 TelephonyManager.CALL_STATE_OFFHOOK은 폰이 연재 통화중인 경우를 나타낸다.

2) 셀의 위치 변화 추적하기

폰 상태 리스너 구현에 onCallLocationChanged를 재정의하면, 현재 셀의 위치가 바뀔 때마다 통지받을 수 있다. 셀의 위치 변화를 통지 받을 수 있도록 등록하려면, Application Manifest에 ACCESS_COARSE_LICATION 권한을 추가해야 한다.

```
<uses-permission android:name="android.permission.ACCESS_COARSE_LOCATION"/>
```

onCellLocationChanged 핸들러는 CellLocation 객체를 전달받는다. 이 CellLocation 객체는 셀 ID를 알아내기 위한 메서드(getCid)와 현재 LAC를 알아내기 위한 메서드(getLac)를 가지고 있다. 다음 소스코드는 셀의 위치 변화를 모니터하는 폰 상태 리스너의 구현 법을 보여준다. 이 리스너는 새로운 위치의 셀 ID를 토스트로 표시한다.

```
PhoneStateListener cellLocationListener = new PhoneStateListener() {
    public void onCellLocationChanged(CellLocation location) {
        GsmCellLocation gsmLocation = (GsmCellLocation)location;
        Toast.makeText(getApplicationContext(),
                String.valueOf(gsmLocation.getCid()),
                Toast.LENGTH_LONG).show();
    }
};
telephonyManager.listen(cellLocationListener,
    PhoneStateListener.LISTEN_CELL_LOCATION);
```

셀의 위치 변화 추적하기

3) 서비스의 상태 변화 추적하기

onServiceStateChanged 핸들러는 디바이스의 셀 서비스에 대한 서비스 세부 정보를 추적한다. 현재 서비스 상태에 관한 세부 정보는 ServiceState 매개변수를 통해 추적할 수 있다. 서비스 상태 객체에 getState 메서드를 호출하면, 현재 서비스 상태를 ServiceState에 정의된 아래의 상수들 중 하나로 리턴한다.

- STATE_IN_SERVICE
- STATE_EMERGENCY_ONLY
- STATE_OUT_OF_SERVICE
- STATE_POWER_OFF

ServiceState에 정의된 상수 중에서 STATE_IN_SERVICE는 일반적인 폰 서비스를 이용할 수 있다. STATE_EMERGENCY_ONLY는 긴급 통화를 위해서만 폰 서비스를 이용할 수 있다. STATE_OUT_OF_SERVICE는 현재 이용 가능한 휴대폰 서비스가 없다. 그리고 STATE_POWER_OFF는 폰의 무선 장치가 꺼져 있다(보통은 비행기 모드가 활성화 된 경우)는 것을 의미한다.

휴대폰 서비스를 제공하는 사업자에 대한 세부 정보는 getOperator로 시작하는 일련의 메서드들을 이용해 얻어올 수 있다. getRoaming은 디바이스가 현재 로밍 프로파일을 이용하고 있는지의 여부를 알려준다.

코드는 서비스의 상태 변화를 모니터하는 폰 상태 리스너의 구현 법을 보여준다. 이 리스너는 현재 폰 서비스의 사업자 이름을 토스트로 표시한다.

```
PhoneStateListener serviceStateListener = new PhoneStateListener() {
    public void onServiceStateChanged(ServiceState serviceState) {
        if (serviceState.getState() == ServiceState.STATE_IN_SERVICE) {
            String toastText = serviceState.getOperatorAlphaLong();
            Toast,makeText(getApplicationContext(), toastText,
                toast.LENGTH_SHORT);
        }
    }
};

telephonyManager.listen(sataStateListener,
    PhoneStateListener.LISTEN_SERVICE_STATE);
```

서비스 상태 변화 모니터링

4) 데이터 연결 및 활동 모니터링

폰 상태 리스너를 이용하면 음성 및 서비스 세부 정보 외에도 모바일 데이터 연결과 모바일 데이터 전송에 생기는 변화를 모니터할 수 있다.

폰 상태 리스너는 디바이스의 데이터 연결을 모니터링하기 위한 두 개의 이벤트 핸들러를 가지고 있다. 데이터 전송 활동을 추적하려면 onDataActivity를, 데이터 연결의 상태 변화를 통지받으려면 onDataConnectionStateChanged를 재정의한다.

다음의 코드는 이 두 핸들러를 재정의한 모습을 보여준다. state와 direction 매개변수에 올 수 있는 값들을 switch 문을 통해 설명하고 있다.

```
PhoneStateListener dataStateListener = new PhoneStateListener() {
    public void onDataActivity(int direction) {
        switch (direction) {
            case TelephonyManager.DATA_ACTIVITY_IN : break;
            case TelephonyManager.DATA_ACTIVITY_OUT : break;
            case TelephonyManager.DATA_ACTIVITY_INOUT : break;
            case TelephonyManager.DATA_ACTIVITY_NONE : break;
        }
    }

    public void onDataConnectionStateChanged(int state) {
```

```
        switch (state) {
            case TelephonyManager.DATA_CONNECTED : break;
            case TelephonyManager.DATA_CONNECTING : break;
            case TelephonyManager.DATA_DISCONNECTED : break;
            case TelephonyManager.DATA_SUSPENDED : break;
        }
    }
};

telephonyManager.listen(sataStateListener,
    PhoneStateListener.LISTEN_DATA_ACTIVITY |
    PhoneStateListener.LISTEN_DATA_CONNECTION_STATE);
```

데이터 연결 및 전송 모니터링

7.2 SMS와 MMS

휴대폰에서 가장 많이 쓰이는 기능중 하나가 SMS(Short Messaging Service)이다. SMS 기술은 휴대폰 간에 간단한 텍스트 메시지를 보내기 위해 설계됐다. 텍스트 메시지 전송과 데이터 메시지 전송을 모두 지원한다. 최근에는 MMS (Multimedia Message Service) 기술을 통해 사진, 비디오, 오디오 같은 멀티미디어가 첨부된 메시지를 주고받을 수 있게 됐다. SMS와 MMS는 어느 정도 안정된 모바일 기술이다. 다음의 그림은 MMS의 서비스 영역을 나타낸 것이다.

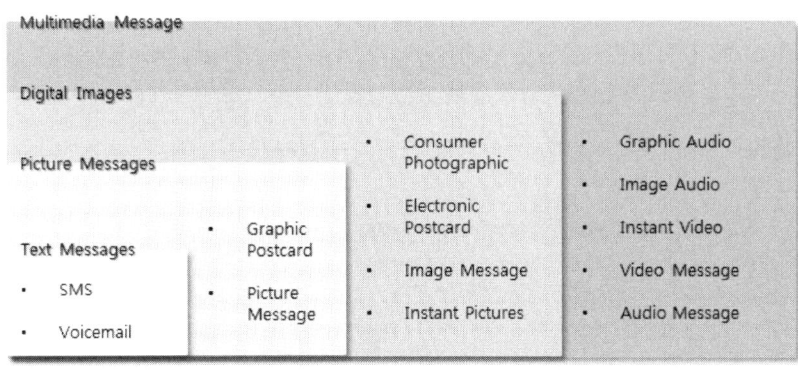

그림 17 MMS 서비스 영역

7.2.1 애플리케이션에서 SMS와 MMS 이용하기

안드로이드의 SMS 기능은 SMSManager를 통해 제공된다. SMSManager를 이용하면, 네이티브 SMS 애플리케이션을 쓰지 않고도 텍스트를 보내거나 수신되는 텍스트에 반응할 수 있으며, SMS를 데이터 전송 계층으로 이용하는 애플리케이션을 만들 수도 있다. 현재 안드로이드는 MMS 생성을 위한 API를 제공하지 않고 있다. 따라서 애플리케이션에서 직접 MMS 메시지를 생성하는 것은 불가능하며, 대신 인텐트를 이용하면 가능하다. 인텐트에 ACTION_SEND나 ACTION_ SENDTO 액션을 이용하면, 디바이스에 설치된 메시징 애플리케이션을 통해 SMS와 MMS 메시지를 보낼 수 있다.

SMS 메시지 전달은 제실시간으로 전송되지 않는다. IP나 소켓 기반 전송과 비교해 볼때, SMS를 이용한 애플리케이션 간의 데이터 메시지 전달은 느리고, 비용이 많이 들 수 있으며, 오랜 지연시간을 겪을 수도 있다. 따라서 실시간적인 반응성을 요구하는 응용에는 사실 적합하지 않다. 그렇긴 하지만, SMS 네트워크가 가진 광범위한 이용 범위와 탄력성은 비 안드로이드 사용자에게 콘텐트를 전달하고, 또 서드파티 서버에 의존도를 줄이기 위한 좋은 도구가 된다.

7.2.2 인텐트와 네이티브 클라이언트를 이용해 SMS와 MMS 보내기

App 안에 완전한 SMS 클라이언트를 구현하기보다는 SMS와 MMS 메시지의 전송 책임을 또다른 애플리케이션에 위임하는 것이 좀 더 쉽다. 그렇게 하려면, Intent.ACTION_SENDTO 액션이 설정된 인텐트를 가지고 startActivity를 호출한다. 수신츨 전화번호는 sms: 스키마로 표기한 뒤 인텐트 데이터로 지정한다. 보내려는 메시지는 다음의 코드에서 보이는 것처럼 sms_ body 엑스트라를 이용해 인텐트 페이로드 안에 포함시킨다.

```
Intent smsIntent = new Intent(Intent.ACTION_SENDTO, Uri.parse("sms:12345678901"));
smsIntent.putExtra("sms_body", "Press sent to me");
startActivity(smsIntent);
```

인텐트를 이용한 SMS 메시지 보내기

또한 메시지에 파일 첨부도 가능하다(사실상 MMS 메시지를 생성). 파일을 첨부하려면 첨부할 리소스의 URI를 Intent.EXTRA_STREAM 엑스트라로 추가하고, 첨부된 리소스의 MIME 타입을 인텐트 타입으로 설정한다. 하지만, 네이티브 MMS 애플리케이션은 타입이 설정된 ACTION_SENDTO를 위한 브로드캐스트 리시버를 가지고 있지 않다. 따라서 다음의 소스코드처럼 ACTION_SENDTO 대신 ACTION_SEND를 사용하고, 수신측 전화번호를 address 엑스트라로 포함시켜야 한다.

```
// 첨부할 미디어의 URI를 얻어 옴
Uri attached_Uri = Uri.parse("content://media/external/images/media/1");

// 새로운 MMS 인텐트를 생성함
Intent mmsIntent = new Intent(Intent.ACTION_SEND, attached_uri);
mmsIntent.putExtra("sms_body", "Please see the attached image");
mmsIntent.putExtra("address", "01036206946");
mmsIntent.putExtra(Intent.EXTRA_STREAM, attached_Uri);
mmsIntent.setType("image/png");
startActivity(mmsIntent);
```

이미지가 첨부된 MMS 메시지 보내기

7.2.3 SMS 메시지 직접 보내기

안드로이드에서 SMS 메시징은 SmsManager가 담당한다. 아래의 코드에서 static 메서드 SmsManager.getDefault를 이용하면 SMS 매니저의 레퍼런스를 얻어올 수 있다.

```
SmsManager smsManager = SmsManager.getDefault();
```

SMS 메시지를 보내려면 SEND_SMS uses-permission이 필요하며, 아래와 같이 이 권한을 Application Manifest에 추가한다.

```
<uses-permission android:name="android.permission.SEND_SMS"/>
```

1) 텍스트 메시지 보내기

텍스트 메시지를 보내려면 SMS 매니저의 sendTextMessage를 이용한다. 수신측 전화번호와 보내려는 텍스트 메시지를 가지고 sendTextMessage를 호출하면 된다.

```
String sendTo = "12345678901"
String myMessage = "안드로이드는 실용적인 SMS 메시징을 지원함";

smsManager.sendTextMessage(sendTo, null, myMessage, null, null);
```

SMS 메시지 보내기

두 번째 매개변수는 이용할 SMS서비스 센터를 지정하는 데 쓰인다. 위의 코드에서 null을 전달하면, 사용자가 가입한 통신 사업자에 대해 기본서비스 센터를 이용하게 된다. 마지막 두 매개변수는 사용자가 보낸 메시지의 전송 상태와 상대방이 잘 수신했는지를 추적하기 위한 인텐트를 지정하는 데 쓰인다. 이 인텐트들에 반응하려면, 브로드캐스트 리시버를 만들어 등록해야 한다.

2) SMS 메시지 전송 추적 및 확인

외부로 전송되는 SMS 메시지의 전송 상태와 상대방의 수신 여부를 추적하려면, sendTextMessage 메서드에 전달한 팬딩 인텐트를 받아 처리하는 브로드캐스트 리시버를 구현하고 등록한다.

sendTextMessage의 sendIntent 매개변수에지정한 팬딩 인텐트는 메시지전송이 성공하거나 실패할 때 발생된다. 이 인텐트를 전달받는 브로드캐스트 리시버의 결과 코드는 다음 중 하나가 될 것이다.

- Activity.RESULT_OK
- SmsManager.RESULT_ERROR_GENERIC_FAILURE
- SmsManager.RESULT_ERROR_RADIO_OFF
- SmSManager.RESULT_ERROR_NULL_PDU

브로드캐스트 리시버의 결과 코드에서 Activity.RESULT_OK는 전송 성공을 나타나며, SmsManager.RESULT_ERROR_GENERIC_FAILURE은 일반적인 실

패를 나타낸다. 그리고 SmsManager.RESULT_ERROR_RADIO_OFF는 폰의 무선이 꺼져있음을 나타내며, SmSManager.RESULT_ERROR_NULL_PDU은 PDU 실패를 나타낸다.

sendTextMessage의 deliveryIntent 매개변수에 지정한 팬딩 인텐트는 수신자가 전송된 SMS 메시지를 받았을 때만 발생된다. 다음의 코드는 SMS를 보내고 이에 대한 전송 및 전달 결과를 모니터링하기 위한 전형적인 패턴을 나타낸다.

```
String SENT_SMS_ACTION = "SENT_SMS_ACTION";
String DELIVERED_SMS_ACTION = "DELIVERED_SMS_ACTION";

// sentIntent 매개변수 생성
Intent sentIntent = new Intent(SENT_SMS_ACTION);
PendingIntent sentPI = PendingIntent.getBroadcast(getApplicationContext(), 0, sentIntent,
0);

// deliveryIntent 매개변수 생성
Intent deliveryIntent = new Intent(DELIVERED_SMS_ACTION);
PendingIntent deliverPI = PendingIntent.getBroadcast(getApplicationContext(), 0,
   deliveryIntent, 0);

// 브로드캐스트 리시버 등록
registerReceiver(new BroadcastReceiver() {
   @Override
   public void onReceive(Context _context, Intent _intent) {
      switch(getResultCode()) {
            case Activity.RESULT_OK:
                  [ ... 전송 성공 ...]; break;
            case SmsManager.RESULT_ERROR_GENERICFAILURE:
                  [ ... 일반적인 실패 ... ]; break;
            case SmsManager.RESULT_ERROR_RADIO_OFF:
                  [ ... 무선 꺼짐 실패 ...]; break;
            case SmsManager.RESULT_ERROR_NULL_PDU:
                  [ ... null PDU 실패 ... ]; break;
      }
   }
},
new IntentReceiver(new BroadcastReceiver() {
   @Override
   public void onReceive(Context _context, Intent _intent) {
      [ ... SMS 수신 완료 ...]
```

```
    }
},
new IntentFilter(DELIVERED_SMS_ACTION));

// 메시지를 보냄
smsManager.sendTextMessage(sendTo, null, myMessage, sentPI, deliverPI);
```

SMS 전송을 모니터링하기 위한 패턴

3) 최대 SMS 메시지 크기 맞추기

SMS 텍스트 메시지의 길이는 보통 160문자로 제한되기 때문에 이보다는 긴 메시지는 일련의 짧은 메시지들로 분할 할 필요가 있다. 이를 위해 SMS매니저는 divideMessage라는 메서드를 가지고 있다. 이 메서드는 문자열 하나를 입력받아 허용된 최대 길이 이내의 짧은 메시지들로 분할한 뒤, 이들을 배열 리스트에 담아 리턴한다.

SMS 매니저의 sendMultipartTextMessage 메서드를 이용하면, dividMessage가 리턴하는 메시지 배열 리스트를 전송할 수 있다. 그리고 sendMultipartTextMessage 메서드의 sentIntent와 deliveryIntent 매개변수에는 각 메시지에 대해 발생될 팬딩 인텐트들을 배열 리스트에 담아 지정한다.

```
ArrayList<String> messageArray = smsManager.drivideMessage(myMessage);
ArrayList<PendingIntent> sentIntents = new ArrayList<PendingIntent>();
for (int i = 0; i < messageArray.size(); i++) sentIntents.add(sentPI);

smsManager.sendMultipartTextMessage(sendTo, null, messageArray, sendIntents, null);
```

긴 메시지를 여러 개로 나눠 보내기

4) 데이터 메시지 보내기

SMS 매니저의 sendDataMessage 메서드를 이용하면 SMS를 통해 바이너리 데이터를 보낼 수 있다. sendDataMessage 메서드는 sendTextMessage와 상당 부분 비슷하게 동작하지만, 전송할 데이터로 구성된 바이트 배열과 대상 포트를 위한 추가 매개변수를 가지고 있다.

```
Intent sentIntent = new Intent(SENT_SMS_ACTION);
PendingIntent sentPI = PendingIntent.getBroadcast(getApplicationContext(), 0, sentIntent,
0);

short destinationPort = 80;
byte[] data = [ ... 보낼 데이터 ...];
smsManager.sendDataMessage(sendTo, null, destinationPort, data, sendPI, null);
```

SMS 데이터 메시지 보내기

7.2.4 수신되는 SMS 메시지 받아 처리하기

새로운 SMS 메시지가 디바이스에 도착하면, android.provider.Telephony.SMS_RECEIVED 액션을 가진 새로운 브로드캐스트 인테트가 발생되며, 이 문자열 리터럴에 주목한다. SDK는 현재 이 문자열에 대한 레퍼런스를 가지고 있지 않기 때문에 애플리케이션에서 이 문자열을 사용할 때는 반드시 명시적으로 지정해야 한다.

애플리케이션이 SMS 인텐트 방송에 귀 기울이기 위해서는 RECEIVE_SMS 매니페스트 권한이 필요하다. Application Manifest에 <uses-permission> 태그를 추가하여 이 권한을 요청한다.

```
<uses-permission android:name="android.permission.RECEIVE_SMS"/>
```

SMS 브로드캐스트 인테트에는 수신되는 SMS의 세부 정보가 담겨있다. SMS 브로드캐스트 인텐트 번들에 패키징된 SMSMessage 객체 배열을 꺼내려면, pdus 엑스트라 키를 이용해 SMS PDU 배열을 얻어온다. 각 PDU는 하나의 SMS 메시지를 나타낸다. 각각의 PDU 바이트 배열을 SMS메시지 객체로 변환하려면, 각 바이트 배열을 가지고 SmsMessage.createFromPdu를 호출한다.

```
Bundle bundle = intent.getExtras();
if (bundle != null) {
    Object[] pdus = (Object[]) bundle.get("pdus");
    SmsMessage[] messages = new SmsMessage[pdus.length];
    for (int I=0; i<pdus.length; I++)
```

```
        messages[i] = SmsMessage.createFromP여((byte[]) pdus[i]);
}
```

수신된 SMS 브로드캐스트 인텐트에서 SMS 메시지 꺼내기

각 SmsMessage 객체에는 발신자 전화번호, 타임스탬프, 메시지 본문 등의 SMS 메시지 세부 정보가 저장된다. 다음 코드는 브로드캐스트 리시버 구현 하나를 보여주며, 이 브로드캐스트 리시버의 onReceive 핸들러는 수신된 SMS 텍스트가 @echo 문자열로 시작하는지를 확인한 후, @echo로 시작하는 경우 해당 SMS를 보낸 발신자에게 똑같은 내용의 텍스트를 전송한다.

```
pubic class IncomingSMSReceiver extends BroadcastReceiver {
    private static final String queryString ="@echo";
    private static final String SMS_RECEIVEE =
        "android.provider.Telephony.SMS_RECEIVED";

    public void onReceive(Context_context, Intent_intent)     {
        if(_intent.getAction().equals(SMS_RECEIVED)) {
            SmsManager sms = SmsNamager.getDefault();
            Bundle bundle = intent.getExtras();
            if(bundle != null) {
                Object[] pdus = (Object[]) bundle.get("pdus");
                SmsMessage[] messages = new
                    SmsMessage[pdus.length];
                for (int i = 0; i < pdus.lngth; i++)
                    message[i] = SmsMessage.createFromPdu
                    ((byte[]) pdus[i]);

                for (SmsMessage message : messages) {
                    String msg = message.getMessageBody();
                    String to = message.getOriginationgAddress();

                if (msg.toLowerCase().startsWith(queryString)) {
                    String out = msg.substring(
                        queryString.length());
                    sms.sendTextMessage(to, null, out, null, null);
                }
                }
            }
        }
```

```
    }
}
```

수신된 SMS 메시지 받아 처리하기

수신되는 메시지를 받아 처리하려면, android.provider.Relephony.SMS_RECEIVED 액션에 귀 기울이는 인텐트 필터를 이용해 브로드캐스트를 등록한다.

```
final String SMS_RECEIVED = "android.provider.Telephony.SMS_RECEIVED";
IntentFilter filter = new IntentFilter(SMS_RECEIVED);
BroadcastReceiver receiver = new IncommingSMSReceiver();
registerReceiver(receiver, filter);
```

SMS 리시버 등록하기

1) 에뮬레이터에서 수신되는 SMS메시지 시뮬레이션하기

에뮬레이터에서 수신되는 SMS 메시지를 시뮬레이션하는 방법에는 두 가지가 있다.

첫 번째는 앞 절에서 설명한 방법으로, 에뮬레이터의 포트 번호를 전화번호로 이용하면 한 에뮬레이터에서 다른 에뮬레이터로 SMS 메시지를 보낼 수 있다. 두 번째 방법은 안드로이드 디버그 도구를 이용하는 방법이다. 안드로이드 디버거 도구를 이용하면, 임의의 발신자로부터 수신된 SMS 메시지를 시뮬레이션할 수 있다.

2) SMS 데이터 메시지 처리하기

데이터 메시지는 일반적인 SMS 텍스트 메시지와 같은 방식으로 수신된다. 수신된 메시지의 내용을 꺼내는 방법도 앞 절에서 살펴본 것과 동일하다.

수신된 SMS 데이터 메시지에 실린 데이터는 아래와 같이 getUserData 메서드를 이용해 꺼낸다.

```
byte[] data = msg.getUserData();
```

getUserData 메서드는 메시지에 포함된 데이터 바이트 배열을 리턴한다.

CHAPTER

08 블루투스, 네트워크, 그리고 Wi-Fi

이번에는 블루투스, 네트워크, Wi-Fi 패키지에 대해서 안드로이드의 하위 수준 통신 API에 대해 알아본다.

안드로이드는 블루투스 장치 설정을 관리/모니터하고, 검색 가능 여부를 설정하고, 근처에 있는 블루투스 장치들을 검색하고, 애플리케이션에서 블루투스를 근접성에 기반한 P2P 전송 계층으로 이용할 수 있게 해주는 API를 제공한다.

안드로이드는 네트워크와 Wi-Fi 패키지도 제공한다. 이 API를 이용하면 핫스팟을 검색할 수 있고, Wi-Fi 구성 설정을 만들고 수정할 수 있으며, 인터넷 연결을 모니터할 수 있고, 인터넷 설정과 환경 설정을 제어할 수 있다.

8.1 블루투스 이용하기

로컬 블루투스 장치와 상호작용하는 법과 폰 주변에 있는 원격 장치들과 통신하는 법을 알아본다.

블루투스를 이용하면 범위 내에 있는 다른 장치들을 검색하고 연결할 수 있으며, 블루투스 소켓을 이용해 통신 연결을 개설하면 장치들끼리 데이터 스트림을 주고받을 수 있다.

블루투스는 좁은 범위의 저대역 P2P 통신을 위해 설계된 통신 프로토콜이다. 현재 안드로이드 2.2에서는 암호화된 통신만을 지원한다. 즉 페어링된 장치들 간에만 연결을 만들 수 있다. 안드로이드는 다음의 클래스들을 통해 블루투스 장치와 연결을 다룬다.

- BluetoothAdapter

- BluetoothDevice
- BluetoothSocket
- BluetoothServerSocket

클래스 BluetoothAdapter는 로컬 블루투스 장치, 즉 애플리케이션이 실행되고 있는 안드로이드 장치를 나타내며, 클래스 BluetoothDevice는 통신하고자하는 각각의 원격 장치는 BluetoothDevice로 표현된다. 클래스 BluetoothSocket은 원격 블루투스 장치 객체에 createRfcommSocketToServiceRecord를 호출하면 블루투스 소켓이 생성된다. 블루투스 소켓은 원격 장치에 연결 요청을 보내고, 통신을 시작할 수 있게 해준다. 클래스 BluetoothServerSocket은 로컬 블루투스 어댑터에 블루투스 서버 소켓을 만들면, 원격 장치의 블루투스 소켓으로부터 오는 연결 요청을 받아 처리할 수 있다. 블루투스 서버 소켓은 listenUsingRfcomm WithServieRecord 메서드를 이용해 생성할 수 있다.

8.1.1 로컬 블루투스 장치 어댑터 접근하기

로컬 블루투스 장치는 BluetoothAdapter 클래스를 통해 제어된다. 호스트 장치의 기본 블루투스 어댑터에 접근하려면 다음의 소스코드처럼 getDefault Adapter를 호출한다. 일부 안드로이드 장치들은 블루투스 어댑터를 여러 개 가지고 있는 경우도 있지만, 현재로서는 기본 장치에만 접근할 수 있다.

```
BluetoothAdapter bluetooth = BluetoothAdapter.getDefaultAdapter();
```

로컬 블루투스 어댑터의 속성을 읽거나, 장치를 검색하거나, 페어링된 장치들을 찾으려면 Application Manifest에 BLUETOOTH uses-permission을 포함시켜야 한다. 로컬 장치의 속성을 바꾸기 위해서는 BLUETOOTH_ADMIN uses-permission도 필요하다.

```
<uses-permission addroid:name="android.permission.BLUETOOTH"/>
<uses-permission addroid:name="android.permission.BLUETOOTH_ADMIN"/>
```

8.1.2 블루투스 속성과 상태 관리하기

블루투스 어댑터는 로컬 블루투스 하드웨어 속성을 읽고 설정하기 위한 메서드들을 제공한다.

블루투스 어댑터가 켜져있고 Application Manifest에 BLUETOOTH 권한이 포함되어 있다면, 블루투스 어댑터의 쉬운 이름과 하드웨어 주소에 접근할 수 있다. 다음의 코드처럼 isEnabled 메서드를 이용하면, 이러한 속성들을 접근하기에 앞서 장치가 활성화되어 있는지 확인할 수 있다.

```
BluetoothAdapter bluetooth = BluetoothAdapter.getDefaultAdapter();

String toastText;
if (bluetooth.isEnabled()) {
    String address = bluetooth.getAddress();
    String name = bluetooth.getName();
    toastText = name +" : "+address;
}
else
    toastText = "블루투스가 켜져 있지 않음.“;

Toast.makeText(this, toastText, Toast.LENGTH_LONG).show();
```

BLUETOOTH_ADMIN 권한을 갖고 있는 경우에는 setName을 이용해 블루투스 어댑터의 쉬운 이름을 변경할 수 있다.

```
bluetooth.setName("CBR_Bluetooth");
```

setState 메서드를 이용하면 블루투스 어댑터의 현재 상태에 대한 좀 더 자세한 설명을 얻을 수 있다. 이 메서드는 다음과 같은 BluetoothAdapter 상수들 중 하나를 리턴한다.

- STATE_TURINING_ON
- STATE_ON
- STATE_TURINING_OFF
- STATE_OFF

블루투스 어댑터는 기본적으로 꺼져 있을 것이다. 배터리 수명을 아끼고 보안 수준을 높이기 위해 대부분의 사용자들은 블루투스를 사용하지 않는 한 계속 꺼둘 것이다.

블루투스 어댑터의 static 상수 ACTION_REQUEST_ENABLE을 액션 문자열로 이용해 startActivityForResult를 호출하면, 블루투스 어댑터를 켜기 위한 시스템 하위 액티비티를 시작시킬 수 있다.

```
String enableBT = BluetoothAdapter.ACTION_REQUEST_ENABLE;
startActivityForResult(new Intent(enableBT), 0);
```

이 하위 액티비티는 사용자에게 블루투스를 켜야 함을 알리고 확인을 요청한다. 이 하위 액티비티는 사용자가 동의할 경우 블루투스가 켜질 때까지 기다렸다가 블루투스가 켜지면 종료한 뒤 호출 액티비티로 리턴한다. 만일 사용자가 "아니요"를 선택하면, 이 하위 액티비티는 즉시 종료한 뒤 호출 액티비티로 리턴한다. 작업의 성공여부는 onActivityResult 핸들러에 리턴되는 결과 코드 매개변수를 통해 확인할 수 있다.

블루투스를 켜고 끄는 작업은 다소 시간이 걸리는 비동기 작업이기 때문에 애플리케이션에서는 블루투스 어댑터를 폴링하기 보다는 ACTION_STATE_CHANGED를 받아 처리하는 브로드캐스트 리시버를 등록해야 한다. 이 브로드캐스트 인텐트는 두 가지 엑스트라를 가진다. EXTRA_STATE와 EXTRA_PREVIOUS_STATE가 바로 그것인데, 이들은 각각 블루투스 어댑터의 현재 상태와 이전 상태를 나타낸다.

코드는 인텐트를 이용해 사용자에게 블루투스 기능이 필요함을 알리는 법과 브로드캐스트 리시버를 이용해 블루투스 어댑터에 생기는 상태 변화를 추적하는 법을 보여준다.

```
BluetoothAdapter bluetooth = BluetoothAdapter.getDefaultAdapter();

BroadcastReceiver bluetoothState = new BroadcastReceiver() {
    @Override
    public void onReceive(Context context, Intent intent) {
        String prevStateExtra = BluetoothAdapter.EXTRA_PREVIOUS_STATE;
        String stateExtra = BluetoothAdapter.EXTRA_STATE;
```

```
            int state = intent.getIntExtra(stateExtra, ?1);
            int previousState = intent.getIntExtra(prevStateExtra, ?1);
            String tt = "";
            switch (state) {
                case (BluetoothAdapter.STATE_TURNING_ON): {
                    tt = "Bluetooth turning on"; break;
                }
                case (BluetoothAdapter.STATE_ON): {
                    tt = "Bluetooth on"; unregisterReceiver(this); break;
                }
                case (BluetoothAdapter.STATE_TURNING_OFF): {
                    tt = "Bluetooth turning off"; break;
                }
                case (BluetoothAdapter.STATE_OFF): {
                    tt = "Bluetooth off"; break;
                }
                default: break;
            }

            Toast.makeText(this, tt, Toast.LENGTH_LONG).show();
        }
    };

    if(!bluetooth.isEnabled()) {
        String actionStateChanged = BluetoothAdapter.ACTION_STATE_CHANGED;
        String actionREquestEnable = BluetoothAdapter.ACTION_REQUEST_ENABLE;
        registerReceiver(bluetoothState, new IntenntFilter(actionStateChanged));
        startActivityForResult(new Intent(actionRequestEnable), 0);
    }
```

블루투스 켜기 및 블루투스 어댑터 상태 추적하기

8.1.3 검색 가능하게 만들기와 원격 장치 검색하기

두 장치가 연결을 위해 서로를 찾는 과정을 검색이라 한다. 통신을 위한 블루투스 소켓을 개설할 수 있으려면 로컬 블루투스 어댑터가 원격 장치와 반드시 페어링되어 있어야 한다. 두 장치가 페어링되고 연결될 수 있으려면 먼저 서로 검색하는 작업이 선행되어야 한다.

1) 장치의 검색 가능 여부 관리하기

원격 안드로이드 장치가 주변에 있는 장치들을 검색하는 과정에서 사용자의 장치들을 찾을 수 있으려면, 사용자의 로컬 블루투스 어댑터를 검색 가능하게 설정해 둬야 한다. 블루투스 어댑터의 검색 가능 여부는 스캔 모드로 표현된다. 블루투스 어댑터의 스캔 모드는 BluetoothAdapter 객체에 getScanMode를 호출하면 알 수 있다. getScanMode는 다음의 BluetoothAdapter 상수들 중 하나를 리턴한다.

- SCAN_MODE_CONNECTABLE_DISCOVERABLE
- SCAN_MODE_CONNECTABLE
- SCAN_MODE_NONE

BluetoothAdapter 상수 중에서 SCAN_MODE_CONNECTABLE_DISCOVERABLE은 인쿼리 스캔과 페이지 스캔 모두 활성화되어 있는 상태다. 즉, 장치 검색을 수행하고 있는 다른 블루투스 장치들에 의해 검색될 수 있는 상태를 뜻한다. SCAN_MODE_CONNECTABLE은 페이지 스캔만 활성화되어 있고, 인쿼리 스캔은 비활성화되어 있는 상태다. 즉, 이전에 로컬 장치와 연결 또는 페어링된 적이 있는 장치들은 검색이 가능하지만, 새로운 장치들은 검색할 수 없는 상태를 뜻한다. 마지막으로 SCAN_MODE_NONE은 검색될 수 없는 상태이다. 로컬 블루투스 어댑터는 원격 장치에 의해 검색되지 않는다.

개인정보 보호를 위해 안드로이드 장치는 기본적으로 검색 가능하지 않도록 설정되어 있을 것이다. 장치를 검색 가능하도록 설정하려면 사용자로부터 명시적인 허가를 얻어야 한다. 사용자의 동의를 구하려면 ACTION_REQUEST_DISCOVERABLE 액션으로 새로운 액티비티를 시작시킨다.

```
String aDiscoverable = BluetoothAdapter.ACTION_REQUEST_DISCOVERABLE;
startActivityForResult(new Intent(aDiscoverable), DISCOVERY_REQUEST);
```

장치를 검색 가능하도록 설정하면 기본적으로 2분간 검색이 가능해진다. 이 시간을 바꾸려면 시작 인텐트에 EXTRA_DISCOVERABLE_DURATION 엑스트라를 추가하고 원하는 시간을 지정하면 된다.

이 인텐트가 발생되면 지정된 시간 동안 장치를 검색 가능하도록 설정해야 함을 알리는 다이얼로그가 표시된다.

사용자가 해당 요청을 수락했는지 거절했는지 알고 싶다면 코드에서 나타나는 것처럼 onActivityResult 핸들러를 재정의한다. 사용자가 요청을 수락한 경우에는 resultCode 매개변수에 검색 지속 시간이 리턴되며, 거절한 경우에는 음수가 리턴된다.

```
@Override
protected vpod onActivityResult(int requestCide, int resultCode, Intent data) {
    if(requestCode == DISCOVERY_REQUEST) {
        boolean isDiscoverable = resultCode > 0;
        int discoverableDuration = resultCode;
    }
}
```

검색 가능 여부 모니터링하기

아니면 코드에서 나타나는 것처럼 ACTION_SCAN_MODE_CHANGED 브로드캐스트 액션을 수신해 검색 가능 여부에 생기는 변화를 모니터할 수도 있다. 이 브로드캐스트 인텐트에는 현재 스캔 모드와 이전 스캔 모드가 엑스트라로 포함된다.

```
registerReceiver(new BroadcastReceiver() {
    @Override
    public void onReceive(Context context, Intent intent) {
        String preScanMode = BluetoothAdapter.EXTRA_PREVIOUS_SCAN_MODE;
        String scanMode = BluetoothAdapter.EXTRA_SCAN_MODE;
        int scanMode = intent.getIntExtra(scanMode, -1);
        int preScanMode = intent.getIntExtra(preScanMode, -1);
    }
},
new IntentFilter(BluetoothAdapter.ACTION_SCAN_MODE_CHANGED));
```

검색 모드 모니터하기

2) 원격 장치 검색하기

이번에는 로컬 블루투스 어댑터에서 근처에 있는 장치들을 검색하는 방법에 대해서 알아본다. 로컬 블루투스 어댑터가 현재 장치 검색을 수행하고 있는지 아닌지 isDiscovering 메서드로 확인할 수 있다. 장치 검색을 시작하려면 블루투스 어댑터에 startDiscovery를 호출한다. 진행 중인 장치 검색을 취소하려면 cancel Discovery를 호출한다.

```
bluetooth.startDiscovery();
bluetooth.cancelDiscovery();
```

장치 검색은 비동기적인 작업이다. 안드로이드는 브로드캐스트 인텐트를 이용해 장치 검색의 시작과 종료 그리고 발견된 원격 장치들을 알려준다. 코드에서 ACTION_DISCOVERY_STARTED와 ACTION_DISCOVERY_FINISHED 브로드캐스트 인텐트에 귀 기울이는 브로드캐스트 리시버를 만들면 장치 검색 과정에 생기는 변화를 모니터할 수 있다.

```
BroadcastReceiver discoveryMonitor = new BroadcastReceiver() {
    String dStarted = BluetoothAdapter.ACTION_DISCOVERY_STARTED;
    String dFinished = BluetoothAdapter.ACTION_DISCOVERY_FINISHED;

    @Override
    public void onReceive(Context context, Intent intent) {
        if(dStarted.equals(intent.getAction())) {
            // 장치 검색 시작
            Toast.makeText(getpplicationContext(),
            "장치 검색 시작...“, Toast.LENGTH_SHORT).show();
        }
        else if (dFinished.equals(intent.getAction()))  {
            // 장치 검색 완료
            Toast.makeText(getpplicationContext(),
            "장치 검색 완료...“, Toast.LENGTH_SHORT).show();
        }
    }
};
registerReceiver(discoverMonitor, new IntentFilter(dStarted);
registerReceiver(discoverMonitor, new IntentFilter(dFinished);
```

장치 검색 모니터하기

검색된 블루투스 장치들은 ACTION_FOUND 브로드캐스트 인텐트를 통해 리턴한다. 다음의 코드에서처럼, 각 ACTION_FOUND 브로드캐스트 인텐트는 Blue toothDevice.EXTRA_NAME 엑스트라에 원격 블루투스 장치의 이름을, Bluetooth Device.EXTRA_DEVICE 엑스트라에 원격 블루투스 장치를 나타내는 Parcelable 객체인 BluetoothDevice를 포함하고 있다. 이 BluetoothDevice 객체는 변경될 수 없다.

```
BroadcastReceiver discoveryResult = new BroadcastReceiver() {
    @Override
    public void onReceive(Context context, Intent intent) {
        String remoteDeviceName =
              init.getStringExtra(BluetoothDevice.EXTRA_NAME);
        BluetoothDevice remoteDevice;
        remoteDevice = intent.
              getParcelableExtra(BluetoothDevice.EXTRA_DEVICE);

        Toast.makeTest(getApplicationContext(),
              "검색된 장치: "+remoteDeviceName,Toast.LENGTH_SHORT).show();
        // TODO: 원격 블루투스 장치를 가지고 원하는 작업 수행
    }
};
registerReceiver(discoveryResult, new IntentFilter(BluetoothDevice.ACTION_FOUND));
if(!bluetooth.isDiscovering()) blutooth.startDiscovery();
```

원격 블루투스 장치 검색하기

검색 브로드캐스트 인텐트를 통해 리턴되는 BluetoothDevice 객체는 검색된 원격 블루투스 객체를 나타내며, 다음에서는 이 BluetoothDevice 객체를 이용한 로컬 블루투스 어댑터와 원격 블루투스 장치 간에 연결을 만들고 데이터를 전송할 것이다.

8.1.4 블루투스 통신

블루투스 통신 API는 블루투스 무선 주파수 통신 프로토콜인 RFCOMM에 대한 래퍼(Wrapper)이다. RFCOMM은 L2CAP(Logical Link Control and Adaptation Protocol) 계층을 통한 RS232 시리얼 통신을 지원한다. 간략하게 언급하면, 블루투스 통신 API는 페어링된 두 블루투스 장치 간에 통신 소켓을 열기 위한 메커니즘을 제공한다.

애플리케이션이 블루투스로 통신할 수 있으려면 먼저 장치들이 반드시 페어링되어 있어야 한다. 현재 안드로이드 API 레벨 8에서 로컬 블루투스 어댑터와 원격 블루투스 장치간에 직접 페어링을 요청하기 위한 API는 존재하지 않는다.

두 장치간의 페어링은 사용자가 맺어야 한다. 페어링은 블루투스 설정 화면이나 애플리케이션이 페어링되지 않은 두 장치 간에 블루투스 소켓 연결을 시도할 경우 표시되는 화면을 통해 맺을 수 있다.

다음 클래스들을 이용하면 양방향 RFCOMM 통신 채널을 개설할 수 있다.

- BluetoothServerSocket
  장치들의 연결 요청을 기다리기 위한 리스닝 소켓을 만드는데 쓰인다. 핸드쉐이크(Handshake)가 이뤄지기 위해서는 한 장치가 서버처럼 움직여 들어오는 연결 요청을 받아 처리해야 한다.
- BluetoothSocket
  리스닝 블루투스 서버 소켓에 연결하기 위한 새로운 클라이언트 소켓을 만드는데 쓰인다. 연결이 이뤄졌을 때 블루투스 서버 소켓을 통해서도 리턴된다. 연결이 이뤄지고 나면, 서버와 클라이언트는 이 블루투스 소켓을 이용해 데이터 스트림을 주고받는다.

블루투스를 피어-투-피어 전송 계층으로 이용하는 애플리케이션을 만들 때는 연결 요청을 받아 처리하기 위한 블루투스 서버 소켓과, 새로운 채널을 시작하고 통신을 처리하기 위한 블루투스 소켓을 모두 구현해야 한다.

연결이 이뤄지고 나면 서버 소켓은 블루투스 소켓 하나를 리턴한다. 서버 장치는 이 소켓을 이용해 데이터를 주고받는다. 이 서버 측 블루투스 소켓을 이용하는 방법은 클라이언트 소켓과 똑같다. 서버와 클라이언트라는 이름은 연결이 이뤄지는 방식에만 관계되어 있을 뿐 연결이 맺어지고 난 뒤 데이터가 흐르는 방식에는 영향을 미치지 않는다.

1) 블루투스 서버 소켓 리스너 열기

블루투스 서버 소켓은 원격 블루투스 장치로부터 들어오는 블루투스 소켓 연결 요청을 기다리는 데 쓰인다. 두 블루투스 장치가 서로 연결되기 위해서는 반드시 한쪽은 서버로 동작해야 하고, 다른 한쪽은 클라이언트로 동작해야 한다.

두 장치가 서로 연결되고 나면 서버와 호스트 장치 간의 통신은 양 끝에 있는 블루투스 소켓을 통해 처리된다.

들어오는 연결 요청에 귀 기울이려면 블루투스 어댑터에 listenUsingRfcommWithServiceRecord 메서드를 호출한다. 매개변수에는 서버를 식별하기 위한 문자열 "이름"과 UUID(Universally Unique Identifier)를 전달한다. 이 메서드는 BluetoothServerSocket 객체 하나를 리턴한다. 이 리스너에 연결하는 클라이언트 블루투스 소켓은 연결을 위해 UUID를 알고 있어야 한다.

이 서버 소켓은 accept를 호출하면 연결 요청에 귀 기울이기 시작한다. accept에는 옵션으로 제한 시간을 전달할 수 있다. 이제 이 서버 소켓은 원격 블루투스 소켓 클라이언트가 일치하는 UUID를 가지고 연결을 시도해올 때까지 블록될 것이다. 아직 로컬 어댑터와 페어링되지 않은 원격 장치로부터 연결 요청이 들어온 경우에는, accept 호출이 리턴되기 전에 사용자에게 페어링 요청을 수락해야 한다는 문구가 표시되며, 이러한 문구는 알림을 통해 표시된다.

들어온 연결 요청이 성공할 경우, accept는 클라이언트 장치와 연결된 블루투스 소켓을 리턴한다. 이 소켓을 이용하면 데이터를 전송할 수 있다.

사용자의 블루투스 어댑터가 원격 블루투스 장치와 연결되기 위해서는 상대 블루투스 장치를 위해 반드시 검색 가능한 상태이어야 한다. 코드는 ACTION_REQUEST_DISCOVERABLE 브로드캐스트 인텐트를 이용해 장치를 검색 가능한 상태로 만든 뒤, 리턴된 검색 지속 시간동안 들어오는 연결 요청을 기다리는 전형적인 코드를 보인다.

```
startActivityForResult(new Intent(BluetoothAdapter.ACTION_REQUEST_DISCOVERABLE),
   DISCOVERY_REQUEST);
@Override
protected void onActivityResult(int requestCode, int resultCode, Intent data) {
   if(requestCode == DISCOVERY_REQUEST) {
      boolean isDiscoverable = resultCode > 0;
      int discoverableDuration = resultCode;
      if (isDiscoverable) {
         UUID uuid = UUID.fromString("###-####-####-####-#######");
         String name = "bluetoothserver";

         final BluetoothServerSocket btserver =
         bluetooth.listenUsingRfcommWithServiceRecord(name, uuid);
```

```
                Thread acceptThread = new Thread(new Runnable() {
                    public void run() {
                        try {
                        // 클라이언트 연결이 이뤄질 때까지 블록됨
                        BluetoothSocket serverSocket =
                        btserver.accept(discoverableDuration);
                        // TODO: serversocket을 이용해 데이터를 주고받음
                        } catch (IOException e) {
                            Log.d("BLUTOOTH", e.getMessage());
                        }
                    }
                });
                acceptThread.start();
            }
        }
    }
```

블루투스 소켓 연결 요청 기다리기

2) 통신할 원격 블루투스 장치 선택하기

클라이언트 장치에서 BluetoothSocket 클래스는 애플리케이션으로부터 리스닝 블루투스 서버 소켓으로 이어지는 통신 채널을 만드는데 쓰인다.

클라이언트측 블루투스 소켓을 생성하기 위해서는 BluetoothDevice 객체에 create RfcommSocketToServiceRecord를 호출한다. 이렇게 생성된 블루투스 소켓 객체는 대상 원격 서버 장치를 나타낸다. 이 대상 원격 서버 장치는 앞에서 설명한 것처럼 연결 요청을 기다리는 블루투스 서버 소켓을 가지고 있어야 한다.

원격 블루투스 장치의 레퍼런스를 얻어오는 방법에는 여러 가지가 있다. 장치가 통신 연결을 맺을 수 있으려면 다음의 몇 가지 조항들을 만족해야 한다.

가) 블루투스 장치 연결 요구사항

블루투스 소켓이 원격 블루투스 장치에 연결될 수 있으려면 다음의 조건들을 반드시 만족해야 한다.

- 원격 장치는 반드시 검색 가능하게 설정되어 있어야 한다.
- 원격 장치는 반드시 블루투스 서버 소켓을 이용해 연결을 받아들여야 한다.
- 로컬 장치와 원격 장치는 반드시 페어링되어 있어야 한다. 장치가 페어링되어 있지 않은 경우에는 연결 요청시 사용자에게 페어링이 필요하다는 메시지가 표시된다.

나) 연결할 블루투스 장치 찾기

각 BluetoothDevice 객체는 원격 장치 하나를 나타낸다. BluetoothDevice 객체는 원격 장치의 속성을 얻어오거나 블루투스 소켓 연결을 생성하는 데 사용된다. 코드로 BluetoothDevice 객체를 얻어오는 방법에는 여러 가지가 있다.

사용자는 각각의 경우에 대해 연결하려는 장치가 검색 가능한지 확인해야 하며, 해당 장치와 페어링되어 있는지의 여부를 판단해야 한다. 원격 장치를 검색할 수 없을 때는 사용자에게 해당 장치를 검색 가능하게 설정해야 한다고 알려야 한다.

앞에서 배운 startDiscovery 메서드를 호출하고 ACTION_FOUND 브로드캐스트 인텐트를 모니터함으로써, 검색 가능하게 설정된 블루투스 장치들을 찾는 것이었다. 검색된 블루투스 장치를 나타내는 BluetoothDevice 객체는 수신된 각 브로드캐스트 인텐트의 BluetoothDevice.EXTRA_DEVICE 엑스트라에 포함되어 있다.

이 외에도 로컬 블루투스 어댑터에 getRemoteDevice 메서드를 호출하는 방법이 있다. 이 메서드에는 접속하고자 하는 원격 블루투스 장치의 하드웨어 주소를 지정한다.

```
Bluetooth device = vluetooth.getRemoteDevice("12:34:56:78:90:12");
```

현재 페어링되어 있는 장치들을 알고 싶다면 로컬 블루투스 어댑터에 get BindedDevices를 호출한다. 리턴된 셋에 질의하면 대상 블루투스 장치가 로컬 어댑터와 페어링되어 있는지를 알아낼 수 있다.

```
set<BluetoothDevice> bondedDevices = bluetooth.getBondedDevices();
if (bondedDevices.contains(remoteDevice))
```

다음의 코드는 주어진 블루투스 장치의 검색 가능 여부와 페어링 여부를 확인하는 전형적인 코드 패턴을 보여준다.

```
final BluetoothDevice device = bluetooth.getRemoteDevice("12:34:56:78:90:12");
final set<BluetoothDevice> bondedDevices = bluetooth.getBondedDevices();

BroadcastReceiver discoveryResult = new BroadcastReceiver() {
    @Override
    public void onReceive(Context context, Intent intent) {
        BluetoothDevice remoteDevice =
            intent.getParcelableExtra(BluetoothDevice.EXTRA_DEVICE);

        if((remoteDevice.equals(device) &&
            (bondedDevices.contains(remoteDevice)) {
            // TODO: 대상장치는 페어링되어 있고 검색 가능
        }
    };
    registerReceiver(discoveryResult, new
        IntentFilter(BluetoothDevice.ACTION_FOUND));
    if (!bluetooth.isDiscovering()) bluetooth.startDiscovery();
```

원격장치의 검색 가능 여부와 페어링 여부를 확인

3) 클라이언트 블루투스 소켓 연결 열기

원격 장치로 이어지는 통신 채널을 개설하기 위해서는 해당 원격 장치를 나타내는 BluetoothDevice 객체를 이용해 블루투스 소켓을 생성한다.

새로운 연결을 맺으려면 연결하려는 블루투스 장치에 createRfcommSocketToServiceRecord를 호출한다. 이때, 매개변수에는 연결 요청을 받아들이는 블루투스 서버 소켓의 UUID를 전달한다.

아직 호스트 장치와 페어링되어 있지 않은 블루투스 장치에 연결을 시도하면, connect 호출이 완료되기에 앞서, 페어링이 필요하다는 문구가 알림으로 표시될 것이다.

연결이 이뤄지기 위해서는 반드시 호스트 장치와 원격 장치 모두에게 페어링 요청을 수락해야 한다. 이렇게 리턴된 블루투스 소켓은 연결을 요청하는 데 쓰일 수 있다. 연결을 요청하면 connect를 호출한다.

```
try {
    BluetoothDevice device = bluetooth.getRemoteDevice("12:34:56:78:90:12");
    BluetoothSocket clientSocket = device.createRfcommSocketToServiceRecord(uuid);
    clientSocket.connect();
    // ToDO: 이 블루투스 소켓을 가지고 데이터를 주고 받음
} catch (IOException e) {
    Log.d("BLUETOOTH", e.getMessage());
}
```

원격 블루투스 서버에 접속하기

4) 블루투스 소켓으로 데이터 주고받기

연결이 이뤄지고 나면 클라이언트 장치와 서버 장치는 모두 블루투스 소켓을 가지게 된다. 이 시점에서는 이 두 장비 사이에는 어떠한 차이점도 없다. 양쪽 장치 모두에게 이 블루투스 소켓을 이용해 데이터를 주고받을 수 있다. 블루투스 소켓 간의 데이터 전송은 표준 자바 InputStream과 OutPutStream 객체를 통해 처리된다. 이 두 객체는 각각 getInputStream과 getOutputStream 메서드로 얻어올 수 있다. 다음의 코드는 OutputStream을 이용해 원격 장치로 문자열을 보내는 데 쓰이고, InputStream을 이용해 전송되어오는 문자열을 받아 처리한다. 데이터 스트림은 이러한 방법으로 주고받으면 된다.

```
private void sendMessage(String message) {
    OutputStream outStream;
    try {
        outStream = sock.getOutputStream();
        byte[] byteArray = (message + " ").getBytes();
        byteArray[byteArray.length - 1] = 0;
        outStream.write(byteArray);
    } carch (IOException e) { }
}

private String listenForMesage() {
    String result = "";
    int bufferSize = 1024;
    byte[] buffer = new byte[bufferSize];

    try {
```

```
        InputStream instream = socket.getInoutStream();
        int bytesRead = -1;
        while (true) {
            byteRead = instream.read(buffer);
            if (byteRead != -1) {
                while ((byteRead == bufferSize) &&
                (buffer[bufferSize - 1] != 0 )) {
            message = message + new String(buffer, 0, byteRead);
            byteRead = instream.read(buffer);
                }
            message = message + new String(buffer, 0, byteRead - 1);
            return result;
            }
        }
    } catch (IOException e) { }
    return result;
}
```

블루투스 소켓으로 문자열 주고받기

8.2 네트워크 연결 관리하기

인터넷 서비스의 놀라운 성장과 스마트 모바일 장치의 보급률로 인해 이제 대부분의 휴대폰에는 모바일 인터넷에 접속할 수 있는 기능이 있다.

애플리케이션이 현재 장치에서 사용되고 네트워크 기수(Wi-Fi, GPRS, 3G, 4G)의 속도, 신뢰성, 인터넷 연결 비용 등을 잘 파악해 네트워크 연결을 관리하면 효율적이면서도 좋은 반응성을 가지고 실행될 수 있다.

안드로이드는 인텐트를 통해 인터넷 연결에 생기는 변화를 알려주며, 네트워크 설정과 연결을 제어할 수 있는 API를 제공한다. 사용자가 자신의 네트워크 연결 설정을 지정할 수 있다는 점 또한 중요하다.

안드로이드 네트워킹은 주로 ConnectivityManager를 통해 처리된다. ConnectivityManager는 연결 상태를 모니터하고, 선호하는 네트워크 연결을 설정하고, 연결 장애 조치를 관리할 수 있게 해주는 서비스이다.

WifiManager를 이용해 장치의 Wi-Fi 연결을 모니터하고 제어하는 방법을 알아본다. Wi-Fi 매니저는 새로운 Wi-Fi 구성을 만들고, 기존 Wi-Fi 네트워크 설정을 모니터하고 수정하며, 활성화된 연결을 관리하고, 액세스 지점을 검색할 수 있게 해준다.

8.2.1 연결 매니저 소개

ConnectivityManager는 네트워크 연결 서비스를 나타낸다. 연결 매니저는 네트워크의 연결 상태를 모니터하고, 장애 조치 설정을 구성하고, 네트워크 무선 장치를 제어하는 데 쓰인다. 연결 매니저에 접근하려면 Context.CONNECTIVITY_SERVICE를 서비스 이름으로 이용해 getSystemService를 호출한다.

```
String service = Context.CONNECTIVITY_SERICE;
ConnectivityManager connectivity = (ConnectivityManager)getSystemService(service);
```

연결 매니저에 접근하기

애플리케이션에서 연결 매니저를 이용하려면 네트워크 상태를 읽고 쓰기 위한 권한이 필요하다. 다음의 코드처럼 각각의 권한을 Application Manifest에 추가한다.

```
<uses-permission addroid:name="android.permission.ACCESS_NETWORK_STATE"/>
<uses-permission addroid:name="android.permission.CHANGE_NETWORK_STATE"/>
```

8.2.2 "백그라운드 데이터" 환경설정 값 읽기

연결 매니저를 통해 얻을 수 있는 중요한 정보 중 하나는 사용자가 설정해 둔 "백그라운드 데이터" 환경설정 값이다. 사용자는 설정 ⇨ 계정 및 동기화 ⇨ 백그라운드 데이터를 통해 백그라운드 데이터 전송 기능을 켜고 끌 수 있다.

이 설정 값은 애플리케이션 수준의 강제성을 갖는다. 이것은 사용자가 설정해 둔 백그라운드 데이터 전송 허용 여부를 파악해 이를 준수할 책임이 바로 사용자에게 있음을 의미한다. 백그라운드 데이터 설정값을 읽어오려면 연결 매니저 객체에 getBackgroundDataSetting 메서드를 호출한다.

```
boolean backgroundEnabled = connectivity.getBackgroundDataSetting();
```

만일 백그라운드 데이터 설정이 꺼져 있다면, 애플리케이션은 자신이 활성화되어 포그라운드에 있을 때에 한해서만 데이터를 전송해야 한다. 사용자가 이 기능을 껴둔다는 것은 애플리케이션이 화면밖에 있거나 포그라운드에 있지 않을 경우 데이터를 전송하지 말라고 것을 의미한다.

애플리케이션이 제대로 동작하기 위해서는 백그라운드 데이터 전송이 필요할 수도 있다. 이럴 때는 이러한 요구사항을 사용자에게 알리고, 사용자가 관련 설정을 바꿀 수 있도록 설정 페이지를 제공하는 것이 매우 실질적이다.

사용자가 백그라운드 데이터 설정 값을 바꾸면, 시스템은 ConnectivityManager.ACTION_BACKGROUND_DATA_SETTING_CHANGED 액션을 가진 브로드캐스트 인텐트를 방송한다. 백그라운드 데이터 설정에 생기는 변화를 모니터하려면, 코드와 같이 이 브로드캐스트 인텐트를 받아 처리하는 새로운 브로드캐스트 리시버를 만들어 등록한다.

```
registerReceiver(
    new BroadcastReceiver() {
        @Override
        public void onReceiver(Context context, intent intent)      {
            // 백그라운드 데이터 설정이 바뀌었을 때 필요한 작업을 수행
        }, new IntentFilter(ConnectivityManager.
        ACTION_BACKGROUND_DATA_SETTING_CHANGED));
```

백그라운드 데이터 설정 모니터하기

8.2.3 네트워크 세부 정보 모니터하기

연결 매니저는 이용 가능한 네트워크 연결들의 상위 수준 뷰를 제공한다. 소스코드에 나타난 것처럼 getActivityNetworkInfo나 getNetworkInfo 메서드를 호출하면, 현재 활성화되어 있는 네트워크나 지정된 종류의 비활성화된 네트워크에 대한 세부 정보가 담긴 NetworkInfo 객체가 리턴된다. 리턴된 NetworkInfo를

통해 해당 네트워크의 연결상태, 네트워크 종류, 세부 상태 정보를 알아낼 수 있다.

```
// 현재 활성화되어 있는 네트워크의 정보를 얻어온다.
NetworkInfo activeNetwork = connectivity.getActiveNetworkInfo();
int networkType = networkInfo.getType();
switch(networkType) {
    case (ConnectivityManager.TYPE_MOBILE): break;
    case (ConnectivityManager.TYPE_WIFI): break;
    default: break;
}

// 모바일 네트워크의 정보를 얻어온다.
int network = ConnectivityManager.TYPE_MOBILE;
NetworkInfo mobileNetwork = connectivity.getNetworkInfo(network);
NetworkInfo.State state = mobileNetwork.getState();
NetworkInfo.DetailedState detailedState = mobileNetwork.getDetailedState();
```

네트워크 정보 얻어오기

8.2.4 네트워크 환경설정 구성하기와 무선 장치 제어하기

연결 매니저는 네트워크 하드웨어를 제어하고 장애 조치 환경 설정을 구성하는 데도 쓰인다. 안드로이드는 인증된 애플리케이션이 인터넷 연결을 요청할 때마다 기본 설정 네트워크로 접속을 시도한다. 다음의 코드처럼 getNetwork Preference 메서드를 이용하면 현재 네트워크를 알아낼 수 있고, setNetwork Preference 메서드를 이용하면 기본 설정 네트워크를 지정할 수 있다.

```
int networkPreference = connectivity.getNetworkPreference();
connectivity.setNetworkPreference(NetworkPreference.PREFER_WIFI);
```

기본 설정 연결을 이용할 수 없거나 해당 네트워크 상의 연결을 잃어버린 경우, 안드로이드는 자동으로 보조 네트워크로의 연결을 시도할 것이다.

setRadio 메서드를 이용하면 네트워크 종류별로 이용 가능 여부를 제어할 수 있다. 이 메서드는 특정 네트워크(Wi-Fi, 모바일 등)와 관련된 무선 장치의 상태를 설정할 수 있게 해준다. 다음의 코드는 Wi-Fi 무선 장치를 끄고 모바일 무선 장치를 켠다.

```
connectivity.setRadio(NetworkType.WIFI, false);
connectivity.setRadio(NetworkType.MOBILE, true);
```

8.2.5 네트워크 연결 모니터하기

연결 매니저의 가장 유용한 기능 중 하나는 네트워크 연결에 생기는 변화를 애플리케이션에 통지해주는 것이다. 네트워크 연결을 모니터하려면 ConnectivityManager.CONNECTIVITY_ACTION 브로드캐스트 인텐트를 받아 처리하는 브로드캐스트 리시버를 만든다. 이 인텐트에는 연결상태 변화에 관한 추가적인 세부 정보를 제공하는 여러 엑스트라들이 포함되어 있다. 각 엑스트라는 ConnectivityManager 클래스에 정의된 static 상수를 이용해 접근할 수 있다.

- EXTRA_IS_FAILOVER
- EXTRA_NO_CONNECTIVITY
- EXTRA_REASON
- EXTRA_NETWORK_INFO
- EXTRA_OTHER_NETWORK_INFO
- EXTRA_EXTRA_INFO

ConnectivityManager 클래스에 정의된 static 상수 중에 EXTRA_IS_FAILOVER은 현재 연결이 기본 설정 네트워크의 자애 조치로 인한 결과일 경우 true를 리턴하는 불리언이며, EXTRA_NO_CONNECTIVITY은 장치가 아무 네트워크에도 연결되어 있지 않은 경우 true를 리턴하는 불리언이며, EXTRA_REASON은 이 브로드캐스트 인텐트가 연결 실패를 나타내는 경우 연결 실패 이유를 설명하는 문자열이다. EXTRA_NETWORK_INFO은 이 브로드캐스트 인텐트와 연관된 네트워크에 관한 좀 더 자세한 정보를 담은 NetworkInfo 객체를 리턴하며, EXTRA_OTHER_NETWORK_INFO의 이 값은 네트워크 연결이 끊어진 이후 장애 조치의 일환으로 연결할 수 있는 네트워크에 관한 세부 정보로 채워진 NetworkInfo 객체를 리턴한다. 마지막으로 EXTRA_EXTRA_INFO는 네트워크

별 추가 연결 세부 정보를 담고 있다.

8.3 Wi-Fi 관리하기

WifiManager는 안드로이드의 Wi-Fi 연결 서비스를 나타낸다. Wi-Fi 매니저는 Wi-Fi 네트워크 연결을 구성하고, 현재 Wi-Fi 연결을 관리하고, 액세스 지점을 검색하고, Wi-Fi 연결에 생기는 변화를 모니터하는 데 쓰인다.

Wi-Fi 매니저는 연결 매니저와 마찬가지로 getSystemService 메서드를 통해 접근한다. 코드에서 나타나는 것처럼 Context.WIFI_SERVICE 상수를 가지고 getSystemService 메서드를 호출한다.

```
String service = Cintext.WIFI_SERVICE;
WifiManager wifi = (WifiManager)getSystemService(service);
```

WI-FI 매니저에 접근하기

애플리케이션에서 Wi-Fi 매니저를 이용하려면, Wi-Fi 상태를 읽고 쓰기 위한 users-permission을 Application manifest에 반드시 포함시켜야 한다.

```
<uses-permission android:name="android.permission,ACCESS_WIFI_STATE"/>
<uses-permission android:name="android.permission,CHANGE_WIFI_STATE"/>
```

코드에서 처럼 Wi-Fi 매니저의 setWifiEnabled 메서드를 이용하면 Wi-Fi 하드웨어를 켜고 끌 수 있으며, getWifiState나 isWifiEnabled 메서드를 이용하면 현재 Wi-Fi 상태를 요청할 수 있다.

```
if(!wifi.isWifiEnabled())
    if(wifi.getWifiState() != WIfiManager.WIFI_STATE_ENABLING)
        wifi.setWifiEnabled(trie);
```

Wi-FI 상태 모니터하고 바꾸기

다음에서는 현재 Wi-Fi 연결 상태를 추적하고 신호 강도 변화를 모니터하는 방법과 특정 액세스 지점을 검색하고 연결하는 방법에 대해 배운다. 대부분의 애플리케이션 개발자들에게는 이 정도 기능만으로도 충분하지만, WifiManager는 이외에도 Wi-Fi 네트워크 구성에 대한 하위 수준 접근을 제공하며, 이 기능을 이용하면 각각의 Wi-Fi 구성설정을 완벽히 제어할 수 있다.

8.3.1 Wi-Fi 연결 모니터하기

Wi-Fi 매니저는 Wi-Fi 네트워크의 연결 상태가 바뀔 때마다 WifiManager 클래스에 정의된 액션을 이용해 인텐트를 방송한다.

- WIFI_STATE_CHANGED_ACTION
  Wi-Fi 하드웨어의 상태가 켜는 중, 켜짐, 끄는 중, 꺼짐, 알 수 없음 중 하나로 바뀌었음을 나타낸다. 이 액션은 EXTRA_WIFI_STATE와 EXTRA_PREVIOUS_STATE 엑스트라를 가지며, 각각 Wi-Fi의 새로운 상태와 이전 상태를 제공한다.
- SUPPLICANT_CONNECTION_CHANGED_ACTION
  이 인텐트는 활성 신청자(액세스 지점)와의 연결 상태가 바뀔 때마다 방송된다. 새로 연결되거나 기존 연결이 끊어진 경우 발생되며, 전자의 경우 EXTRA_NEW_STATE 불리언 엑스트라가 true를 리턴한다.
- NETWORK_STATE_CHANGED_ACTION
  Wi-Fi 연결 상태가 바뀔 때마다 발생된다. 이 인텐트는 두 개의 엑스트라를 가진다. 첫 번째 엑스트라는 EXTRA_NETWORK_INFO로서 현재 네트워크 상태를 자세히 나타내는 NetworkInfo 객체를 가지며, 두 번째 엑스트라는 EXTRA_BSSID로서 현재 연결된 액세스 지점의 BSSID를 가진다.
- RSSI_CHANGED_ACTION
  RSSI_CHANGED_ACTION 인텐트를 받아 처리하면 연결된 Wi-Fi 네트워크의 현재 신호 강도를 모니터할 수 있다. 이 브로드캐스트 인텐트는 현재 신호 강도를 담고 있는 EXTRA_NEW_RSSI 정수 엑스트라를 가진다. 이 신호 강도를 이용하려면, Wi-Fi 매니저의 static 메서드인 calculateSignalLevel을 호출해 이 값을 개발자가 지정한 비율의 정수 값으로 변환해야 한다.

8.3.2 활성 연결 세부 정보 모니터하기

활성 네트워크 연결이 개설되고 나면, Wi-Fi 매니저의 getConnectionInfo 메서드를 이용해 활성 연결의 상태 정보를 얻어올 수 있다. 리턴되는 WifiInfo 객체에는 현재 연결된 액세스 지점의 SSID, BSSID, MAC 주소, IP 주소와 더불어 현재 연결 속도와 신호 강도 정보가 담겨 있다. 다음 코드는 활성 Wi-Fi 연결을 질의한다.

```
WifiInfor info = wifi.getConnectionInfor();
if (info.getBSSID() != null) {
    int strength = WifiManager.calculateSignalLevel(info.getRssi(), 5);
    int speed = info.gwtLinkSpeed();
    String units = WifiInfor.LINK_SPEED_UNITS;
    String ssid = info.getSSID();

    String cSummary = String.format("Connected to %s at %s%s. Strength %s/5", ssid,
        speed, units, strength);
}
```

활성 네트워크 연결 질의하기

8.3.3 핫스팟 검색하기

Wi-Fi 매니저의 startScan 메서드를 이용하면 액세스 지점을 검색할 수 있다. 검색이 완료되어 검색 결과를 이용할 수 있을 때는 SCAN_RESULT_AVAILABLE_ACTION 액션을 가진 인텐트가 방송되어 이를 비동기적으로 알려준다.

getScanResult를 호출하면 검색 결과가 ScanResult 객체 리스트 형태로 리턴된다. 각 ScanResult는 연결 속도, 신호 강도, SSID, 지원되는 인증 기법 등 검색된 각 액세스 지점의 세부 정보를 담고 있다. 코드는 액세스 지점을 검색하는 방법을 보여준다. 이 코드는 검색된 액세스 지점의 총 개수와 신호 강도가 가장 높은 액세스 지점의 이름을 토스트로 보여준다.

```
// 검색 결과를 받아 처리하는 브로드캐스트 리서를 등록
registerReceiver(new BroadcastReceiver() {
```

```
    @Override
    public void onReceive(Context context, Intent intent)     {
        List<ScanResult> results = wifi.getScanResults();
        ScanResult bestSignal = null;
        for (ScanResult result : results)            {
            if(bestSignal == null ||
            WifiManager.compareSignalLevel(bestSignal.level.result.level)
            < 0) bestSignal = result;
        }
        String toastText = String.format("%s netwoorks found. %s is the
            sstrongest.", results.size(), bestSignal.SSID);
        Toast.makeText(getApplicationContext(),toastText, Toast.LENGTH_LONG);
    }
}, new IntentFilter(WifiManager.SCAN_RESULT_AVAILABLE_ACTION));

// 검색 시작
wifi.startScan();
```

활성 네트워크 연결 질의하기

8.3.4 Wi-Fi 구성 관리하기

Wi-Fi 매니저를 이용하면 이미 구성해 놓은 네트워크 설정을 관리하고 연결할 네트워크들을 제어할 수 있다. 연결을 맺고 나면 활성 네트워크 연결의 구성과 설정에 관한 추가 세부 정보를 질의할 수 있다.

현재의 네트워크 구성 리스트는 getConfiguredNetworks로 얻을 수 있다. 리턴된 이 WifiConfiguration 객체 리스트에는 네트워크 ID, SSID, 그리고 각 연결에 대한 기타 세부 정보가 담겨 있다.

특정 네트워크 구성을 이용하려면 enableNetwork 메서드를 이용한다. 사용할 네트워크 ID를 전달하고, disableAllOthers 매개변수에는 true를 지정한다.

```
// 이용 가능한 구성 리스트 얻어온다.
List<WifiConfguration> configurations = wifi.getCinfiguredNetworks();
//첫 구성의 네트워크 ID를 얻어온다.
if(configurations.size() > 0) {
    int netID = configurations.get(0).networkId;
```

```
    // 이 네트워크를 활성화시킨다.
    boolean disableAllOthers = true;
    wifi.enableNetwork(netID, disableAllOtherstrue);
}
```

네트워크 연결 활성화시키기

8.3.5 Wi-Fi 네트워크 구성 만들기

Wi-Fi 네트워크에 연결하려면 구성을 만들어 등록해야 한다. 이 작업은 보통 사용자가 네이티브 Wi-Fi 구성 설정을 이용해 수행하지만, 애플리케이션은 이와 같은 기능을 제공하지 못할 이유는 없다. 개발자가 만든 애플리케이션으로 Wi-Fi 구성 액티비티를 완전히 대체할 수도 있다.

네트워크 구성은 WifiConfiguration 객체 형태로 저장된다. 다음은 WifiConfiguration의 public 필드 몇 가지를 나열해 보여준다.

- BSSID : 액세스 지점의 BSSID
- SSID : 특정 네트워크의 SSID
- networkId : 현재 장치에서 이 네트워크 구성을 식별하는 데 쓰이는 유일한 식별자
- priority : 연결할 후보 액세스 지점들의 순서를 매길 때 사용하는 네트워크 구성의 우선순위
- status : 이 네트워크 연결의 현재 상태. WifiConfiguration.Status.ENABLED, WifiConfiguration.Status.DISABLED, WifiConfiguration.Status.CURRENT 중 하나가 될 것이다.

또한 WifiConfiguration 객체는 지원되는 인증 기법과 이 액세스 지점을 인증하기에 앞서 사용되는 키 역시 포함하고 있다. addNetwork 메서드는 현재 구성 리스트에 새로운 구성을 추가할 수 있게 해준다. 이와 비슷하게, updateNetwork는 네트워크 ID와 기타 바꾸려는 값들로 채운 WifiConfiguration을 가지고 네트워크 구성을 업데이트할 수 있게 해준다. 네트워크 ID를 가지고 removeNetwork를 호출하면 구성을 삭제할 수도 있다. 변경된 모든 네트워크 구성을 지속시키려면 반드시 saveConfiguration을 호출해야 한다.

CHAPTER

09 센 서

최근 생산되는 휴대폰은 단순히 인터넷만 가능한 통신 디바이스가 아니다. 스마트 폰에는 마이크, 카메라, 가속도 센서, 나침반, 온도계, 조도 센서 등을 갖추고 있어 사용자의 지각 능력을 향상시켜주는 특별한 디바이스이다.

물리적 성질과 환경적 특성을 감지하는 센서는 모바일 애플리케이션의 사용자 경험 향상을 위한 흥미로운 혁신을 제공한다. 전자식 나침반, 중력 센서, 조도 센서, 근접 센서의 결합은 증강 현실이나 신체 움직임에 기반한 입력처럼 새로운 방식으로 디바이스를 다룰 수 있도록 여러 가지 가능성을 제시한다.

이번에는 안드로이드에서 사용 가능한 센서들을 소개하며, 센서 매니저를 이용해 이들 센서를 모니터하는 방법을 살펴본다.

9.1 센서와 센서 매니저 이용하기

센서 매니저는 안드로이드 디바이스에서 사용할 수 있는 센서 하드웨어를 관리하는 데 사용된다. 센서 매니저를 이용하려면, 다음의 코드처럼 getSystem Service를 이용해 센서 매니저 서비스의 레퍼런스를 얻어온다.

```
String service_name = Context.SENSOR_SERVICES;
SensorManager sensorManager = (SensorManager)getSystemService(service_name);
```

안드로이드는 위치 기반 서비스와 마찬가지로 각 디바이스의 센서 구현을 추상화하고 있다. Sensor 클래스는 각각의 하드웨어 센서가 지닌 속성을 기술하는 데 사용된다. 여기에는 센서의 종류, 이름, 제조사, 그리고 정확도와 범위에 관련된 세부 정보 등이 포함된다.

Sensor 클래스에는 센서 객체가 추상화하고 있는 하드웨어 센서의 종류를 나타내기 위한 일련의 상수들이 포함되어 있다. 이 상수들은 Sensor.TYPE_<센서 종류>의 형태로 정의되어 있다.

1) 안드로이드가 지원하는 센서들의 종류

다음의 목록은 현재 안드로이드에서 이용 가능한 센서들의 종류를 보여준다. 애플리케이션에서 실제로 이용할 수 있는 센서들의 종류는 호스트 디바이스의 하드웨어에 따라 다르다.

- Sensor.TYPE_ACCELEROMETER
- Sensor.TYPE_GYROSCOPE
- Sensor.TYPE_LIGHT
- Sensor.TYPE_MAGNETIC_FIELD
- Sensor.TYPE_ORIENTATION
- Sensor.TYPE_PRESSURE
- Sensor.TYPE_PROXIMITY
- Sensor.TYPE_TEMPERATURE

Sensor.TYPE_ACCELEROMETER는 3축 가속도 센서이며, 세 축에 대한 현재 가속도를 m/s2으로 리턴한다. Sensor.TYPE_GYROSCOPE는 자이로스코프 센서이며, 세 축에 대한 디바이스의 현재 방향을 도(°) 단위로 리턴한다. Sensor.TYPE_LIGHT는 주변 광 센서이며, 주변 조도를 럭스(lux) 단위로 리턴한다. 광 센서는 화면 밝기를 동적으로 조정하는 데 흔히 쓰인다.

Sensor.TYPE_MAGNETIC_FIELD는 자기장 센서이며, 세 축에 대한 현재 자기장을 마이크로테슬라(μT) 단위로 측정한다. Sensor.TYPE_ORIENTATION는 방향 센서이며, 세 축에 대한 디바이스의 현재 방향을 도(°) 단위로 리턴한다. Sensor.TYPE_PRESSURE는 압력 센서이며, 디바이스에 가해진 현재 압력을 킬로파스칼(kPa) 단위로 리턴한다.

Sensor.TYPE_PROXIMITY는 근접 센서이며, 디바이스와 대상 물체 간의 거리를 미터(m) 단위로 표시한다. 대상 물체를 선택하는 방법과 지원되는 거리는 근접 센서의 하드웨어 구현에 따라 다르다. Sensor.TYPE_TEMPERATURE는 온도 센서이며, 온도를 섭씨(°) 단위로 리턴한다.

2) 센서 찾기

안드로이드 디바이스는 같은 종류의 센서를 여러 개를 가질 수 있다. 같은 종류의 센서들 중 기본 구현을 찾으려면, 앞 절에서 설명한 센서들의 종류를 나타내는 상수들 중에서 원하는 것을 가지고 센서 매니저의 getDefaultSensor 메서드를 호출한다. 다음의 코드는 기본 자이로스코프를 리턴한다. 주어진 종류에 대한 기본 센서가 존재하지 않는 경우에는 null이 리턴된다.

```
Sensor defaultGyroscope = sensorManager.getDefaultSensor(Sensor.TYPE_GYROSCOPE);
```

getSensorList를 이용하면, 이용 가능한 센서들 중 주어진 종류에 해당하는 모든 센서들의 리스트를 얻어올 수 있다. 다음의 코드는 이용 가능한 모든 압력 센서 객체들을 얻어온다.

```
List<Sensor> pressureSensors = sensorManager.getSensorList(Sensor.TYPE_PRESSURE);
```

아래의 코드에서 보이는 것처럼 getSensorList에 Sensor.TYPE_ALL을 전달해 호출하면, 호스트 플랫폼에서 이용할 수 있는 모든 센서들의 리스트를 얻어올 수 있다.

```
List<Sensor> allSensors = sensorManager.getSensorList(Sensor.TYPE_ALL);
```

이렇게 하면, 호스트 플랫폼에서 이용할 수 있는 센서들의 종류를 파악할 수 있다.

3) 센서 이용하기

다음의 코드는 하드웨어 센서의 결과 값을 모니터하기 위한 표준 패턴을 보여준다. SensorEventListener를 정의한 다음, 센서 값을 모니터하려면 onSensor Changed 메서드를, 센서의 정확도 변경을 다루려면 onAccuracyChanged 메서드를 구현한다.

```
final SensorEventListener mSensorEventListener = new SensorEventListener() {
    public void onSensorChanged(SensorEvent sensorEvent)       {
        // TODO: 센서의 변화를 모니터링 한다.
```

```
    }

    public void onAccuracyChanged(Sensor sensor, int accuracy)      {
        //TODO: 센서의 정확도가 변경될 경우 적절한 대응
    }
};
```

센서 이벤트 리스너의 골격 코드

onSensorChanged 메서드의 SensorEvent 매개변수는 센서 이벤트를 기술하는 네 가지 속성을 가지고 있다.

- sensor : 이벤트를 발생시킨 센서 객체
- accuracy : 이벤트가 발생했을 당시 센서의 정확도. 낮음, 중간, 높은, 신뢰할 수 없음으로 표현한다.
- values : 감지된 새로운 값을 담고 있는 float 배열
- timestamp : 센서 이벤트가 발생한 시간. 나노초(Nano Seconds) 단위

onAccuracyChanged 메서드를 이용하면, 센서의 정확도에 생기는 변화를 별도로 모니터할 수 있다. 이 두 핸들러 모두에서 accuracy 값은 모니터링되고 있는 센서의 정확도에 대한 피드백을 아래의 상수들 중 하나로 나타낸다.

- SensorManager.SENSOR_STATUS_ACCURACY_LOW
  센서가 낮은 정확도로 보고하고 있으며, 조정이 필요함을 나타낸다.
- SensorManager.SENSOR_STATUS_ACCURACY_MEDIUM
  센서 데이터가 평균적인 정확도로 측정된 것이며, 조정을 통해 측정 능력을 향상시킬 수 있음을 나타낸다.
- SensorManager.SENSOR_STATUS_ACCURACY_HIGH
  센서가 가장 높은 정확도로 보고하고 있음을 나타낸다.
- SensorManager.SENSOR_STATUS_ACCURACY_UNRELIABLE
  센서 데이터를 신뢰할 수 없음을 나타낸다. 조정이 필요하며, 현재로서는 측정이 불가능하다.

센서 이벤트를 받으려면, 센서 매니저에 센서 이벤트 리스너를 등록해야 한다. 이때, 관찰한 센서 객체와 원하는 업데이트 속도를 지정한다. 아래의 예는 기본 근접 센서에 대한 센서 이벤트 리스너를 보통의 업데이트 속도로 등록한다.

```
Sensor sensor = sensorManager.getDefaultSensor(Sensor.TYPE_PROXIMITY);
sensorManager.registerListener(mySensorEventListener, sensor,
    SensorManager.SENSOR_DELAY_NORMAL);
```

센서 매니저는 적절한 업데이트 속도를 보다 쉽게 선택할 수 있도록 이를 상수로 정의해 두고 있다. 이 상수들은 반응이 빠른 것부터 느린 것 순으로 나열하면 아래와 같다.

- SensorManager.SENSOR_DELAY_FASTEST : 가능한 가장 빠른 업데이트 속도를 지정한다.
- SensorManager.SENSOR_DELAY_GAME : 게임 제어에 사용하기 적합한 업데이트 속도를 선택한다.
- SensorManager.SENSOR_DELAY_NORMAL : 기본 업데이트 속도를 지정한다.
- SensorManager.SENSOR_DELAY_UI : UI 기능을 업데이트하는 데 적합한 속도를 지정한다.

선택한 속도가 무조건 반영되는 것은 아니다. 센서 매니저는 개발자가 지정한 것보다 더 빠르거나 느린 결과를 리턴할 수도 있다. 그러나 센서 매니저는 빠른 값을 리턴하려는 경향이 있다. 애플리케이션에서 센서를 이용하는 데 드는 리소스 비용을 최소화하려면, 적절한 속도 중 가장 느린 것을 선택해야 한다.

애플리케이션이 더 이상 센서 값을 업데이트 받을 필요가 없을 때는 센서 이벤트 리스너를 등록 해제해야 한다.

```
sensorManager.unregisterListener(mySensorEventListener);
```

액티비티 활성화되어 있을 때만 센서 이벤트 리스너가 사용되도록 액티비티의 onResume 메서드에서 등록하고, onPause 메서드에서는 등록 해제하는 것이 좋다.

9.2 센서 값 해석하기

onSensorChanged에 전달되는 SensorEvent 객체의 values 값은 모니터링하고

있는 센서의 종류에 따라 크기와 구성이 서로 다르며, 이에 대한 자세한 내용은 표에 정리되어 있다.

센서 리턴 값

센서 종류	값 개수	값 구성	설명
TYPE_ACCELEROMETER	3	values[0]:X축(Lateral) values[1]:Y축(Longitudinal) values[2]:Z축(Vertical)	세 축에 대한 가속도. 단위는 m/s2. 센서 매니저는 SensorManager. GRAVITY_* 형태로 정의된 일련의 중력 상수들을 가짐
TYPE_GYROSCOPE	3	values[0]:Z축(Azimuth) values[1]:X축(Pitch) values[2]:Y축(Roll)	세 축에 대한 디바이스의 방향. 단위는 도(°)
TYPE_LIGHT	1	values[0]: 조도 (Illumination)	단위는 럭스(Lux). 센서 매니저는 SensorManager.LIGHT_* 형태로 정의된 일련의 상수들을 가지고 있다. 이 상수들은 다양한 표준 조도를 나타낸다.
TYPE_MAGNETIC_FIELD	3	values[0]:X축(Lateral) values[1]:Y축(Longitudinal) values[2]:Z축(Vertical)	주변 자기장. 단위는 마이크로 테슬라(μT)
TYPE_ORIENTATION	3	values[0]:Z축(Azimuth) values[1]:X축(Pitch) values[2]:Y축(Roll)	세 축에 대한 디바이스의 방향 단위는 도(°)
TYPE_PRESSURE	1	values[0]: 압력(Pressure)	단위는 킬로파스칼(kPa)
TYPE_PROXIMITY	1	values[0]: 거리(Distance)	단위는 미터(m)
TYPE_TEMPERATURE	1	values[0]: 온도 (Temperature)	단위는 섭씨(°)

9.3 나침반 센서, 가속도 센서, 방향 센서 이용하기

요즘 생산되는 모바일 디바이스들은 대부분 방향 센서와 가속도 센서를 가지고 있기 때문에 애플리케이션에서 모바일 디바이스의 움직임과 방향을 이용할 수 있게 됐다. 최근에는 이러한 센서들이 점점 더 보편화되어 게임 컨트롤러나, 애플 아이폰, 안드로이드 폰 등 같은 스마트폰에서 다양한 방식으로 활용되고 있다.

가속도 센서와 나침반은 디바이스의 방향, 방위, 움직임에 기반한 기능을 제공하는 데 쓰이며, 나침반과 가속도 센서의 이용가능 여부는 애플리케이션이 실행되는 하드웨어에 따라 좌우된다. 이용가능할 경우 해당 센서들은 센서 매니저를 통해 노출되며, 다음과 같은 일들을 할 수 있게 된다.

- 디바이스의 현재 방향 측정
- 방향 변화 모니터링 및 추적
- 사용자가 마주하고 있는 방향 식별
- X, Y, Z 방향 가속도(이동 속도의 변화) 모니터링

이를 잘 활용하면 재미있는 기능들을 만들어 낼 수 있다. 방향, 방위, 움직임을 모니터링하면 아래와 같은 일들이 가능해진다.

- 나침반과 가속도 센서를 이용한 사용자의 속도와 방향을 측정할 수 있다. 이것을 지도, 카메라, 위치 기반 서비스와 함께 연동하면, 실시간 카메라 영상 위에 위치 기반 데이터를 표시하는 증강 현실(Augmented Reality) 인터페이스를 만들 수 있다.
- 디바이스의 방향에 알맞게 동적으로 조정되는 사용자 인터페이스를 만들 수 있다. 안드로이드는 세로 모드에서 가로 모드로 혹은 그 반대로 디바이스가 회전될 때, 네이티브 화면의 방향을 바꾸는 기능을 이미 적용하고 있다.
- 가속도를 빠른 속도로 모니터링해 디바이스가 떨어진 경우나 던져진 경우를 감지할 수 있다.
- 움직임이나 진동을 측정할 수 있다. 이를테면 도난 방지 애플리케이션을 생각해 볼 수 있는데, 디바이스가 잠겨 있는 동안 어떠한 움직임이 감지될 경우, 디바이스의 현재 위치를 SMS에 담아 보낼 수 있다.
- 물리적인 제스처와 움직임을 입력으로 이용하는 사용자 인터페이스 컨트롤을 만들 수 있다.

센서를 이용하는 애플리케이션을 만들 때는 필요한 센서들이 호스트 디바이스에서 이용 가능한지를 항상 확인해야 한다. 또한 이용할 수 없는 센서가 있을 경우, 적절하게 대처하도록 구현해야 한다.

9.3.1 가속도 센서와 가속도 변화 감지하기

가속도 센서(Accelerometer)는 그 이름에서도 할 수 있듯이 가속도를 측정하

는 데 쓰인다. 중력 센서(gravity sensor)라 부르기도 한다. 가속도는 속도 변화의 비율로 정의되므로, 가속도 센서는 주어진 방향에서 디바이스의 속도가 얼마나 빨리 변화하고 있는지를 측정한다. 가속도 센서를 이용하면 움직임과 이 움직임의 속도 변화 비율을 감지할 수 있다.

가속도는 좌-우(X축, Lateral), 앞-뒤(Y축, Longitudinal), 위-아래(Z축, Vertical) 이렇게 세 방향 축에 대해 측정할 수 있으며, 센서 매니저는 이 세 방향 축 모두에 대한 가속도 센서의 변화를 보고한다.

이 값들은 센서 이벤트 리스너에 전달되고 SensorEvent 매개변수의 values 속성을 통해 X축, Y축, Z축 순서로 보고된다. 센서 이벤트 리스터를 이용하면 가속도의 변화를 모니터링할 수 있으며, 가속도 센서 업데이트를 요청하려면, Sensor.TYPE_ACCELEROMETER 센서 타입을 가지고 SensorEventListener 구현을 센서 매니저에 등록한다. 다음의 코드는 기본 가속도 센서를 보통의 업데이트 속도로 등록한다.

```
SensorManager sm = (SensorManager)getSystemService(Context.SENSOR_SERVICE);
int sensorType = Sensor.TYPE_ACCELEROMETER;
sm.registerListener(mySensorEventListener, sm.getDefaultSensor(sensorType),
   SensorManager.SENSOR_DELAY_NORMAL);
```

이때, 센서 리스너는 가속도가 측정됐을 때 호출될 onSensorChanged 메서드를 구현하고 있어야 한다. onSensorChanged 메서드는 SensorEvent 하나를 매개변수로 받는데, 여기에는 세 가지 축 모두에 대해 측정된 가속도를 담고 있는 float 배열이 들어 있다. 이 배열의 첫 번째 요소는 X축 가속도를, 두 번째 요소는 Y축 가속도를, 세 번째 요소는 Z축 가속도를 나타낸다.

```
final SensorEventListener mSensorEventListener = new SensorEventListener() {
    public void onSensorChanged(SensorEvent sensorEvent) {
        if (sensorEvent.sensor.getType() == Sensor.TYPE_ACCELEROMETER) {
                float xAxis = sensorEvent.values[0];
                float yAxis = sensorEvent.values[1];
                float zAxis = sensorEvent.values[2];
                // 가속도의 변화를 애플리케이션에 적용
        }
    }
};
```

9.3.2 방향 측정하기

방향 센서는 전자식 나침반 기능을 하는 자기장 센서와 피치(Pitch) 및 롤(Roll)을 측정하는 가속도 센서의 조합이다. 안드로이드에서 디바이스의 방향을 측정하는 방법에는 두 가지가 있다.

첫 번째는 방향 센서에 직접 질의하는 방법이고,

두 번째는 가속도 센서와 자기장 센서를 이용해 방향을 유추해 내는 방법이다.

두 번째 방법은 첫 번째 방법에 비해 느리지만 정확도가 높고, 방향 측정시 기준 좌표계를 바꿀 수 있다는 장점이 있다.

1) 방향 센서를 이용한 방향 감지

디바이스의 방향을 모니터하는 가장 쉬운 방법은 전용 방향 센서를 이용하는 것이다. 다음의 코드에서 보이는 것처럼 센서 이벤트 리스너를 생성한 뒤 이를 기본 방향 센서와 함께 센서 매니저에 등록한다.

```
SensorManager sm = (SensorManager)getSystemService(Context.SENSOR_SERVICE);
int sensorType = Sensor.TYPE_ORIENTATION;
sm.registerListener(myOrientationListener, sm.getDefaultSensor(sensorType),
    SensorManager.SENSOR_DELAY_NORMAL);
```

방향 센서를 이용한 방향 감지

이제 디바이스의 방향에 변화가 생기면, SensorEventListener 구현에 있는 onSensorChanged 메서드가 호출된다. 이때, SensorEvent 매개변수의 values에는 세 축에 대한 디바이스의 방향 값을 담은 float 배열이 전달된다. 이 values 배열의 첫 번째 요소는 방위각을, 두 번째 요소는 피치를, 세 번째 요소는 롤을 나타낸다.

```
final SensorEventListener myOrientationListener = new SensorEventListener() {
    public void onSensorChanged(SensorEvent sensorEvent) {
        if (sensorEvent.sensor.getType() == Sensor.TYPE_ORIENTATION) {
            float headingAngle = sensorEvent.values[0];
            float pitchAngle = sensorEvent.values[1];
            float rollAngle = sensorEvent.values[2];
```

```
        }
    }

    public void onAccuracyChanged(Sensor sensor, int accuracy) { }
};
```

2) 가속도 센서와 자기장 센서를 이용한 방향 계산

디바이스의 방향을 찾는 가장 좋은 방법은 가속도 센서와 자기장 센서의 결과를 이용해 방향을 직접 계산해 내는 것이다. 이 기법은 가속도 센서와 자기장 센서를 같이 이용하기 때문에 센서 이벤트 리스너도 두 개를 만들어 등록해야 한다. 각 센서 이벤트 리스너의 onSensorChanged 메서드에서는 전달받은 values 배열 속성을 별도의 필드 변수에 저장한다. 다음의 코드를 참조한다.

```
float[] aValues = new float[3];
float[] mValues = new float[3];

private final SensorEventListener sensorEventListener = new SensorEventListener() {
    public void onSensorChanged(SensorEvent sensorEvent) {
        if (event.sensor.getType() == Sensor.TYPE_ACCELEROMETER)
                aValues = sensorEvent.values;
            if (event.sensor.getType() == Sensor.TYPE_MAGNETIC_FIELD)
                mValues = sensorEvent.values;

            updateOrientation(calculateOrientation());
    }

        public void onAccuracyChanged(Sensor sensor, int accuracy) { }
};
```

가속도 센서와 자기장 센서를 이용한 방향 계산

이제 센서 이벤트 리스너들을 센서 매니저에 등록한다. 아래의 코드는 두 센서 모두에 대해 기본 하드웨어와 UI 업데이트 속도를 사용한다.

```
sensorManager sm = (SensorManager)getSystemService(Context.SENSOR_SERVICE);

Sensor aSensor = sm.getDefaultSensor(Sensor.TYPE_ACCELEROMETER);
```

```
Sensor mfSensor = sm.getDefaultSensor(Sensor.TYPE_MAGNETIC_FIELD);

sm.registerListener(sensorEventListener, aSensor, SensorManager.SENSOR_DELAY_UI);
sm.registerListener(sensorEventListener, mfSensor, SensorManager.SENSOR_DELAY_UI);
```

이 센서 값들을 가지고 현재 방향을 계산하려면, 아래와 같이 센서 매니저의 getRotation Matrix 메서드와 getOrientation 메서드를 이용한다. getOrientation이 리턴하는 값은 도(degree) 단위가 아니라 라디안(radian) 단위이므로 주의한다.

```
        float[] values = new float[3];
        float[] R = new float[9];

        SensorManager.getRotationMatrix(R, null, aValues, mValues);
        SensorManager.getOrientation(R, values);

        values[0] = (float) Math.toDegrees(values[0]);
        values[1] = (float) Math.toDegrees(values[1]);
        values[2] = (float) Math.toDegrees(values[2]);
```

9.4 나침반 만들기 - 컴파스

안드로이드를 탑재한 디바이스는 기본적으로 다양한 센서를 가지고 있으며, 센서를 이용하면 방향, 가속도, 밝기 등을 측정할 수 있다. 여기에서는 센서와 그리는 내용을 어떻게 연결하는지 알아보자.

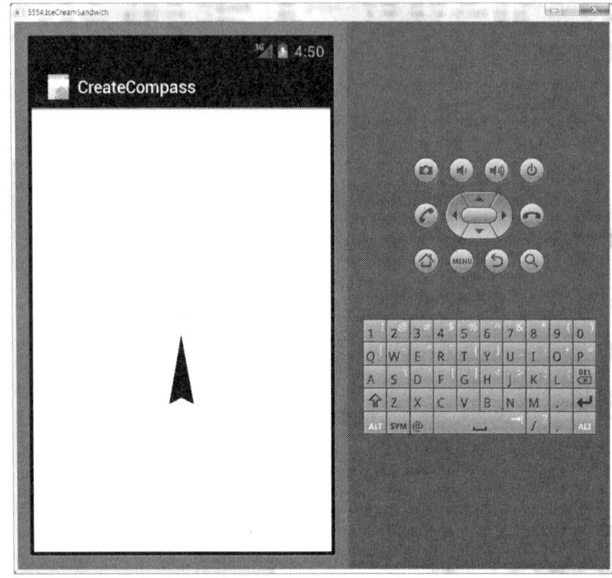

위의 그림은 방향 센서 값을 이용해 내용이 회전하도록 한다. 이것은 센서 값과 그리기를 어떻게 연결하는지 보여준다.

1 이클립스에서 New Android Project를 다음과 같이 생성한다.

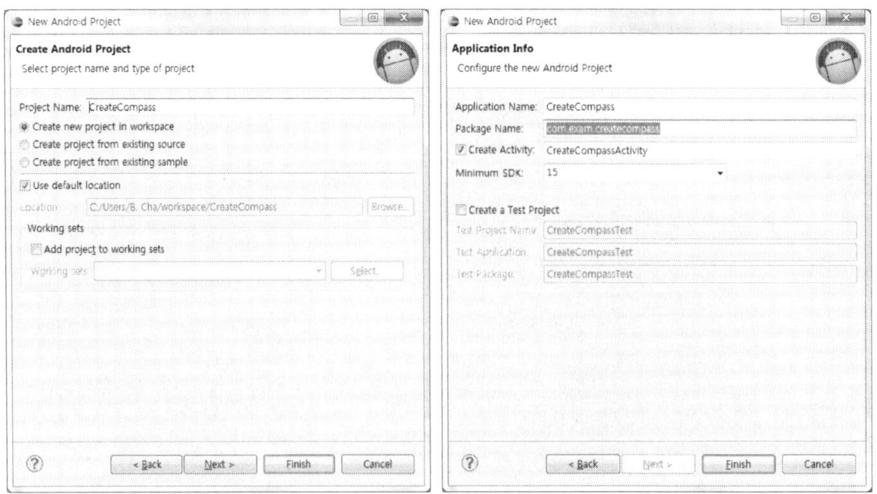

2 패키지 익스플로러에서 src ⇨ com.exam.createcompass를 선택하고 마우스의 오른

쪽 버튼을 클릭한다. New ⇨ Other를 선택한다. New 대화상자에서 Java ⇨ Class를 선택하고 Next 버튼을 클릭한다.

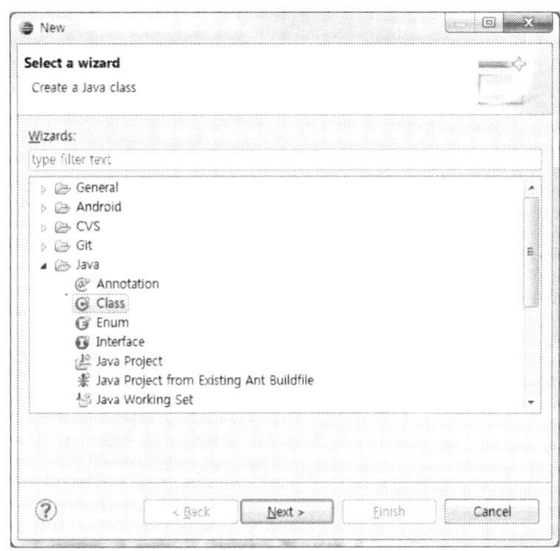

3 New Java Class 대화상자에서 Namr 항목에 "PictureLayout"를 입력하고 Finish 버튼을 클릭한다.

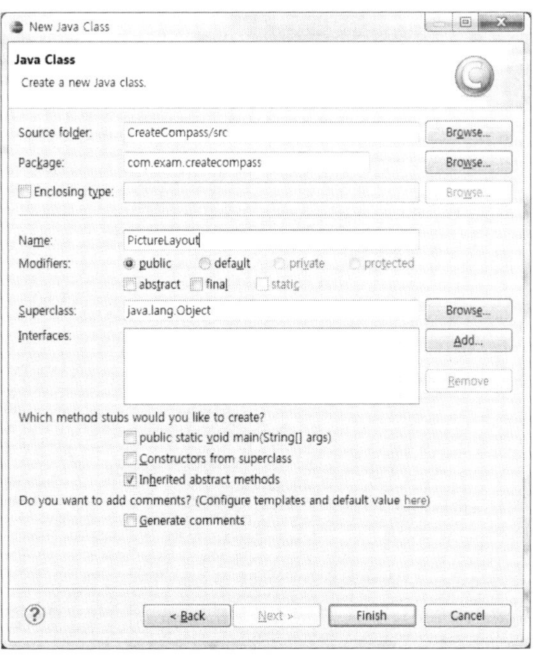

4 PictureLayout.java에 다음의 코드를 입력한다.

```
package com.exam.createcompass;

import android.content.Context;
import android.graphics.Canvas;
import android.graphics.Picture;
import android.graphics.Rect;
import android.graphics.drawable.Drawable;
import android.util.AttributeSet;
import android.view.View;
import android.view.ViewGroup;
import android.view.ViewParent;


public class PictureLayout extends ViewGroup {
    private final Picture mPicture = new Picture();

    public PictureLayout(Context context) {
        super(context);
    }

    public PictureLayout(Context context, AttributeSet attrs) {
        super(context, attrs);
    }

    @Override
    public void addView(View child) {
        if (getChildCount() > 1) {
            throw new IllegalStateException("PictureLayout can host only one
        direct child");
        }

        super.addView(child);
    }

    @Override
    public void addView(View child, int index) {
        if (getChildCount() > 1) {
            throw new IllegalStateException("PictureLayout can host only one
        direct child");
        }
```

```
        super.addView(child, index);
    }

    @Override
    public void addView(View child, LayoutParams params) {
        if (getChildCount() > 1) {
            throw new IllegalStateException("PictureLayout can host only one
        direct child");
        }

        super.addView(child, params);
    }

    @Override
    public void addView(View child, int index, LayoutParams params) {
        if (getChildCount() > 1) {
            throw new IllegalStateException("PictureLayout can host only one
        direct child");
        }

        super.addView(child, index, params);
    }

    @Override
    protected LayoutParams generateDefaultLayoutParams() {
        return new LayoutParams(LayoutParams.MATCH_PARENT,
        LayoutParams.MATCH_PARENT);
    }

    @Override
    protected void onMeasure(int widthMeasureSpec, int heightMeasureSpec) {
        final int count = getChildCount();

        int maxHeight = 0;
        int maxWidth = 0;

        for (int i = 0; i < count; i++) {
            final View child = getChildAt(i);
            if (child.getVisibility() != GONE) {
                measureChild(child, widthMeasureSpec, heightMeasureSpec);
            }
```

```
    }

    maxWidth += getPaddingLeft() + getPaddingRight();
    maxHeight += getPaddingTop() + getPaddingBottom();

    for (int i = 0; i < count; i++) {
        final View child = getChildAt(i);
        if (child.getVisibility() != GONE) {
            measureChild(child, widthMeasureSpec, heightMeasureSpec);
        }
    }

    maxWidth += getPaddingLeft() + getPaddingRight();
    maxHeight += getPaddingTop() + getPaddingBottom();

    Drawable drawable = getBackground();
    if (drawable != null) {
        maxHeight = Math.max(maxHeight, drawable.getMinimumHeight());
        maxWidth = Math.max(maxWidth, drawable.getMinimumWidth());
    }

    setMeasuredDimension(resolveSize(maxWidth, widthMeasureSpec),
            resolveSize(maxHeight, heightMeasureSpec));
}

private void drawPict(Canvas canvas, int x, int y, int w, int h,
                    float sx, float sy) {
    canvas.save();
    canvas.translate(x, y);
    canvas.clipRect(0, 0, w, h);
    canvas.scale(0.5f, 0.5f);
    canvas.scale(sx, sy, w, h);
    canvas.drawPicture(mPicture);
    canvas.restore();
}

@Override
protected void dispatchDraw(Canvas canvas) {
    super.dispatchDraw(mPicture.beginRecording(getWidth(), getHeight()));
    mPicture.endRecording();

    int x = getWidth()/2;
```

```
        int y = getHeight()/2;

        if (false) {
            canvas.drawPicture(mPicture);
        } else {
            drawPict(canvas, 0, 0, x, y,  1,  1);
            drawPict(canvas, x, 0, x, y, -1,  1);
            drawPict(canvas, 0, y, x, y,  1, -1);
            drawPict(canvas, x, y, x, y, -1, -1);
        }
    }

    @Override
    public ViewParent invalidateChildInParent(int[] location, Rect dirty) {
        location[0] = getLeft();
        location[1] = getTop();
        dirty.set(0, 0, getWidth(), getHeight());
        return getParent();
    }

    @Override
    protected void onLayout(boolean changed, int l, int t, int r, int b) {
        final int count = super.getChildCount();

       for (int i = 0; i < count; i++) {
            final View child = getChildAt(i);
            if (child.getVisibility() != GONE) {
                final int childLeft = getPaddingLeft();
                final int childTop = getPaddingTop();
                child.layout(childLeft, childTop,
                        childLeft + child.getMeasuredWidth(),
                        childTop + child.getMeasuredHeight());

            }
        }
    }
}
```

5 CreateCompassActivity.java의 파일을 열어서, 다음의 코드로 수정한다.

```
package com.exam.createcompass;

import android.app.Activity;
import android.content.Context;
import android.graphics.*;
import android.hardware.SensorListener
import android.hardware.SensorManager;
import android.os.Bundle;
import android.os.Handler
import android.os.Message
import android.os.SystemClock
import android.util.Config
import android.util.Log;
import android.view.View;
import android.view.ViewGroup;
import android.view.Window

class GraphicsActivity extends Activity {
    @Override
    protected void onCreate(Bundle savedInstanceState) {
        super.onCreate(savedInstanceState);
    }

    @Override
    public void setContentView(View view) {
        if (false) { // set to true to test Picture
            ViewGroup vg = new PictureLayout(this);
            vg.addView(view);
            view = vg;
        }

        super.setContentView(view);
    }
}

public class CreateCompassActivity extends GraphicsActivity {

    private static final String TAG = "Compass"
    private SensorManager mSensorManager
    private SampleView mView
```

```
private float[] mValues

private final SensorListener mListener = new SensorListener() {

    public void onSensorChanged(int sensor, float[] values) {
        if (Config.LOGD) Log.d(TAG, "sensorChanged (" + values[0] + ", "
    + values[1] + ", " + values[2] + ")");
        mValues = values;
        if (mView != null) {
            mView.invalidate();
        }
    }

    public void onAccuracyChanged(int sensor, int accuracy) {

    }
};

@Override
protected void onCreate(Bundle icicle) {
    super.onCreate(icicle);
    mSensorManager = (SensorManager)getSystemService(Context.SENSOR_SERVICE);
    mView = new SampleView(this);
    setContentView(mView);
}

@Override
protected void onResume()  {
    if (Config.LOGD) Log.d(TAG, "onResume");
    super.onResume();
    mSensorManager.registerListener(mListener,
    SensorManager.SENSOR_ORIENTATION,
    SensorManager.SENSOR_DELAY_GAME);
}

@Override
protected void onStop() {
    if (Config.LOGD) Log.d(TAG, "onStop");
    mSensorManager.unregisterListener(mListener);
    super.onStop();
}
```

```
private class SampleView extends View {
    private Paint   mPaint = new Paint();
    private Path    mPath = new Path();
    private boolean mAnimate
    private long    mNextTime

    public SampleView(Context context) {
        super(context);
        mPath.moveTo(0, -50);
        mPath.lineTo(-20, 60);
        mPath.lineTo(0, 50);
        mPath.lineTo(20, 60);
        mPath.close();
    }

    @Override protected void onDraw(Canvas canvas) {
        Paint paint = mPaint

        canvas.drawColor(Color.WHITE);

        paint.setAntiAlias(true);
        paint.setColor(Color.BLACK);
        paint.setStyle(Paint.Style.FILL);

        int w = canvas.getWidth();
        int h = canvas.getHeight();
        int cx = w / 2;
        int cy = h / 2;

        canvas.translate(cx, cy);
        if (mValues != null) {
            canvas.rotate(-mValues[0]);
        }
        canvas.drawPath(mPath, mPaint);
    }

    @Override
    protected void onAttachedToWindow() {
        mAnimate = true
        super.onAttachedToWindow();
    }
```

```
        @Override
        protected void onDetachedFromWindow() {
            mAnimate = false
            super.onDetachedFromWindow();
        }
    }
}
```

CreateCompassActivity.java는 방향 센서의 값을 이용해 직접 방향을 그리기 위해 센서 매니저를 할당하고, 레이아웃을 이용하지 않고 커스텀 뷰를 생성하여 컨텐트 뷰로 설정한다. 센서 매니저와의 통신은 센서 리스너(Sensor Listener)를 이용한다. 구현된 센서 리스너 객체는 onResume에서 SensorManager.registerListener 메서드에 의해 등록되고 액티비티가 종료할 때 onStop 메서드에서 SensorManager.unregisterListener 메서드를 이용해 해제된다. 이 두 메서드는 센서 매니저에 센서 리스너를 등록하거나 해제할 때 사용하는 메서드로, 이렇게 등록된 리스너는 센서로부터 변화된 센서 값을 수신할 수 있게 된다.

6 Ctrl+F11 키로 실행하고, AVD가 Ice Cream Sandwich로 수행하면 다음과 같은 결과를 볼 수 있다.

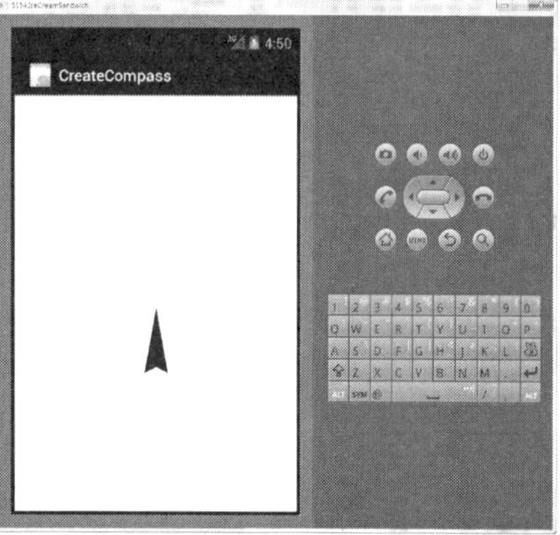

9.5 센서 테스트

앞 절의 CreateCompassActivity.java와 거의 같으며, 단지 SensorManager. SENSOR_ORIENTATION 대신에 SensorManager.SENSEOR_ACCELEROMETER를 사용한다는 것만 다르다. 가속도 센서 값을 읽지만 이것을 그리기에 사용하지 않기 때문에 화면상의 변화는 없다, 대신에 센서로부터 읽은 값을 이용해 DDMS(Dalvik Debug Monitoring Servicce)에 로그형태로 메시지를 출력한다.

1 이클립스에서 New Android Project를 생성한다.

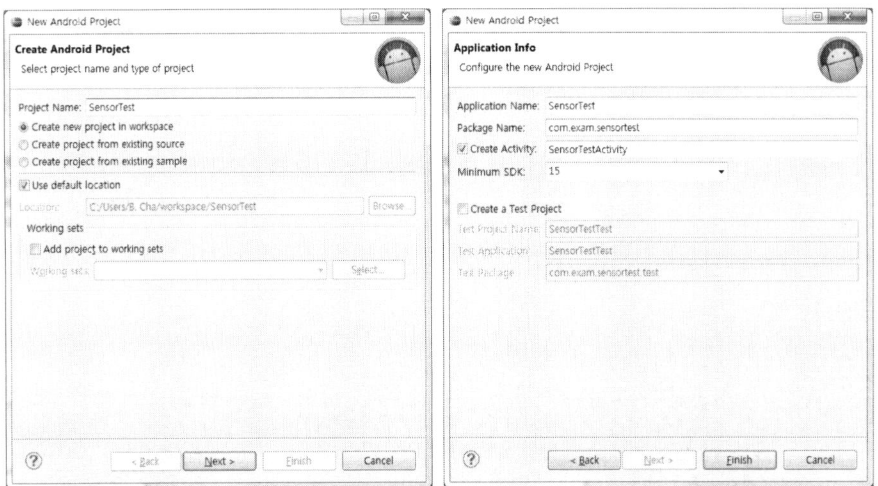

2 앞 절의 3을 동일하게 수행한다.

3 SensorTestActivity.java에 다음의 코드를 입력한다.

```
package com.exam.sensortest;

import android.app.Activity;
import android.content.Context;
import android.graphics.*;
import android.hardware.SensorListener
import android.hardware.SensorManager;
import android.os.Bundle;
```

```
import android.os.Handler
import android.os.Message
import android.os.SystemClock
import android.util.Config
import android.util.Log
import android.view.View;
import android.view.ViewGroup;
import android.view.Window

class GraphicsActivity extends Activity {
    @Override
    protected void onCreate(Bundle savedInstanceState) {
        super.onCreate(savedInstanceState);
    }

    @Override
    public void setContentView(View view) {
        if (false) { // set to true to test Picture
            ViewGroup vg = new PictureLayout(this);
            vg.addView(view);
            view = vg;
        }

        super.setContentView(view);
    }
}


public class SensorTestActivity extends GraphicsActivity {

private SensorManager mSensorManager
    private SampleView mView
    private float[] mValues

    private static class RunAve {
        private final float[] mWeights
        private final float mWeightScale
        private final float[] mSamples
        private final int mDepth
        private int mCurr

        public RunAve(float[] weights) {
```

```
        mWeights = weights;

        float sum = 0;
        for (int i = 0; i < weights.length i++) {
            sum += weights[i];
        }
        mWeightScale = 1 / sum;

        mDepth = weights.length
        mSamples = new float[mDepth];
        mCurr = 0;
    }

    public void addSample(float value) {
        mSamples[mCurr] = value;
        mCurr = (mCurr + 1) % mDepth
    }

    public float computeAve() {
        final int depth = mDepth
        int index = mCurr
        float sum = 0;
        for (int i = 0; i < depth; i++) {
            sum += mWeights[i] * mSamples[index];
            index -= 1;
            if (index < 0) {
                index = depth - 1;
            }
        }
        return sum * mWeightScale
    }
};

private final SensorListener mListener = new SensorListener() {

    private final float[] mScale = new float[] { 2, 2.5f, 0.5f };   // accel

    private float[] mPrev = new float[3];

    public void onSensorChanged(int sensor, float[] values) {
        boolean show = false
        float[] diff = new float[3];
```

```
        for (int i = 0; i < 3; i++) {
            diff[i] = Math.round(mScale[i] * (values[i] - mPrev[i]) * 0.45f);
            if (Math.abs(diff[i]) > 0) {
                show = true
            }
            mPrev[i] = values[i];
        }

        if (show) {
            // only shows if we think the delta is big enough, in an attempt
            // to detect "serious" moves left/right or up/down
            android.util.Log.e("test", "sensorChanged " + sensor + " (" + values[0] + ",
" + values[1] + ", " + values[2] + ")"
                                 + " diff(" + diff[0] + " " + diff[1] + " " + diff[2] + ")");
        }

        long now = android.os.SystemClock.uptimeMillis();
        if (now - mLastGestureTime > 1000) {
            mLastGestureTime = 0;

            float x = diff[0];
            float y = diff[1];
            boolean gestX = Math.abs(x) > 3;
            boolean gestY = Math.abs(y) > 3;

            if ((gestX || gestY) && !(gestX && gestY)) {
                if (gestX) {
                    if (x < 0) {
                        android.util.Log.e("test", "<<<<<<<< LEFT <<<<<<<<<<<<");
                    } else {
                        android.util.Log.e("test", ">>>>>>>>> RITE >>>>>>>>>>>");
                    }
                } else {
                    if (y < -2) {
                        android.util.Log.e("test", "<<<<<<<< UP <<<<<<<<<<<<");
                    } else {
                        android.util.Log.e("test", ">>>>>>>>> DOWN >>>>>>>>>>>");
                    }
                }
                mLastGestureTime = now;
            }
```

```
            }
        }

        private long mLastGestureTime

        public void onAccuracyChanged(int sensor, int accuracy) {

        }
    };

    @Override
    protected void onCreate(Bundle icicle) {
        super.onCreate(icicle);
        mSensorManager = (SensorManager)getSystemService(Context.SENSOR_SERVICE);
        mView = new SampleView(this);
        setContentView(mView);
    }

    @Override
    protected void onResume() {
        super.onResume();

        int mask = 0;
        mask |= SensorManager.SENSOR_ACCELEROMETER

        mSensorManager.registerListener(mListener, mask,
                SensorManager.SENSOR_DELAY_FASTEST);

    }

    @Override
    protected void onStop() {
        mSensorManager.unregisterListener(mListener);
        super.onStop();
    }

    private class SampleView extends View {
        private Paint   mPaint = new Paint();
        private Path    mPath = new Path();
        private boolean mAnimate
        private long    mNextTime
```

```
        public SampleView(Context context) {
            super(context);
            mPath.moveTo(0, -50);
            mPath.lineTo(-20, 60);
            mPath.lineTo(0, 50);
            mPath.lineTo(20, 60);
            mPath.close();
        }

        @Override protected void onDraw(Canvas canvas) {
            Paint paint = mPaint

            canvas.drawColor(Color.WHITE);

            paint.setAntiAlias(true);
            paint.setColor(Color.BLACK);
            paint.setStyle(Paint.Style.FILL);

            int w = canvas.getWidth();
            int h = canvas.getHeight();
            int cx = w / 2;
            int cy = h / 2;

            canvas.translate(cx, cy);
            if (mValues != null) {
                canvas.rotate(-mValues[0]);
            }
            canvas.drawPath(mPath, mPaint);
        }

        @Override
        protected void onAttachedToWindow() {
            mAnimate = true
            super.onAttachedToWindow();
        }

        @Override
        protected void onDetachedFromWindow() {
            mAnimate = false
            super.onDetachedFromWindow();
        }
    }
}
```

방향 센서 대신 가속도 센서에 대해 리스너를 등록한다. 구현된 센서 리스너도 가속도 센서 값을 이용해 가속도 방향을 판단한다. 이 메서드는 이전 센서 값과 현재 센서 값 사이의 차이를 구하고 적절한 값으로 스케일한 다음, 이 값이 특정 범위를 넘어서면 한 방향으로 가속되었다고 생각하고 값을 DDMS 로그 메시지로 출력한다.

9.6 디바이스 진동 제어하기

알람은 진동을 이용해 좀 더 풍부한 이벤트 피드백을 제공할 수 있다. 진동은 사용자의 촉각을 통해 피드백을 전달하는 탁월한 방법으로서, 특히 게임을 위한 피드백 메커니즘으로 많이 쓰인다.

디바이스 진동을 제어하려는 애플리케이션은 VIBRATE 권한이 필요하다. 아래의 XML 코드를 이용해 애플리케이션 매니페스트에 VIBRATE 권한을 추가한다.

```
<uses-permission android:name="android.permission.VIBRATE"/>
```

디바이스 진동은 Vibrator 서비스를 통해 제어한다. 이 서비스는 다음의 코드에서 보이는 것처럼 getSystemService 메서드를 이용해 접근할 수 있다.

```
String vibrateService = Context.VIBRATOR_SERVICE;
Vibrator vibrator = (Vibrator)getSystemService(vibratorService);
```

디바이스를 진동시키려면 vibrate를 호출한다. vibrate에는 진동 지속 시간을 전달할 수도 있고, “진동”과 “멈춤”으로 구성된 시퀀스 패턴을 전달할 수도 있다. 후자의 경우에는 인덱스 매개변수를 함께 전달하는데, 이렇게 하면 지정된 인덱스에서부터 패턴을 반족하게 된다. 이 두 기법이 아래의 코드에 설명되어 있다.

```
long[] pattern = {1000, 2000, 4000, 8000, 16000}
vibrator.vibrate(pattern, 0); // 진동 패턴을 실행
vibrator.vibrate(1000); // 1초간 진동
```

진동을 멈추려면 cancel을 호출한다. 애플리케이션을 종료하면 모든 진동이 자동으로 취소된다.

9.7 DDMS

DDMS()는 안드로이드 장치나 에뮬레이터의 내부 작동 및 상태를 모니터링 하거나 에뮬레이터에서 통화/SMS/위치정보 등을 가상으로 설정하여 개발 시에 특정한 상황 등을 설정할 수 있는 장치 디버깅 툴이다. DDMS의 유용한 기능을 살펴보도록 한다.

먼저, DDMS의 실행방법을 알아보자.

첫 번째 실행 방법은 커맨드 창에서 android SDK가 설치된 폴더 아래에 tools 폴더로 이동하여 ddms파일을 실행하면 단독프로그램으로 DDMS를 실행할 수 있다.

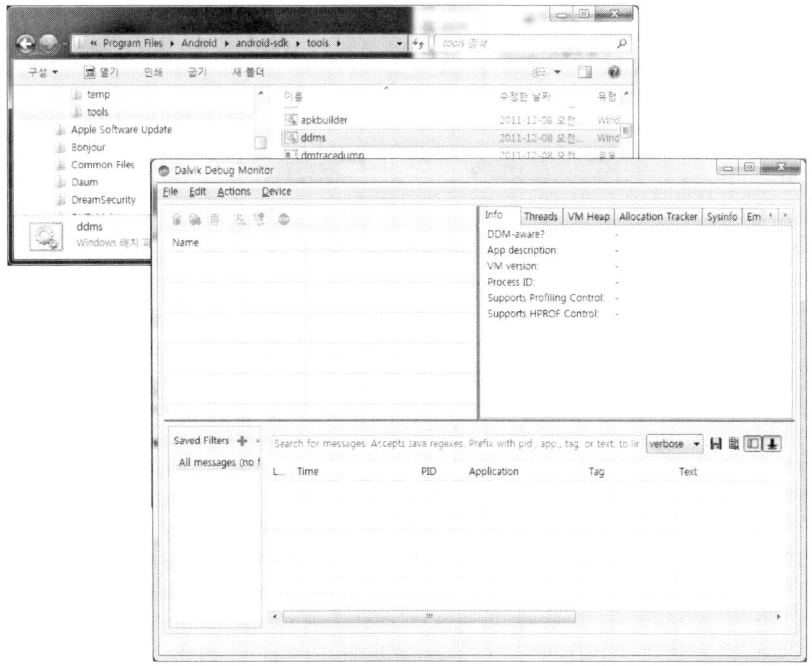

두 번째 실행 방법은 앞의 방법과 같이 단독으로 실행하지 않고 일반적으로 Eclipse의 ADT 플러그인을 통하여 Eclipse와 통합된 환경으로 작업을 할 수 있다. 이클립스를 통한 DDMS를 실행하려면 이클립스 메뉴에서 Window ⇨ Open Perspective ⇨ DDMS를 선택하여 DDMS 환경으로 전환할 수 있다.

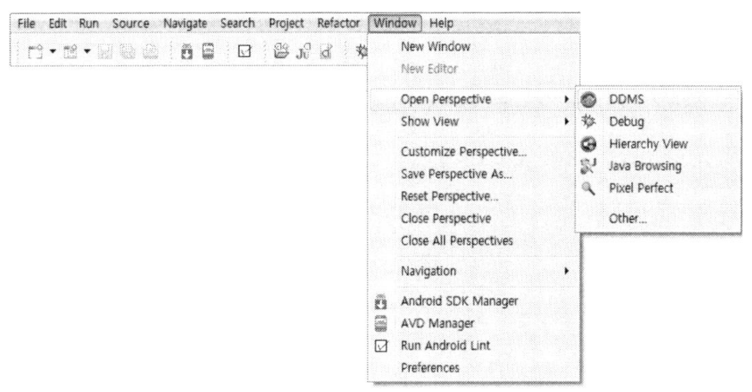

DDMS의 각 부분에 대한 기능을 다음 그림과 같이 간략하게 정리한다.

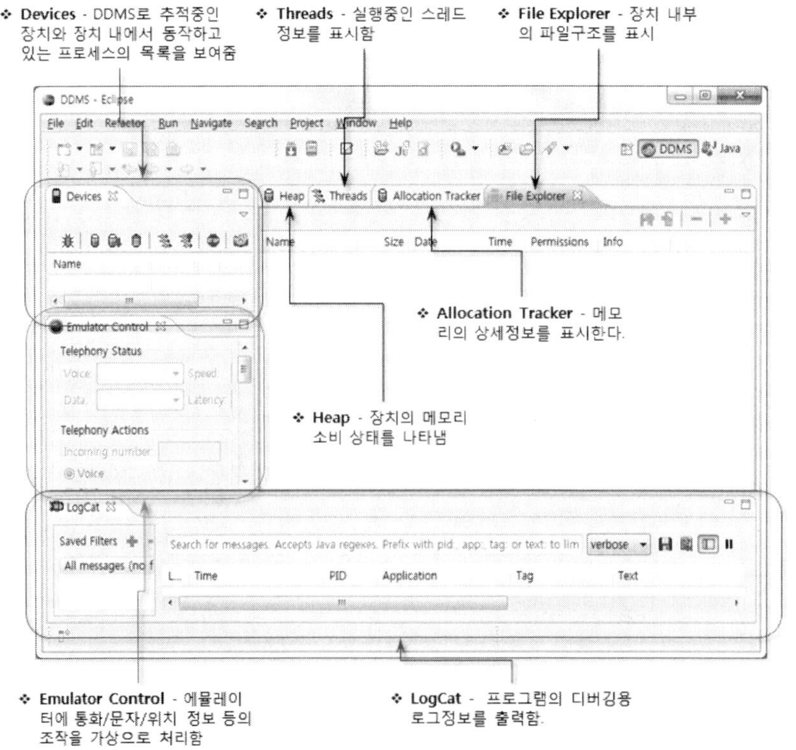

그림 18 DDMS의 기능

(1) Devices

Device창을 통해서 DDMS와 연결된 장치와 장치에서 동작중인 프로세스의 목록을 확인할 수 있다. 아래에서 emulator-5554는 현재 연결된 장치의 이름이며 (에뮬레이터), 하위로 현재 장치에서 실행중인 기본 프로세스의 목록이 보인다.

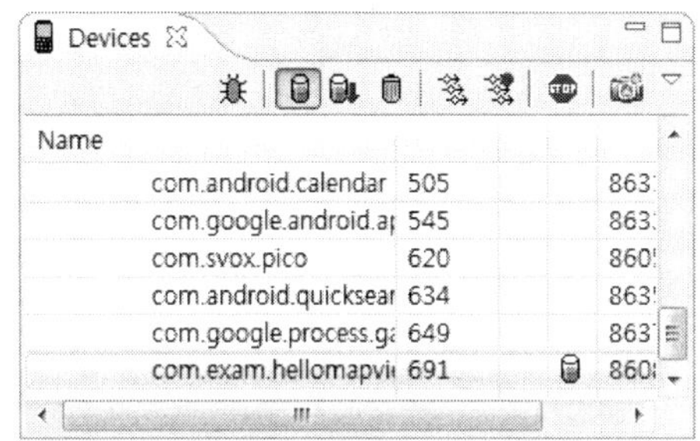

그림 19 DDMS의 Devices

- Debug Process( ) : 디버그하려는 프로세스를 선택하고 버튼을 클릭하면 해당 프로세스를 디버깅하게 된다. 작동하는 프로세스가 이클립스 프로젝트 안에 열려있어야만 소스 디버깅이 가능하다. 보통은 위의 버튼을 사용하기보다 이클립스의 디버그 기능을 이용 소스 디버깅을 수행하게 된다.
- Update Heap( ) : 해당 프로세스의 Heap Memory 정보를 확인할 수 있도록 설정한다. 프로세스 목록에서 위의 버튼을 클릭하면 Heap탭에 힙 메모리 사용에 대한 통계 수치가 나타난다. Cause CG 버튼을 통하여 프로세스에 강제로 가비지컬렉션을 수행하여 전후의 메모리 누수 여부를 어느 정도 가늠할 수도 있다.
- Dump HPROF file( ) : 힙덤프 정보 파일을 추출해 낸다. SDK의 tools 아래에 sdkhprof-conv.exe를 통해 표준 HPROF파일로 변환한 뒤에, jhat이나 Eclipse Memoy Analyzer Tool(MAT) 등의 힘 덤프 분석 툴로 상세한 메모리 상태를 점검 할 수 있다.
- Cause GC( ) : 해당 프로세스에게 가비지 콜렉션을 요청한다.
- Update Threads( ) : 프로세스 내의 현재 스레드 활동 정보를 갱신하여 보여준다. 프로세스를 선택하고 버튼을 클릭하면 현재 프로세스가 사용하고 있는 스레드 정보를 Threads 탭에서 확인 할 수 있다.

- Start Method Profiling( ) : 프로세스의 특정시간동안에 활동한 메서드 점유 정보를 기록/분석한다. 녹음기로 음성을 녹음하듯이 실행중인 프로세스의 일정 시간동안 사용한 메서드의 점유 정보를 리포팅 할 수 있다.
- Stop Process( ) : 종료하고자 하는 프로세스를 선택하고 버튼을 클릭하면 선택된 프로세스를 강제로 종료할 수 있다. 단말 장치에 프로세스의 문제로 실행중인 프로세스의 종료가 어려울 경우 유용하게 사용할 수 있다.
- Screen Capture( ) : 선택된 장치의 현재화면을 캡쳐한다.

(2) Emulator Control

안드로이드 폰에서 전화통화, 문자(SMS) 전송, 위치정보 등의 이벤트 발생을 개발 시에 에뮬레이터에서도 처리할 수 있도록 에뮬러이터를 가상으로 제어하는 기능을 담당한다.

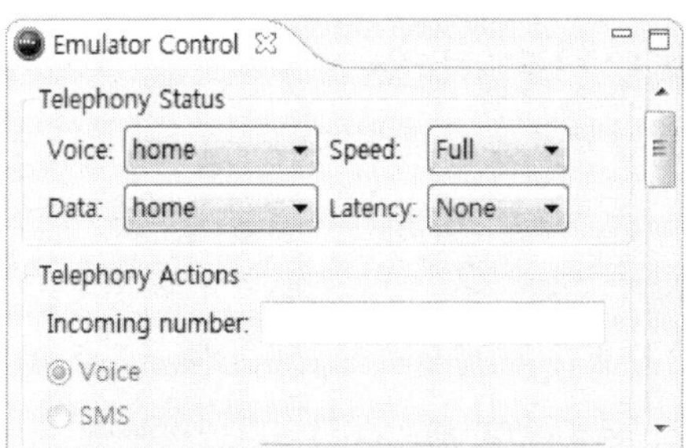

그림 20 DDMS의 Emulator Control

- 전화 걸기 : 프로그램 수행 중에 전화가 걸려온 상황을 연출할 수 있다.
  - Imcoming number에 전화번호(숫자,#,-)를 입력
  - Voice 선택 후 [Call]을 누르면 에뮬레이터에서 입력한 전화번호로 부터 전화가 걸려온 상태가 되어 전환됨
  - 전화를 받음
  - Emulator Control의 [Hang Up]을 클릭하면 전화를 끊은 상태로 전환됨
- 문자 전송 : 전화걸기와 마찬가지로 문자메시지를 받은 상황을 연출할 수 있다.
  - Imcoming number에 전화번호(숫자,#,-)를 입력
  - SMS를 선택하고 Message에 문자메시지를 입력
  - [Send] 버튼을 클릭하면 메율레이터로 문자 메시지가 전송됨

- 위치 설정 : 에뮬레이터를 지구상의 특정위치로 지정하는 기능으로 에뮬레이터로 위치기반 서비스 등을 테스트할 때 사용할 수 있다. 가장 간단한 방법은 Longitude와 Latitude의 값을 입력 후 [Send] 버튼을 클릭하여 현재 위치를 가상으로 전송한다. Google Map 등의 위치기반 프로그램에서 확인하면 입력한 가상의 위치로 표시가 된다.
- KML파일 : 구글 맵의 내지도에 접속하여 여러 지점의 위치를 저장한 후 링크기능으로 KML파일을 다운받을 수 있다. 그 파일을 [KML]탭에서 로딩하면 에뮬레터에서 사용할 위치 리스트를 만들어주는 리스트에 항목을 선택하여 전송하거나 시간에 따라 자동으로 위치가 변하게 지정할 수도 있다.
- GPX 파일 : KML과 비슷난 용도로 이동한 위치의 정보를 저장하는 범용 데이터 포맷이다. 인터넷 검색을 통하여 셈플 GPX 파일과 파일의 구조를 검색할 수 있다.

(3) Heap

Device탭에서 Update Heap을 설정한 프로세스의 Heap탭을 통해서 해당 프로세스의 메모리 사용 통계치를 확인할 수 있다. 좀 더 자세한 메모리 정보는 Allocation Tracker탭을 분석하거나 HPROF 덤프파일을 확인하여 살펴볼 수 있다.

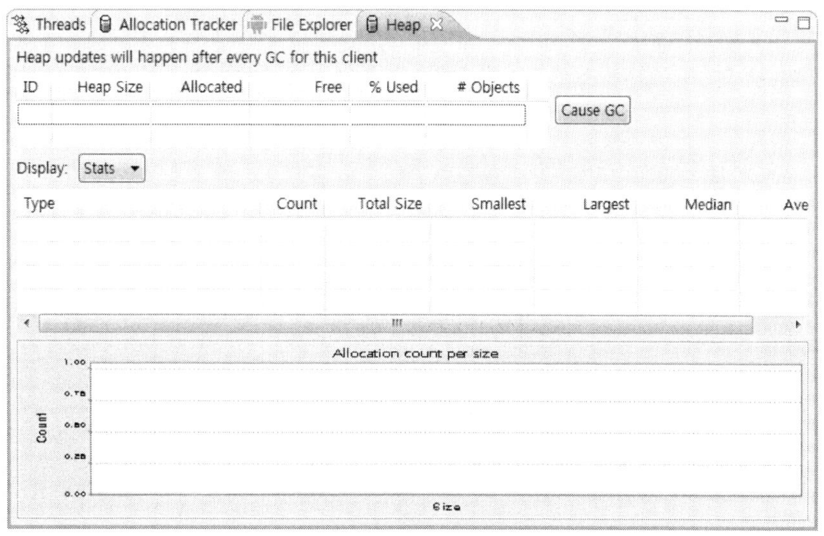

그림 21 DDMS의 Heap

Heap탭의 [Cause GC] 버튼을 클릭하면 해당 프로세스에게 가비지 컬렉션을 요청하게 되는데, 이때 메모리가 해제되거나 증가되는 상황을 통해 메모리 누수 시점을 어느 정도 추측할 수 있다. 하지만 특정 객체나 배열의 메모리 할당 상태는 확인이 불가능하다.

(4) Thread

Device탭에서 Update Threads 버튼을 클릭하면 아래와 같이 Threads 탭에서 해당 프로세스의 쓰레드 목록과 상태를 확인할 수 있다.

(5) Allocation Tracker

Update Heap을 통한 방법보다 더욱 상세한 메모리 할당상태를 확인할 수 있다. [Start Tracking] 버튼을 누르면 [Get Allocations] 버튼이 활성화 되어 진다. [Get Allocations] 버튼을 사용하여 원하는 시점에 메모리 할당 정보를 얻을 수 있다. 작업이 끝나면 [Stop Tracking] 버튼으로 종료해 주면 된다.

(6) File Explorer

폰이나 에뮬레이터의 파일을 PC에 저장하거나(Pull), PC의 파일을 단말기로 전송(Push) 할 수 있다. 또한 단말기의 파일구조를 확인할 수도 있다.

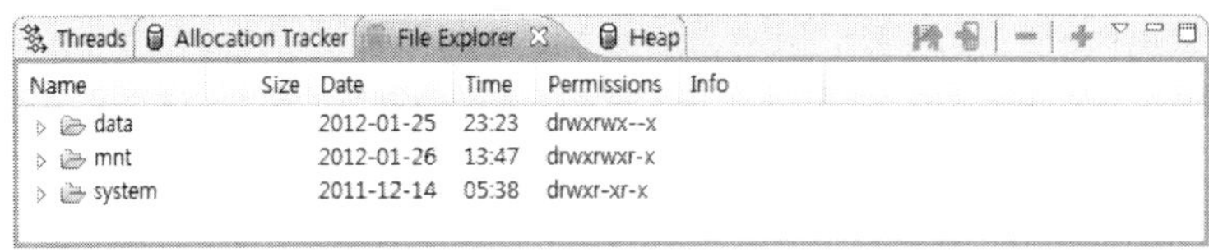

그림 22 DDMS의 File Explorer

(7) LogCat

LogCat은 안드로이드의 로그를 확인하는 기능을 한다. 또한 Log Filter를 추가/수정/삭제 기능을 이용하여 필터를 추가하며, 그림과 같이 대화상자를 이용하여 필터를 수행한다.

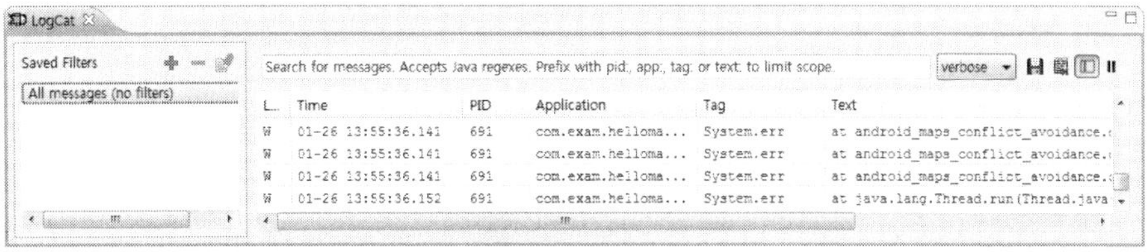

그림 23 LogCat

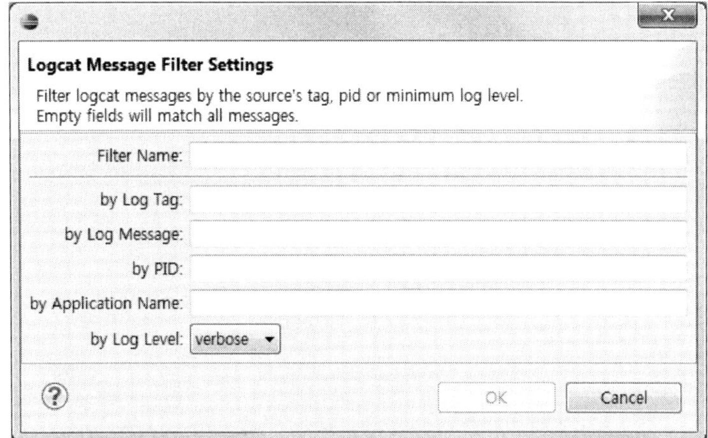

그림 24 LogCat Message Filter Settings 대화상자

CHAPTER 10

안드로이드 고급 개발 I

이번 장에서는 보안에 관한 내용으로 특히 권한의 동작 방식과 권한으로 애플리케이션을 안전하게 하는 방법에 대해 알아본다. 더불어 안드로이드의 고급 개발을 위해서 웨이크 락, 텍스트 음성 변환, MP3 플레이어, 그리고 비디오 플레이어를 개발한다.

10.1 안드로이드 보안

안드로이드의 보안은 대부분 하부에 있는 리눅스 커널에 기반을 두고 있다. 리소스는 자신을 소유한 애플리케이션에 샌드박스되어 다른 애플리케이션들은 접근할 수 없다. 안드로이드는 이러한 엄격한 프로세스 경계를 완화하기 위해 브로드캐스트 인텐트, 서비스, 콘텐트 프로바이더를 제공한다. 애플리케이션 수준의 보안은 권한 메커니즘을 이용해 유지한다. 애플리케이션에서 <uses-permission> 매니페스트 태그로 네이티브 시스템 서비스에 대한 접근을 요청하던 것들이 모두 권한 시스템에 속한다. 안드로이드 문서(http://developer.android.com/ guide/topics/security/securty.html)에 안드로이드 보안 기능이 자세히 설명되어 있으니 참고한다.

(1) 리눅스 커널 보안

각각의 안드로이드 애플리케이션은 고유한 리눅스 사용자 ID를 갖는다. 이 ID는 애플리케이션이 설치될 때 부여된다. 이는 프로세스와 이 프로세스가 생성한 리소스를 샌드박싱하는 효과를 갖는다. 때문에 다른 애플리케이션에 영향을 주거나 다른 애플리케이션으로부터 영향을 받지 않는다. 이러한 커널 수준의 보안으로 인해 애플리케이션 간 통신을 위해서는 콘텐트 프로바이더, 브로드캐스트 인텐트, AIDL 인터페이스라는 추가 단계를 밟아야 한다. 이들 메커니즘은 애플리케이션간에 정보를 주고받을 수 있는 터널을 개설한다. 안드로이드 권한은 이 터널 양 끝에 선 보디가드처럼 행동하면서 이 터널을 통해 주고받을 수 있는 트랙픽을 제어한다.

(2) 권한 소개

권한은 애플리케이션 수준의 보안 메커니즘으로서 애플리케이션 컴포넌트의 접근을 제한할 수 있게 해준다. 권한은 악의적인 애플리케이션이 데이터를 선상시키거나, 민감한 정보에 접근하거나, 하드웨어 리소스 또는 외부 통신 채널을 과도하거나 허가 없이 사용하는 것을 막는데 쓰인다.

안드로이드의 많은 네이티브 컴포넌트들은 권한을 요구하며 네이티브 안드로이드 액티비티와 서비스에 의해 쓰이는 네이티브 권한 문자열들은 android.Manifest.permission 클래스에 static 상수로 정의되어 있다. 권한으로 보호된 컴포넌트를 이용하기 위하여서는 애플리케이션 매니페스트에 <uses-permission> 태그들을 추가한 뒤, 여기에 해당 컴포넌트가 요구하는 각각의 권한 문자열을 지정해야 한다.

애플리케이션 매니페스트에 지정된 권한들은 애당 애플리케이션 패키지가 설치될 때 분석되어, 신뢰할 수 있는 기관과 사용자의 피드백 확인을 통해 부여 또는 거부된다. 기존의 많은 모바일 플랫폼들과는 달리 안드로이드의 모든 권한 확인 작업은 설치 시에 이뤄진다. 일단 애플리케이션이 설치되고 나면 해당 권한들은 재평가되지 않는다.

(3) 권한 선언하기와 강제하기

애플리케이션 컴포넌트에 권한을 지정하려면 다음의 코드와 같이 <permission> 태그로 해당 권한을 애플리케이션 매니페스트에 정의해야 한다.

```
<permission
    android:name="com.pad.DETONATE_DEVICE"
    android:protectionLevel="dangerous"
    android:label="Self Destruct"
    android:description="@string/detonate_description">
```

```
</permission>
```

이 권한 태그 안에는 해당 권한에 허용할 접근 수준(normal, dangerous, signature, signatureOrSystem), 레이블, 그리고 이 권한을 부여함으로써 오는 위험성을 설명하는 내용의 외부 리소스를 지정할 수 있다. 개발한 애플리케이션 컴포넌트에 권한 요구사항을 포함시키려면 해당 컴포넌트의 Application Manifest 태그에 permission 속성을 추가한다. 권한 강제(permission constraints)는 애플리케이션 전역에 걸쳐 시행될 수 있다. 권한 강제는 애플리케이션의 인터페이스에 해당하는 컴포넌트에 매우 유용한데, 이를테면 다음과 같이 활용할 수 있다.

- 액티비티
  액티비티에 권한을 추가해 권한이 없는 다른 애플리케이션들이 해당 액티비티를 함부로 띄울 수 없게 제한한다.
- 브로드캐스트 리시버
  브로드캐스트 리시버에 권한을 추가해 해당 브로드캐스트 리시버로 브로드캐스트 인텐트를 보낼 수 있는 애플리케이션들의 종류를 제한한다.
- 콘텐츠 프로바이더
  콘텐츠 프로바이더에 권한을 추가해 해당 콘텐츠 프로바이더의 읽기 접근과 쓰기 작업을 제한한다.
- 서비스
  서비스에 권한을 추가해 해당 서비스로 함부로 시작하거나 바인드할 수 없게 제한한다.

이렇게 하면 Application Manifest에서 원하는 애플리케이션 컴포넌트를 찾아서 permission 속성을 추가하고, 해당 컴포넌트를 접근하는 데 필요한 권한 문자열을 지정한다. 다음의 코드는 액티비티를 시작하기 위한 권한으로 앞의 코드에서 정의한 권한을 요구하는 Application Manifest의 일부를 보여준다.

```
<activity
    android:name="MyActivity"
    android:label="@string/app_name"
    android:permission="com.pad.DETONATE_DEVICE">
</activity>
```

콘텐츠 프로바이더는 readPermission과 writePermission 속성을 통해 읽기/쓰기 접근을 보다 섬세하게 제어할 수 있다.

(4) 브로드캐스트 인텐트에 권한 강제하기

브로드캐스트 리시버가 수신하는 인텐트에 권한을 요구할 수 있을 뿐만 아니라 방송하는 각 인텐트에 권한 요구사항을 첨부할 수도 있다. 브로드캐스트 리시버가 요구하는 권한 문자열은 다음과 같이 sendBroadcast를 호출할 때 지정할 수 있다.

```
sendBroadcast(myIntent, REQUIRED_PERMISSION);
```

10.2 웨이크 락 이용하기

안드로이드 장치는 배터리 수명을 늘이기 위해 시간이 지남에 따라 처음 화면을 어둡게 하고, 그 다음엔 화면을 끄고, 마지막엔 CPU를 끈다. 웨이크 락(Wake Locks)은 시스템 서비스 중 하나인 파워 매니저(Power Manager)가 제공하는 기능으로서 애플리케이션에서 호스트 장치의 전력 상태를 제어하는 데 사용할 수 있다. 웨이크 락을 이용하면 CPU를 계속 실행 중인 상태로 유지할 수 있고, 화면이 어두워지거나 꺼지는 것을 막을 수 있으며, 키보드 백라이트가 꺼지는 것도 막을 수 있다. 화면 웨이크 락은 보통 사용자와 상호작용은 적지만 사용자가 화면을 계속해서 지켜볼 가능성이 높은 애플리케이션에서 화면이 어두워지는 것을 막는데 쓰인다.

CPU 웨이크 락은 어떤 동작이 수행될 때까지 장치가 절전 상태로 빠지는 것을 막는데 쓰인다. CPU 웨이크 락은 브로드캐스트 리시버 내에서 서비스를 시작시키는 경우에 가장 많이 쓰인다. 브로드캐스트 리시버는 장치가 잠들어 있는 동안 인텐트를 받을 수도 있는데, 이 경우 시스템이 브로드캐스트 리시버의 onReceive 핸들러가 실행되는 동안 CPU 웨이크 락을 잡아둔다는 점은 주목할 만한 가치가 있다.

웨이크 락을 생성하려면 파워 매니저의 newWakeLock을 호출한다. 이때 매개변수에는 다음의 웨이크 락 종류들 중 하나를 지정한다.

- FULL_WAKE_LOCK
- SCREEN_BRIGHT_WAKE_LOCK
- SCREEN_DIM_WAKE_LOCK
- PARTIAL_WAKE_LOCK

웨이크락의 FULL_WAKE_LOCK은 화면은 전체 밝기로, 키보드 백라이트는 켜두고, CPU는 실행 중인 상태로 유지한다. SCREEN_BRIGHT_WAKE_LOCK은 화면의 전체 밝기로, CPUSMS 실행중인 상태로 유지한다. SCREEN_DIM_WAKE_LOCK은 화면을 어둡게 켜두고 CPU는 실행중인 상태로 유지한다. 마지막으로 PARTIAL_WAKE_LOCK은 CPUFMF 실행 중인 상태로 유지한다.

생성된 웨이크 락은 acquire를 호출해 얻는다. 옵션으로 웨이크 락을 잡아둘 최대 지속 시간을 지정할 수도 있다. 웨이크 락을 잡고 있던 동작이 완료되면 release를 호출해 시스템이 전력 상태를 관리할 수 있게 한다. 다음의 코드는 웨이크 락을 생성하고, 얻어오고, 릴리즈하기 위한 전형적인 코드를 보여준다.

```
PowerManager pm = (PowerManager)getSystemServuce(Context.POWER_SERVICE);
WakeLock wakeLock = pm.newWakeLock(PowerManager.PARTIAL_WAKE_LOCK, "MyWakeLock");

wakeLock.acquire();

.....

wakeLock.release();
```

10.3 안드로이드 텍스트 음성 변환 소개

안드로이드 1.6(SDK API 레벨 4)은 텍스트 음성 변환(TTS, Text To Speech) 엔진을 도입했다. 이 API를 이용하면 음성을 합성해 애플리케이션이 사용자에게 "말하게" 만들 수 있다. 일부 안드로이드 장치의 저장 공간 제약으로 인해 모든 장치가 언어 팩을 미리 설치해 가지고 있는 것은 아니다. TTS 엔진을 이용하기 전에는 언어 팩이 설치되어 있는지 확인해 보는 것이 필요하다.

TTS 라이브러리가 설치되어 있는지 확인해보려면 TextToSpeech.Engine에 있는 ACTION_CHECK_TTS_DATA 액션을 가지고 startActivityForResult를 호출한다.

```
Intent intent = new Intent(TextToSpeech.Engine.ACTION_CHECK_TTS_DATA);
startActivityForResult(intent, TTS_DATA_CHECK);
```

음성 데이터가 설치되어 있는 경우 onActivityResult 핸들러에는 CHECK_VOICE_DATA_PASS가 전달된다. 현재 음성 데이터를 이용할 수 없는 경우에는 TTS 엔진 클래스의 ACTION_INSTALL_TTS_DATA 액션을 가지고 start Activity를 호출하면 음성 데이터 설치를 시작할 수 있다. 이용할 수 있는 음성 데이터의 존재를 확인한 뒤에는 새로운 TextToSpeech 인스턴스를 생성해 초기화해야 한다.

새로 생성한 TextToSpeech 객체는 초기화가 완료되기 전까지 이용할 수 없다는 점에 유의한다. 다음의 코드에서 보이는 것처럼 생성자에 OnInit Listener를 전달하면 TTS 엔진이 초기화되는 시점을 알 수 있다.

```
boolean ttsIsInit = false;
TextToSpeech tts = null;

tts = new TestToSpeech(this, new OnInitListener()
    public void onInit(int status) {
        if (status == TextToSpeech.SUCCESS) {
            ttsIsInit = true;
        }
    }
});
```

TextToSpeech 초기화하기

TextToSpeech가 초기화되면 speak 베서드로 음성을 합성해 기본 장치 오디오 출력으로 내보낼 수 있다.

```
tts.speak("Hello, Android", "TextToSpeech.QUEUE_ADD, null);
```

speak 메서드는 기존 큐에 새로운 음성 출력을 추가할지, 아니면 큐를 비우고 곧바로 말하기를 시작할지 지정할 수 있는 매개변수를 가지고 있다. 음성 출력

방식은 setPitch와 setSpeedRate 메서드로 조절할 수 있다. 이 메서드들은 각각 음성 출력의 높낮이와 속도를 바꾸는 float 타입의 매개 변수 하나를 받아들인다.

더 중요한 것은 setLanguage 메서드로 음성 출력의 발음을 바꿀 수 있다는 것이다. 이 값은 정확한 언어와 발음 모델이 사용될 수 있도록 텍스트가 음성으로 출력되는 방식에 영향을 미친다. 말하기를 마치면 stop을 이용해 음성 출력을 멈추고 shutdown을 이용해 TTS 리소스를 해제한다.

다음의 코드는 TTS 음성 라이브러리가 설치되어 있는지 확인하고, 새로운 TTS 엔진을 초기화한 뒤 이를 이용해 영국식 영어로 말한다.

```
private static int TTS_DATA_CHECK = 1;

private TextToSpeech tts = null;
private boolean ttsInit = false;

private void initTextToSpeech() {
   Intent intent = new Intent(Engine.ACTION_CHECK_TTS_DATA);
   startActivityForResult(intent, TTS_DATA_CHECK);
}

protected void onActivityResult(int requestCode, int resultCode, Intent data) {
   if(requestCode == TTS_DATA_CHECK) {
      if(resultCode == Engine.CHECK_VOICE_DATA_PASS) {
         tts = new TextToSpeech(this, new OnInitlistener() {
               public void onInit(int status) {
                     if(status == TextToSpeech.SUCCESS) {
                           ttsIsInit = true;
                     if(tts.isLanguageAvailable(Locale.UK)>= 0)
                           tts.setLanguage(Locale.UK);
                           tts.setPitch(0.8f);
                           tts.setSpeechRate(1.1f);
                           speak();
                     }
               }
         });
      } else {
      Intent installVoice = new Intent(Engine.ACTION_INSTALL_TTS_DATA);
         startActivity(installIntent);
```

```
        }
    }
}
```

텍스트 음성 변환 이용하기

```
private void speak() {
    if (tts != null && ttsIsInit) {
        tts.speak("Hello, NAdroid", TestToSpeech.QUEUE_ADD, null);
    }
}

@Override
public void onDestroy() {
    if(tts != null) {
        tts.stop();
        tts.shutdown();
    }
    super.onDestroy();
}
```

텍스트 음성 변환 이용하기

10.4 음성 인식

안드로이드 1.5(API 레벨 3)부터는 Recognizer Intent 클래스를 이용한 음성 입력과 음성 인식을 지원한다. 이 API는 다음의 그림에 보이는 표준 음성 입력 다이얼로그를 이용해 개발자의 애플리케이션에서 음성 입력을 받아들일 수 있게 해준다.

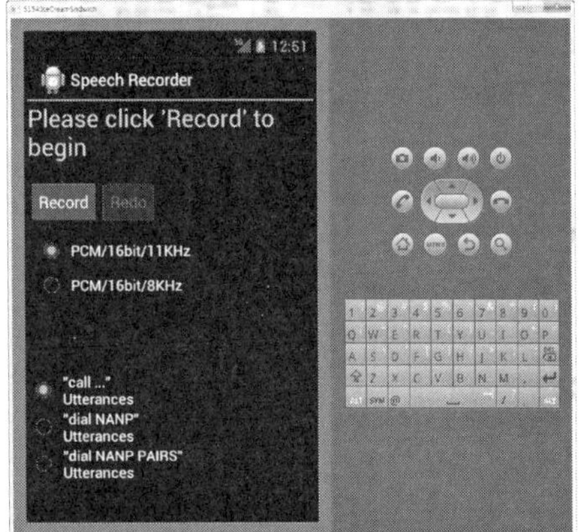

음성 인식은 RecognizerIntent.ACTION_RECOGNIZE_SPEECH 액션 상수가 지정된 인텐트를 가지고 startActivityForResult를 호출함으로써 시작된다. 이 시작 인텐트는 Recognizerintent.EXTRA_LANGUAGE_MODEL 엑스트라를 반드시 가져야 한다. 이 엑스트라는 입력 오디오를 파싱하는 데 사용되는 언어 모델을 지정하는 역할을 한다.

LANGUAGE_MODEL_FREE_FORM이나 LANGUAGE_MODEL_WEB_SEARCH 중 하나를 지정할 수 있으며, 이 둘 모두 RecognizerIntent 클래스에 static 상수로 정의되어 있다.

또한 다음의 RecognizerIntent 상수들을 이용해 다이얼로그에 표시할 프롬프트 문자열, 잠재 인시 결과의 수, 입력 언어를 제어하기 위한 추가 엑스트라를 지정할 수 있다.

- EXTRA_PROMPT
  위의 그림에 보이는 "음성 입력 다이얼로구" 문구처럼 음성 입력 다이얼로그에 표시될 문자열을 지정한다.
- EXTRA_MAXRESULTS
  잠재적인 인식 결과의 수를 제한하며, 정수 값을 지정한다.
- EXTRA_LANGUAGE
  인식할 언어가 디바이스의 기본 값과 다를 경우 지정한다. Local 클래스에 정의된 언어 상수들 중 하나를 지정하면 된다. 현재 설정된 기본 값은 Local 클래스의 static 메서드인 getDeafult를 호출하면 알 수 있다.

다음의 코드는 음성 인식을 요청하는 방법을 보여준다. 이 코드는 영어를 인식하고, 결과는 하나만 리턴하며, 커스텀 프롬프트를 사용하도록 요청한다.

```
Intent intent = new Intent(RecognizerIntent.ACTION_RECOGNIZE_SPEECH)

intent.putExtra(RecognizerIntent.EXTRA_LANGUAGE_MODEL,
   RecognizerIntent.LANGUAGE_MODEL_FREE_FORM);
intent.putExtra(RecognizerIntent.EXTRA_PROMPT, "음성 입력 다이얼로그");
intent.putExtra(RecognizerIntent.EXTRA_MAX_RESULTS, 1);
intent.putExtra(RecognizerIntent.EXTRA_LANGUAGE, Locale.ENGLISH);
startActivityForResult(intent, VOICE_RECOGNITION);
```

사용자가 음성 입력을 마치고 나면, 음성 인식 엔진이 입력된 오디오를 분석 처리하여 onActivityResult 핸들러를 통해 결과를 리턴한다. 분석 결과는 다음의 코드에서 보이는 것처럼 EXTRA_RESULTS 엑스트라에 문자열 배열 리스트 형태로 전달된다.

이 배열 리스트에 리턴된 각 문자열은 해당 언어에 대한 잠재적인 일치 결과를 나타낸다.

```
@Override
protected void onActivityResult(int requestCode, int resultCode, Intent data) {
   if (requestCode == VOICE VOICE_RECOGNITION && resultCode ==
   RESULT_OK) {
      ArrayList<String> results;
      results =
      data.getStringArraylistExtra(RecognizerIntennt.EXTRA_RESULTS);
   }
   super.onActivityResult(requestCode, resultCode, data);
}
```

10.5 MP3 Player 만들기

10.5.1 MP3 Player 만들기 1

이번 강좌에서는 MP3 플레이어를 만들기 전단계로 AVD에서 제공하는 기능을 이용해 MP3을 동작시켜보자.

1 먼저 가상 SD Card를 장착한 AVD를 생성한다.

❶ 이클립스에서 아이콘 도구 버튼을 눌러 'Android Virtual Device Manager ( )'를 수행한다.

❷ Android Virtual Device Manager 창에서 오른쪽 상단의 New 버튼을 선택한다.

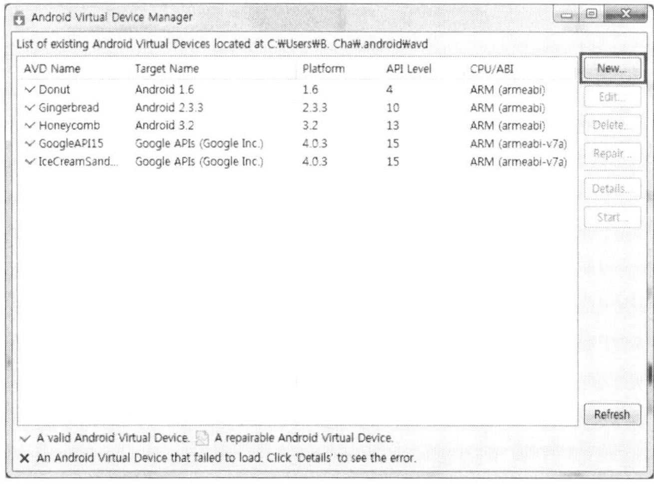

❸ Create new AVD 창에서 Name, Target, SD Card Size를 입력한다. SD Card Size를 너무 크게 입력하면, AVD 실행시 성능에 영향을 줄 수 있으므로 적당히 입력하고 Create AVD 버튼을 클릭한다.

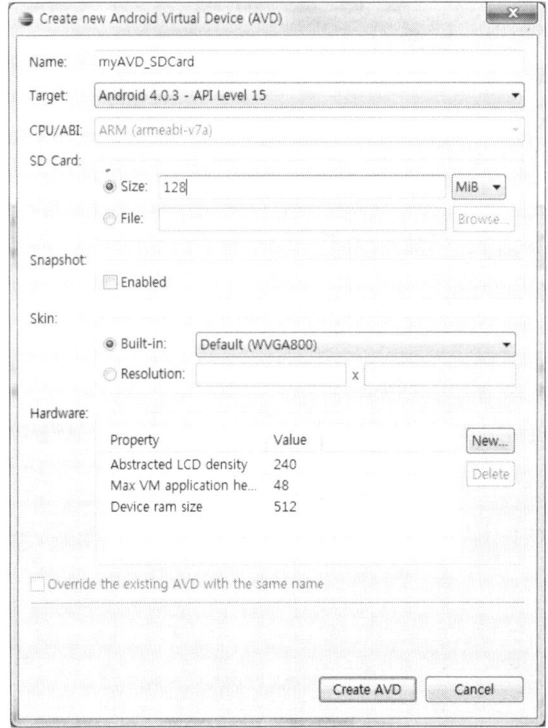

❹ Android Virtual Device Manager에서 방금 생성한 myAVD_SDCard를 확인할 수 있다.

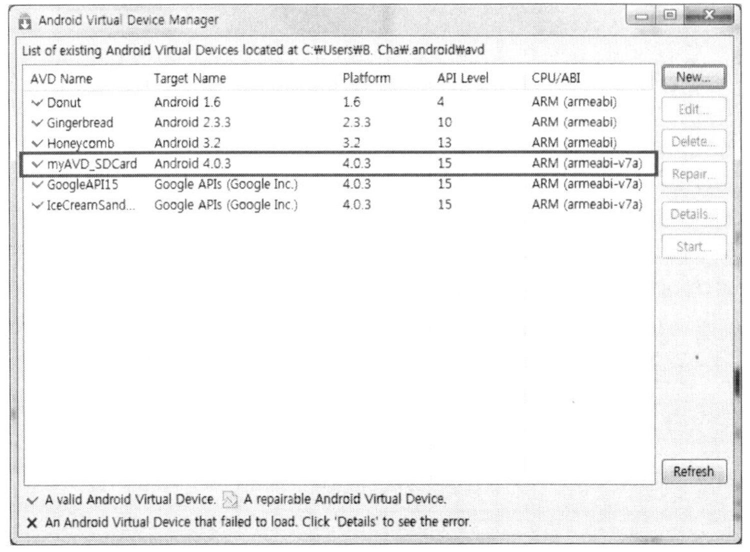

❺ Android AVD Manager 창에서 방금 생성한 AVD를 선택한 후 오른쪽 Start 버튼을 눌러서 AVD를 띄운다.

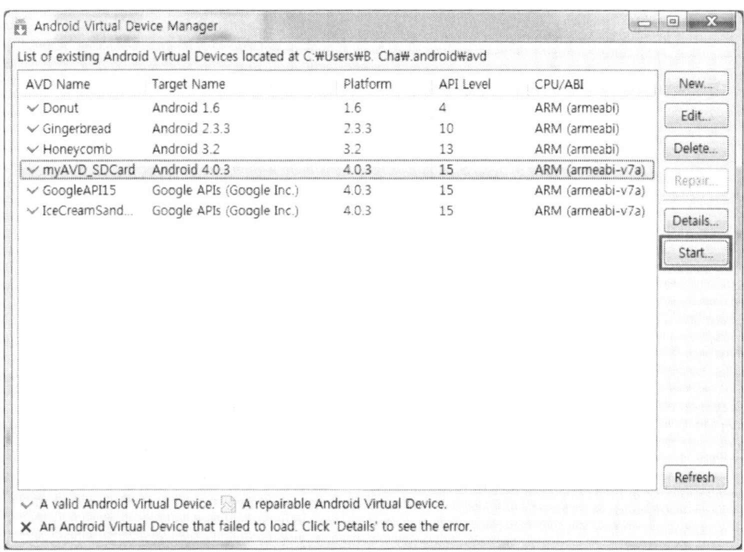

❻ Launch Options 대화상자가 나타나면, Launch 버튼을 클릭한다. AVD 'myAVD_SDCard'의 에뮬레이터를 시작한다.

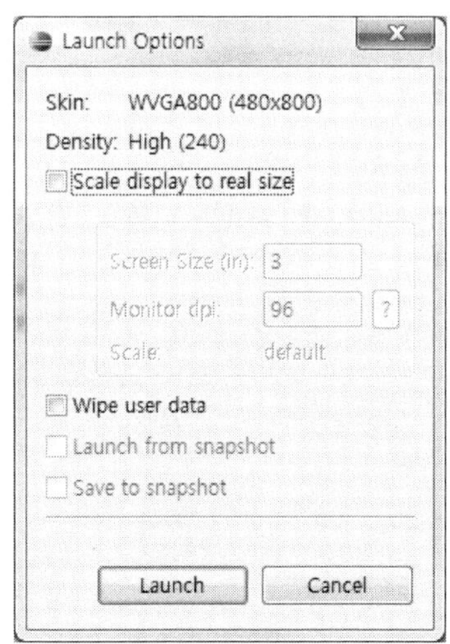

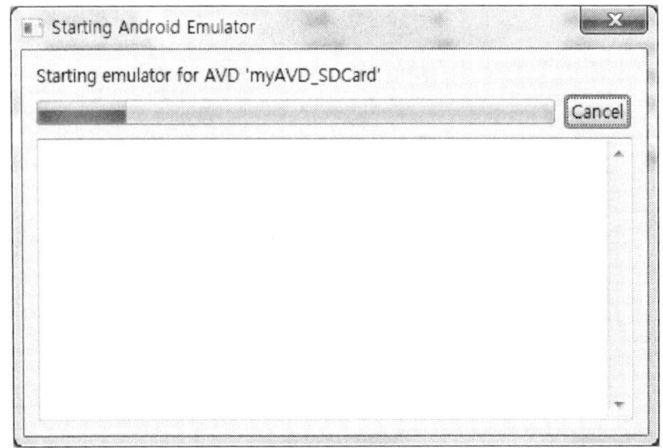

2 MP3 파일 하나를 준비하며, 파일명은 영문으로 저장한다.

3 AVD가 실행된 상태에서 이클립스의 우측 상단의 Java Browsing를 DDMS로 전환한다.

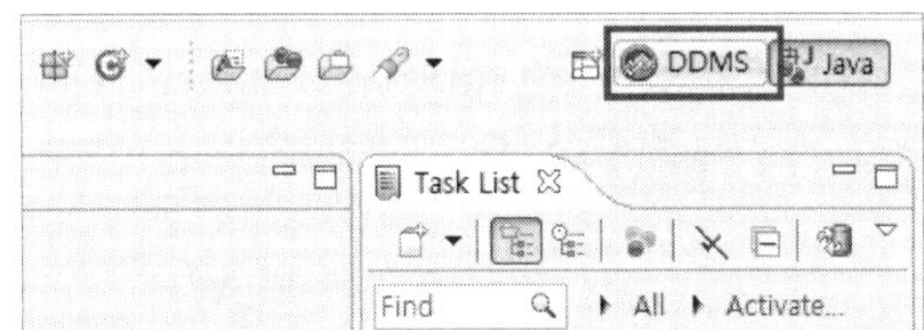

4 DDMS의 Devices에서 myAVD_SDCard를 더블 클릭한다.

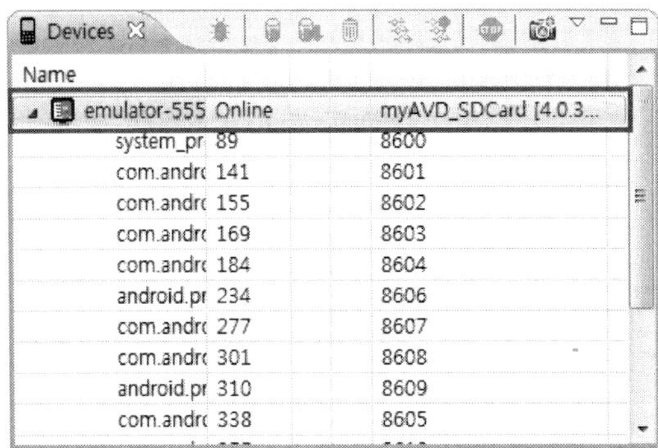

5 이클립스 하단에 나타나는 File Explorer에서 SD Card 폴더를 클릭한 다음 그림과 같이 핸드폰 모양 아이콘을 클릭한다.

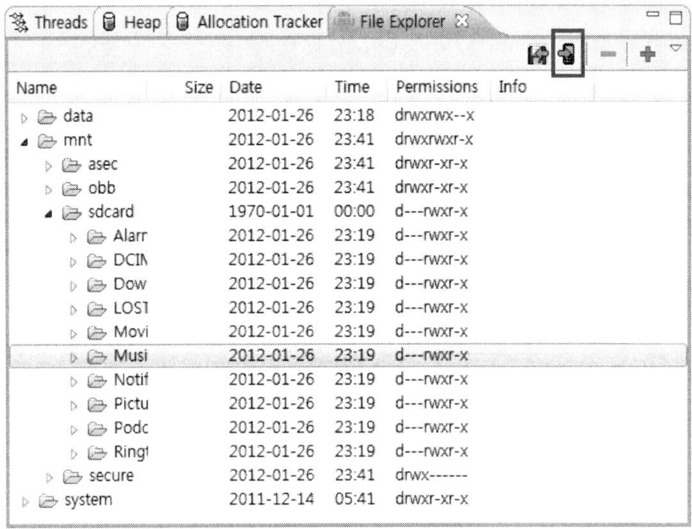

6 준비한 MP3 파일을 선택한다.

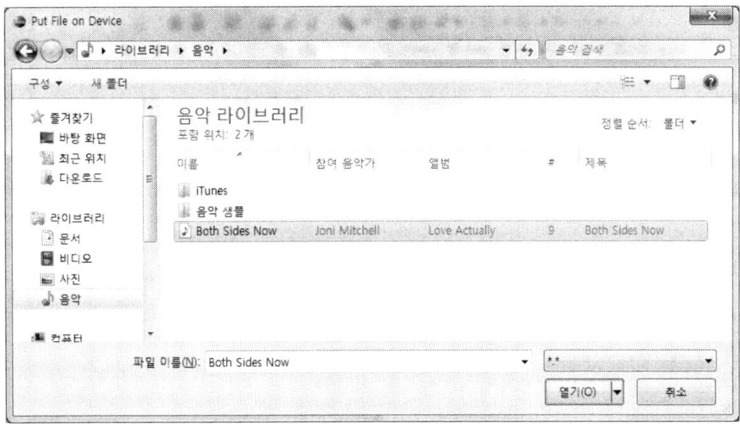

7 진행상태 창이 나타나고 완료되면, 그림과 같이 SD Card 폴더에 mymusic.mp3가 보인다.

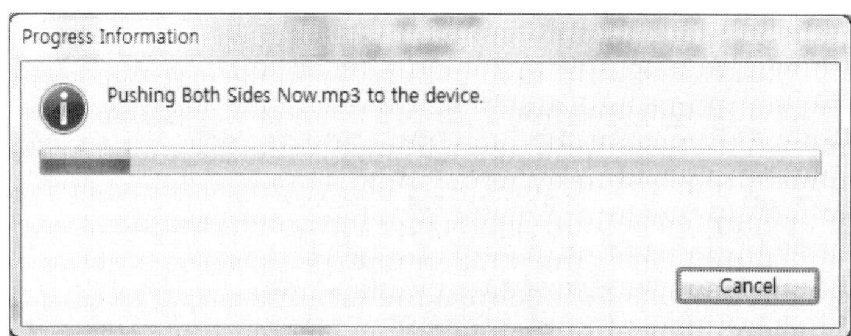

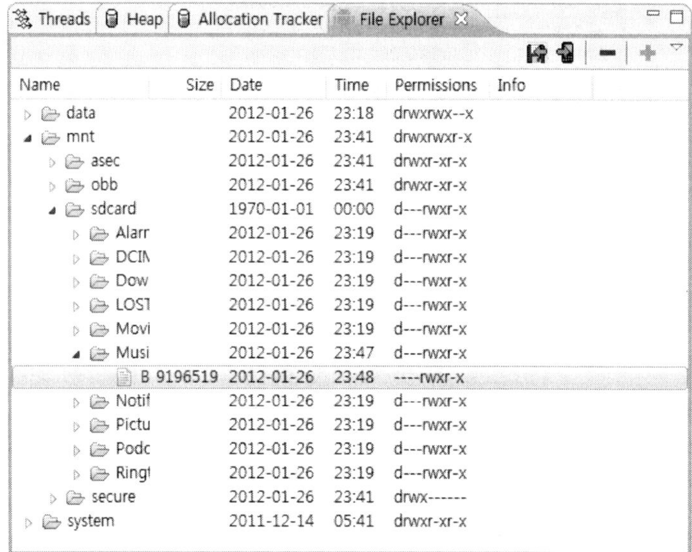

8 이번에는 mp3 파일을 AVD에서 인식할 수 있도록 Scan 작업을 할 차례이다. 실행중인 AVD에서 다음과 같이 메뉴 버튼을 클릭한 다음 'Dev Tool'을 선택한다.

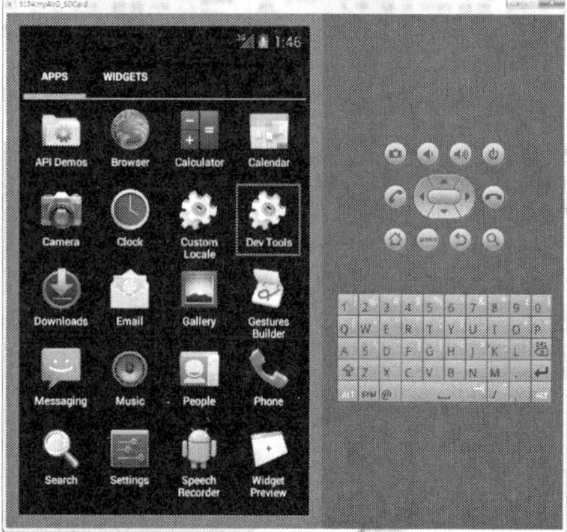

9 Dev Tools 화면에서 Media Scanner를 선택한다. finished 문구가 나오면 완료된 것이다.

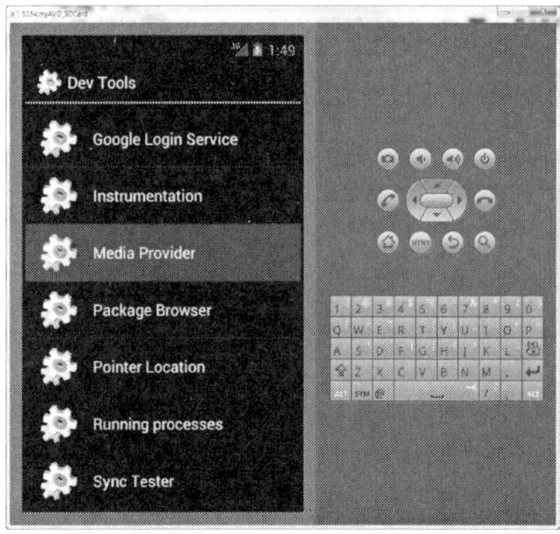

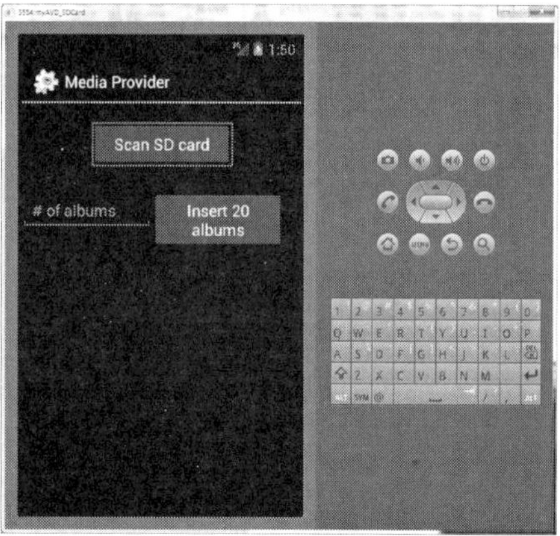

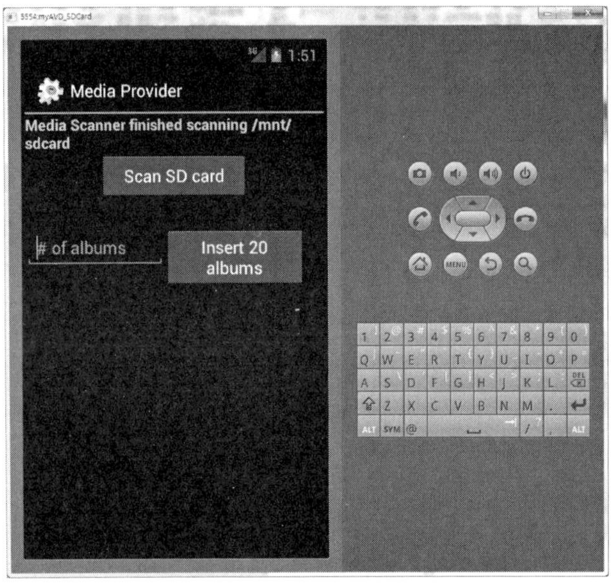

9 를 눌러서 초기화면으로 나온 다음 를 다시 클릭하여 Music을 선택한다.

10 다음의 그림과 같이 목록에 MP3 파일이 보이면 클릭해서 플레이를 수행한다.

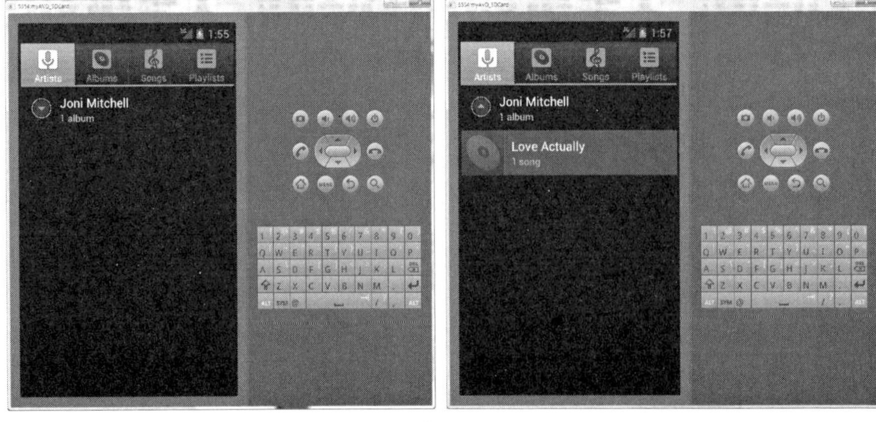

참고로 다음 화면은 위 그림의 아랫부분을 클릭하면 나타나는 화면들이다.

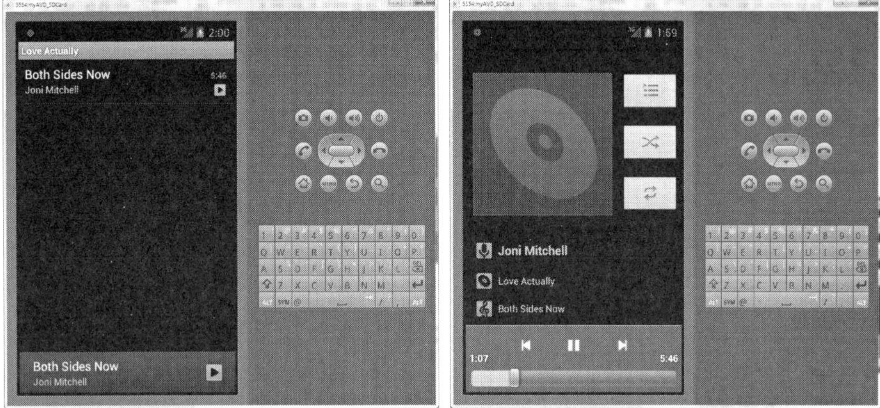

10.5.2 MP3 Player 만들기 2

앞 절에서는 SD Card가 장착된 AVD에 MP3를 넣고 AVD 자체의 Music Player를 이용해서 MP3를 play해 보았는데, 이번에는 MP3를 play하고 stop하는 간단한 예제를 작성해 보자.

1 다음과 같이 프로젝트를 생성한다.

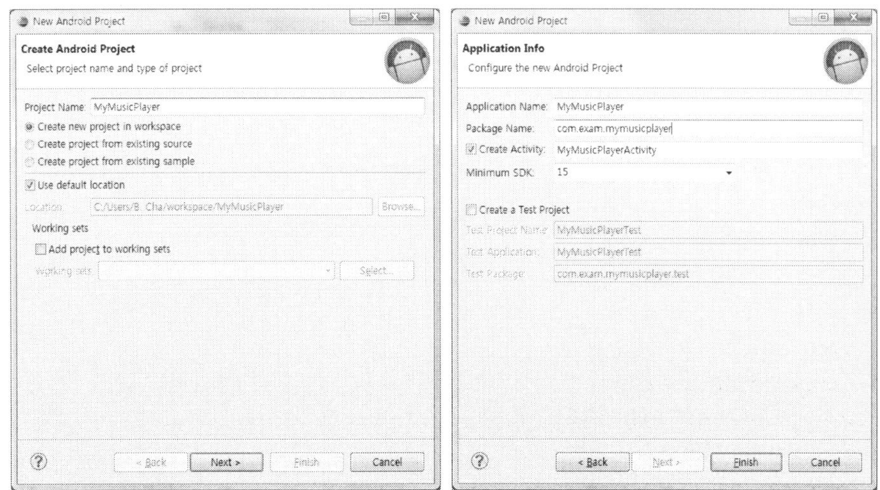

2 res ⇨ layout ⇨ main.xml에 다음과 같이 편집한다. 코드에서 ProgressBar는 mp3가 play되는 동안 잠시 나타났다가 stop하면 사라진다. MP3가 play되는 상황을 표시하기 위해 사용되었다.

```
<?xml version="1.0" encoding="utf-8"?>
<LinearLayout xmlns:android="http://schemas.android.com/apk/res/android"
        android:layout_width="wrap_content"
        android:layout_height="wrap_content"
        android:orientation="vertical">

    <ProgressBar android:id="@+id/ProgressBar01"
        android:layout_width="wrap_content"
        android:layout_height="wrap_content"></ProgressBar>

    <LinearLayout android:layout_width="wrap_content"
            android:layout_height="wrap_content"
            android:orientation="horizontal">
            <Button android:id="@+id/playButton"
                android:layout_width="wrap_content"
                android:layout_height="wrap_content"
                android:text="Play"/>
            <Button android:id="@+id/stopButton"
                android:layout_width="wrap_content"
                android:layout_height="wrap_content"
                android:text="Stop"/>
    </LinearLayout>
</LinearLayout>
```

3 src ⇨ com.exam.mymusicplayer ⇨ MyMusicPlayerActivity.java를 다음과 같이 편집한다.

```
package com.exam.mymusicplayer;

import java.io.IOException;
import android.app.Activity;
import android.media.MediaPlayer;
import android.os.Bundle;
import android.view.View;
import android.widget.Button;
import android.widget.ProgressBar;
```

```
import android.widget.Toast;

public class MyMusicPlayerActivity extends Activity {
    private static MediaPlayer audio_play;
    private Button startButton;
    private Button stopButton;
    private ProgressBar progressbar;

        @Override
        public void onCreate(Bundle savedInstanceState) {
            super.onCreate(savedInstanceState);
            setContentView(R.layout.main);
            startButton = (Button) findViewById(R.id.playButton);
            stopButton = (Button) findViewById(R.id.stopButton);
            progressbar = (ProgressBar) findViewById(R.id.ProgressBar01);
            progressbar.setVisibility(8); //GONE

            startButton.setOnClickListener(new View.OnClickListener() {
                public void onClick(View v) {
                    progressbar.setVisibility(0); //VISIBLE
                    play();
                }
            });

            stopButton.setOnClickListener(new View.OnClickListener() {
                public void onClick(View v) {
                    progressbar.setVisibility(8); //GONE
                    stop();
                }
            });
        }

        @Override
        protected void onPause() {
            super.onPause();
            progressbar.setVisibility(8); //GONE
            stop();
        }

        public  void play( ) {
            stop();
            audio_play = new MediaPlayer();
```

```
        try {
            audio_play.setDataSource("/sdcard/music/BothSidesNow.mp3");
        // mp3파일 경로
            audio_play.prepare(); // 준비
            audio_play.setLooping(false); // 반복재생 false
            audio_play.start(); // 시작
        }catch(IOException e) {
            Toast.makeText(MyMusicPlayerActivity.this, "Error!!",
            Toast.LENGTH_SHORT).show();
        }
    }

  public  void stop() {
        if (audio_play != null) {
            audio_play.stop(); // 중지
            audio_play.release(); // 자원 반환
            audio_play = null;
        }
    }
}
```

소스코드에서 progressbar.setVisibility(8);는 ProgressBar를 화면에서 사라지게 한다. 8은 GONE에 해당하는 값인데 GONE은 progressbar가 자신의 영역을 차지하지 않고 완전히 사라지게 한다. 비슷한 것으로 INVISIBLE이 있는데 INVISIBLE은 뷰가 사라지더라도 원래 차지하고 있던 영역은 그대로 유지된다.

progressbar.setVisibility(0);은 ProgressBar를 나타나게 한다. audio_play = new MediaPlayer();에서 MediaPlayer 클래스를 사용하는 것을 볼 수 있는데, Media Player클래스 내부에는 mp3와 같은 audio 파일을 시작, 중지, 검색 등의 역할을 하는 많은 메서드들이 존재한다. audio_play.setDataSource("/sdcard/mymusic.mp3"); 에서 지난 강좌에 사용했던 mymusic.mp3의 경로를 지정했다. audio_play.set Looping(false);는 mp3를 play할 때 반복재생하는 것을 false로 지정한다. audio_play.start();는 mp3를 play한다. audio_play.stop();는 mp3 재생을 중지한다. audio_play.release(); MediaPlay Object에 관련한 자원을 반환한다.

4 Ctrl+F11 키로 실행한다. play 버튼을 누르면 progress bar가 나타나고 재생이 되며, stop 버튼을 누르면 progress bar가 사라지고 재생이 종료된다.

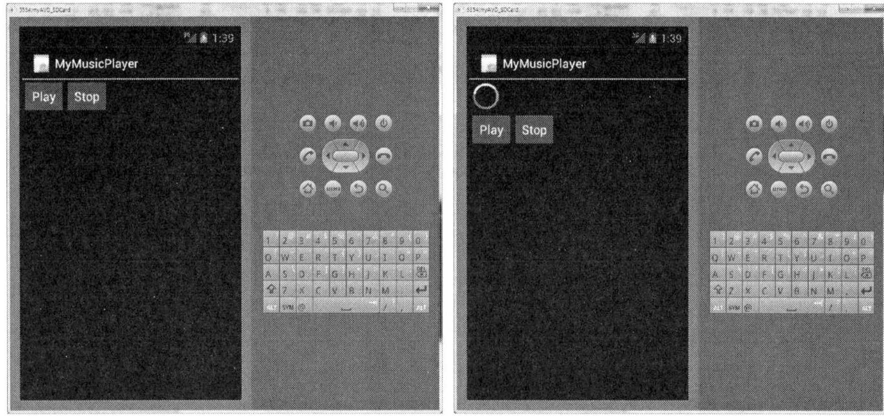

[처음 또는 stop한 상태] [play한 상태]

10.5.3 MP3 Player 만들기 3

지난 강좌에서는 SD Card에 넣어 둔 MP3 파일 한 개의 경로를 미리 지정해서 MP3 파일을 플레이 했다. 이번 강좌에서는 MP3 파일의 목록을 가져오는 방법에 대해서 알아보자.

1 다음과 같이 프로젝트를 생성한다.

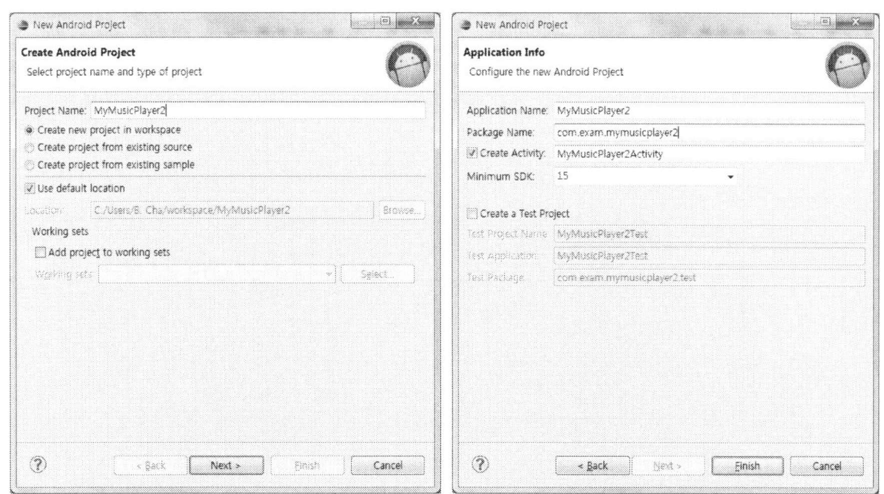

2 res ⇨ layout ⇨ main.xml을 다음과 같이 편집한다. 다음의 코드에서 TextView는

MP3 파일이 SD Card에 없을 경우 No Music Files found on SD Card라고 표시해 준다.

```
<?xml version="1.0" encoding="UTF-8"?>
<LinearLayout xmlns:android="http://schemas.android.com/apk/res/android"
      android:orientation="vertical"
      android:layout_width="fill_parent"
      android:layout_height="fill_parent">

   <ListView android:id="@id/android:list"
          android:layout_width="fill_parent"
          android:layout_height="fill_parent"
          android:layout_weight="1"
          android:drawSelectorOnTop="false"/>

   <TextView android:id="@id/android:empty"
          android:layout_width="fill_parent"
          android:layout_height="fill_parent"
          android:text="No Music Files found on SD Card."/>
</LinearLayout>
```

3 res ⇨ layout ⇨ music_item.xml을 추가하자. File 메뉴에서 New ⇨ Other 선택한다.

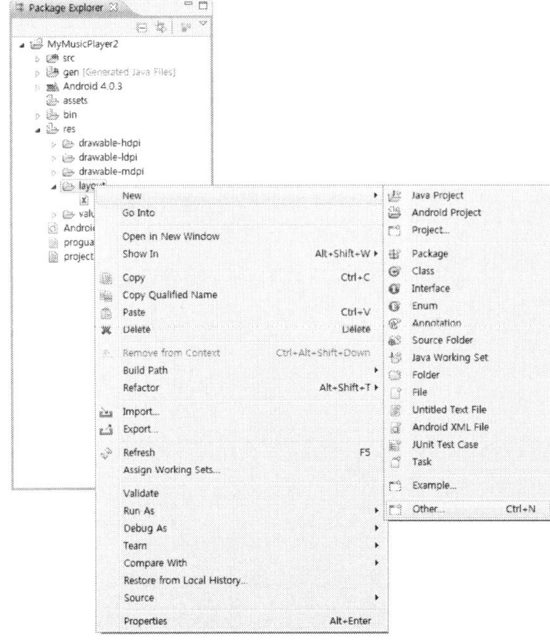

4 New 대화상자에서 XML을 선택한 후 Next 버튼을 클릭한다.

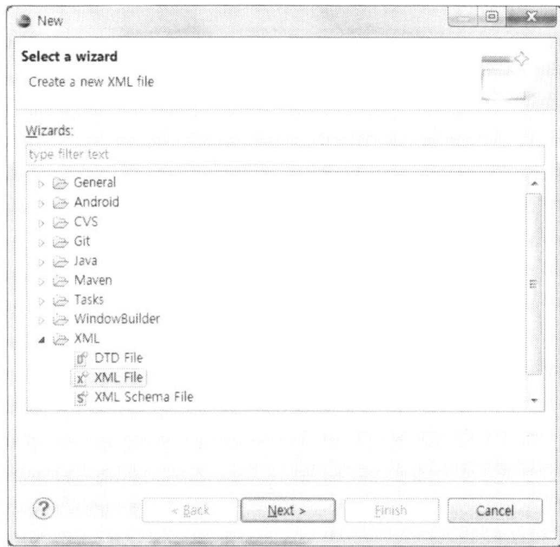

5 다음 화면에서 파일명에 music_item.xml를 입력하고, Finish 버튼을 클릭한다.

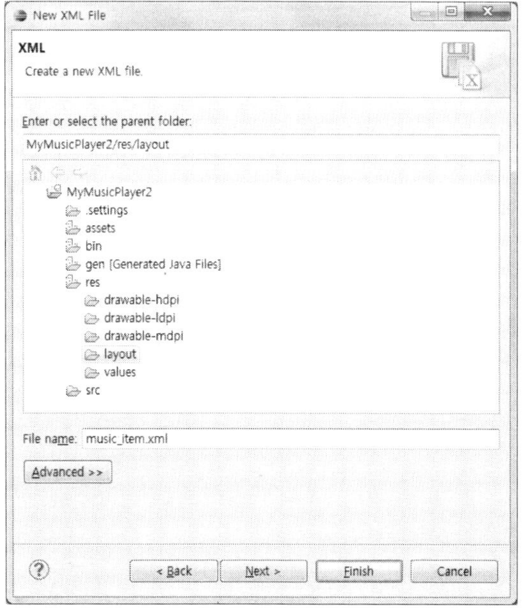

6 생성된 music_item.xml에 다음과 같이 편집한다. 코드에서 TextView는 MP3 파일의 이름을 출력하는데 사용된다.

```
<?xml version="1.0" encoding="utf-8"?>
<TextView android:id="@+id/text1"
    xmlns:android="http://schemas.android.com/apk/res/android"
        android:layout_width="wrap_content"
        android:layout_height="wrap_content"/>
```

7 src ⇨ com.exam.mymusicplayer2 ⇨ MyMusicPlayer2Activity.java 파일을 다음과 같이 편집한다.

```
package com.exam.mymusicplayer2;

import java.io.File;
import java.io.FilenameFilter;
import java.util.ArrayList;
import java.util.List;
import android.app.ListActivity;
import android.os.Bundle;
import android.util.Log;
import android.widget.ArrayAdapter;

class Mp3Filter implements FilenameFilter {
        public boolean accept(File dir, String name) {
              return (name.endsWith(".mp3"));
        }
}

public class MyMusicPlayer2Activity extends ListActivity {
    private static final String MEDIA_PATH = new String("/sdcard/music/");
    private List<String> songs = new ArrayList<String>();
    @Override
        public void onCreate(Bundle savedInstanceState) {
              try {
                    super.onCreate(savedInstanceState);
                    setContentView(R.layout.main);
                    updateSongList();
              } catch (NullPointerException e) {
                    Log.v(getString(R.string.app_name), e.getMessage());
```

```
        }
    }
    public void updateSongList() {
        File musicfiles = new File(MEDIA_PATH);
        ArrayAdapter<String> musicList = new
        ArrayAdapter<String>(this,R.layout.music_item,songs);

        if (musicfiles.listFiles( new Mp3Filter()).length > 0) {
            for (File file : musicfiles.listFiles( new Mp3Filter()))    {
                songs.add(file.getName()); // mp3파일을 ArrayList에 추가
            }

            setListAdapter(musicList); // ArrayAdapter를 ListView에 바인딩
        }
    }
}
```

코드에서 Mp3Filter 클래스는 FileNameFilter 클래스를 사용해서 mp3 파일을 찾아내는 역할을 한다. accept 매서드는 abstract 메서드로서 파일명에서 endsWith 메서드를 이용해 MP3확장자를 가지고 있는지 여부를 true or false로 리턴해 준다. MyMusicPlayer2Activity 클래스는 ListActivity를 상속받아서 생성하며, MEDIA_ PATH 변수에 MP3 파일의 경로('/sdcard/music/')를 지정한다.

updateSongList 메서드에서는 지정된 경로에 MP3 파일이 있는지 if문에서 체크해서 MP3 파일이 있으면 for문안에서 ArrayList인 song에 추가한다. 그리고 나서 setListAdapter (musicList); 부분에서 ArrayAdapter인 musicList를 ListView에 바인딩한다.

6 Ctrl+F11 키로 실행한다.

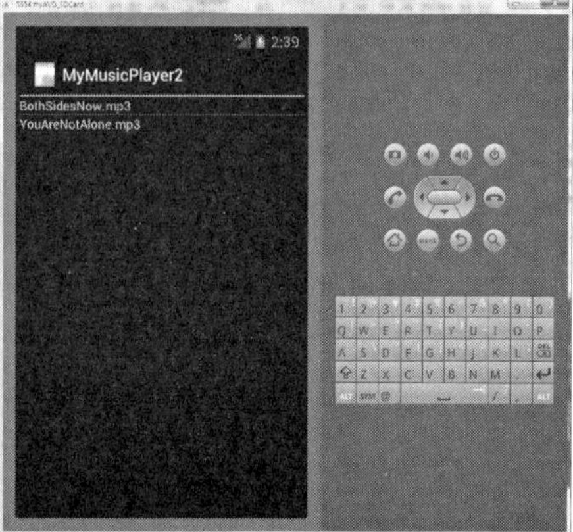

10.6 비디오 플레이어

안드로이드에서 비디오를 재생할 때 애플리케이션이 직접 SurfaceView와 MediaPlayer를 생성하고 비디오 데이터를 재생할 수도 있지만 VideoView라는 클래스를 이용하면 이 과정을 모두 이 클래스에 위임할 수 있다. VideoView 클래스를 이용하여 간단한 비디오를 재생하여 본다.

1 이클립스에서 다음과 같이 New Android Project를 생성한다.

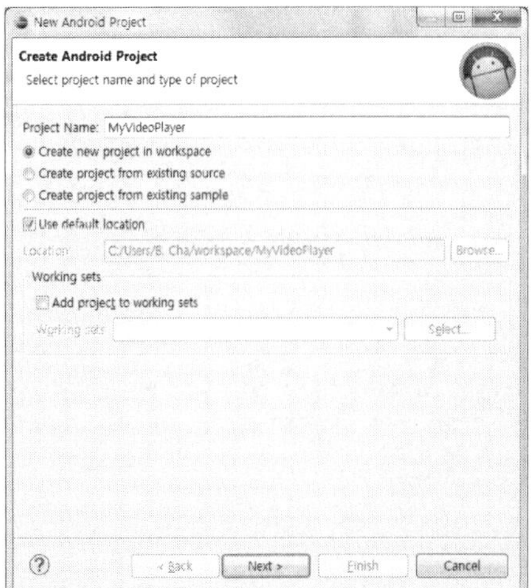

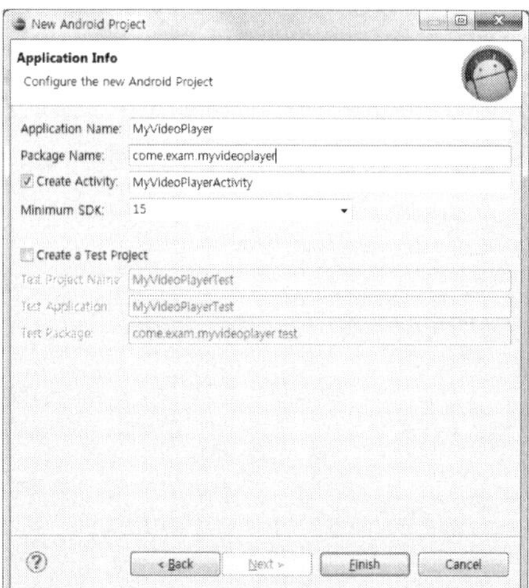

2 New > Other에서 videoview.xml을 추가한다.

3 videoview.xml에 다음의 코드를 추가한다.

```
<?xml version="1.0" encoding="utf-8"
<LinearLayout xmlns:android="http://schemas.android.com/apk/res/android"
    android:layout_width="match_parent"
    android:layout_height="match_parent"
    android:orientation="vertical" >

    <VideoView
        android:id="@+id/surface_view"
        android:layout_width="320px"
        android:layout_height="240px" />
</LinearLayout>
```

4 MyVideoPlayerActivity.java에 다음의 코드를 입력한다.

```
package com.exam.myvideoplayer;
import android.app.Activity;
```

```
import android.os.Bundle;
import android.widget.MediaController;
import android.widget.Toast;
import android.widget.VideoView;

public class MyVideoPlayerActivity extends Activity {

    /**
     * TODO: Set the path variable to a streaming video URL or a local media file path.
     */
    private String path = "/sdcard/LOST.DIR/EnglishLecture1.mp4";
    private VideoView mVideoView;

    @Override
    public void onCreate(Bundle icicle) {
        super.onCreate(icicle);
        setContentView(R.layout.videoview);
        mVideoView = (VideoView) findViewById(R.id.surface_view);

        if (path == "") {
            // Tell the user to provide a media file URL/path.
            Toast.makeText(
                    MyVideoPlayerActivity.this,
                    "Please edit VideoViewDemo Activity, and set path"
                            + " variable to your media file URL/path",
                    Toast.LENGTH_LONG).show();

        } else {
             * Alternatively,for streaming media you can use
             * mVideoView.setVideoURI(Uri.parse(URLstring));
             */
            mVideoView.setVideoPath(path);
            mVideoView.setMediaController(new MediaController(this));
            mVideoView.requestFocus();

        }
    }
}
```

5 AVD Manager에서 myAVD_SDCard를 선택하고 Edit 버튼을 클릭한다. 그리고 SD Card의 크기를 500MiB로 변경하고, Edit AVD 버튼을 클릭한다.

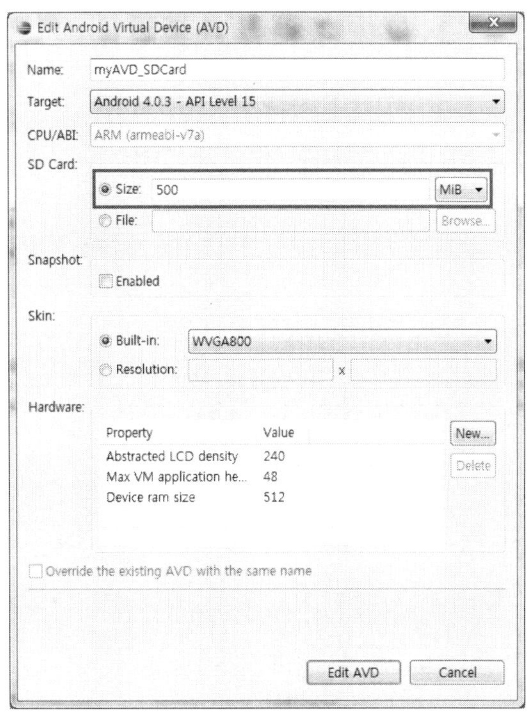

6 AVD Manager에서 myAVD_SDCard를 선택하고 Start 버튼을 클릭한다.

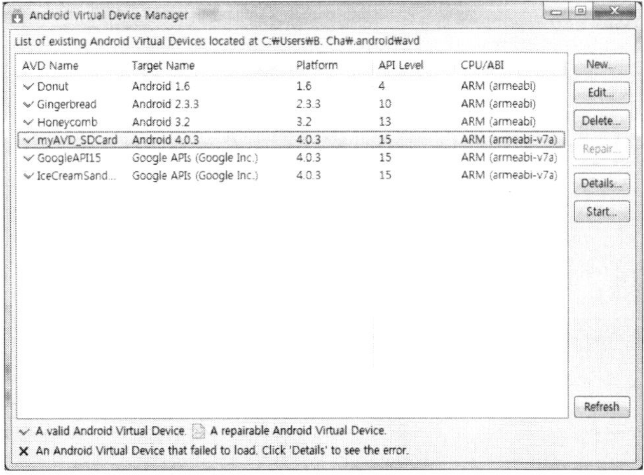

7 이클립스의 DDMS에서 File Explorer에서 /mnt/sdcard/LOST.DIR를 선택한다. 그리고 push a file onto the device( )를 선택한다.

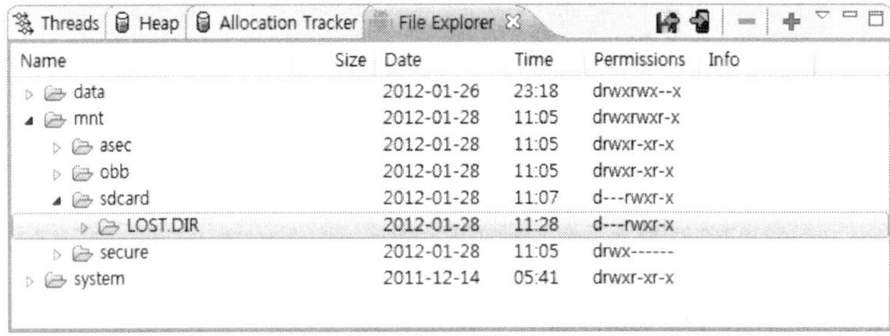

8 Put File onDevice 대화상자가 나타나면, 재생을 원하는 영상 파일을 선택하고 열기 버튼을 클릭한다.

9 선택한 파일이 디바이스로 전송되는 과정을 보여준다.

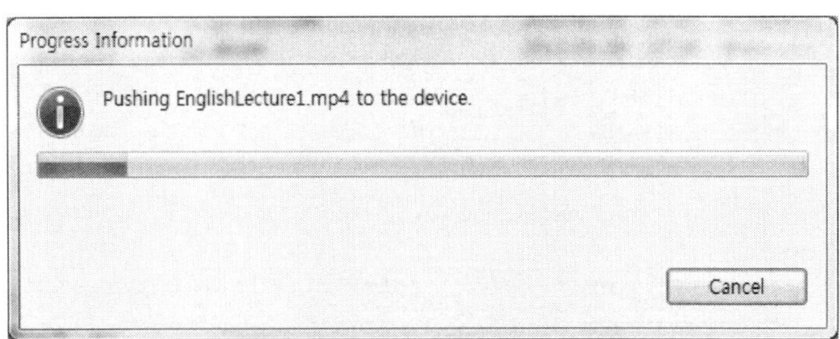

⑩ 전송이 완료되면 File Explorer의 상태는 다음의 그림과 같을 것이다.

Threads | Heap | Allocation Tracker | File Explorer

Name	Size	Date	Time	Permissions	Info
▷ data		2012-01-26	23:18	drwxrwx--x	
◢ mnt		2012-01-28	11:05	drwxrwxr-x	
▷ asec		2012-01-28	11:05	drwxr-xr-x	
▷ obb		2012-01-28	11:05	drwxr-xr-x	
◢ sdcard		2012-01-28	11:07	d---rwxr-x	
◢ LOST.DIR		2012-01-28	11:29	d---rwxr-x	
EnglishLecture1.m	62084...	2012-01-28	11:35	----rwxr-x	
▷ secure		2012-01-28	11:05	drwx------	
▷ system		2011-12-14	05:41	drwxr-xr-x	

⑧ Ctrl+F11 키로 실행한다.

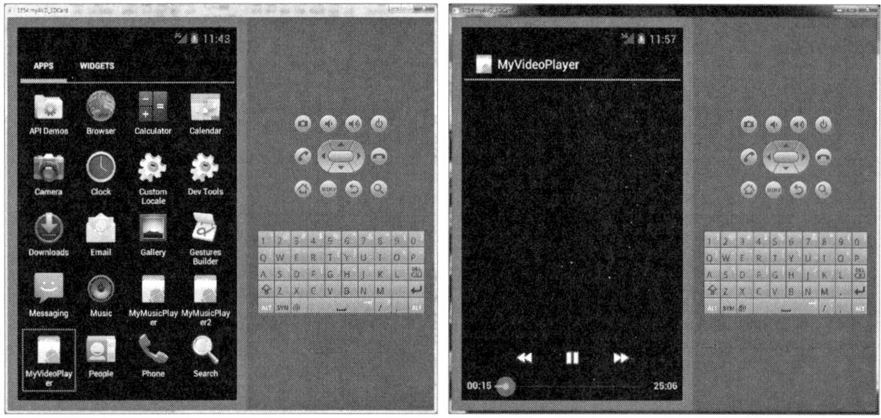

MediaPlayer 대신에 VideoView를 이용해 비디어 데이터를 재생한다. path = "/sdcard/LOST.DIR/EnglishLecture1.mp4";에 명시된 비디오 파일을 재생하는데, 정확한 경로가 명시되지 않으면 에러 메시지가 출력된다. 안드로이드 플랫폼이 재생 가능한 디폴트 포맷은 MPEG4 계열의 MP4, 3GPP, SKM, M4V, 3GP, 3GPP2 등이 있다. 이것은 안드로이드를 이용해 생산하는 제조사의 단말기에 따라 다를 수 있다.

VideoView 클래스는 SurfaceView를 상속받고 내부적으로 MediaPlayer 객체를 이용해 비디오를 재생한다. 따라서 애플리케이션은 VideoView.setVideoPath를 통해 비디오 소스의 위치만 전달하면 나머지는 모두 VideoView가 처리한다.

VideoView.setMediaController 호출은 MediaController 객체를 전달하는 메서드이다. MediaController는 MediaPlayer를 위한 "Play/Pause", "Rewind", "Fast Forward" 그리고 "Progres Slider" 같은 컨트롤을 포함하는 뷰 그룹이다. 이렇게 MediaCintroller 객체를 전달하기만 하면 VideoView 내부의 MediaPlater와 연결되어 상태를 슬라이더에 표시하고, "Play/Pause", "Rewind", "Fast Forward" 버튼을 통해 앞뒤로 이동하며 비디오를 재생한다. MediaController는 사용자가 비디오 재생 영역을 터치했을 때 나타나며 자동적으로 몇 초 정도 후에 사라진다.

CHAPTER 11

안드로이드 고급 과정 II

이번 장에서는 init 프로세스, JNI, NDK, 그리고 Zygote에 대해서 간략하게 정리하여 본다.

11.1 init 프로세스

리눅스상에서 동작하는 모든 프로세스는 init 프로세스에서 생성되어 실행된다. 리눅스 커널이 부팅하고 나면 사용자영역에서 init 프로세스가 최초로 실행된 다음 시스템 동작에 필요한 다른 프로세스들을 순차적으로 실행시킨다. 시스템 부팅이 완료된 이후, init 프로세스는 백그라운드 프로세스로 동작하면서 다른 프로세스를 감시한다. 만약 감시중인 프로세스가 종료되어 좀비상태가 되면 해당 프로세스가 가진 자원이 정상적으로 반환되게 하는 역할을 수행한다. 안드로이드 플랫폼(이하 안드로이드)의 init 프로세스는 일반적인 리눅스상의 init 프로세스가 수행하는 기능 외에도 몇 가지 추가적인 기능을 수행한다.

11.1.1 init 프로세스의 실행 과정

리눅스와 마찬가지로 안드로이드에서는 커널 부팅이 완료되면 최초의 사용자 프로세스인 init 프로세스를 실행한다.

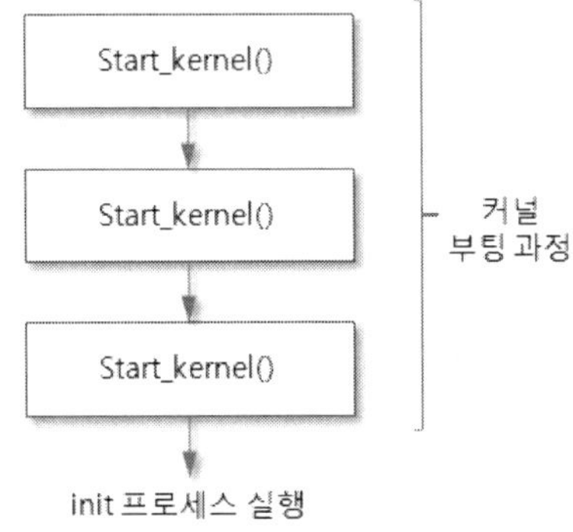

init 프로세스의 실행가정은 start_kernel() 함수, init_post() 함수, run_init_process() 함수가 순차적으로 실행되어 마지막 단계에서 init 프로세스를 실행한다. init 프로세스는 앞서 설명한 자식 프로세스의 종료처리뿐만 아니라 응용 프로그램이 디바이스 드라이버에 접근할 때 사용하기 위한 디바이스 노드 파일을 생성하며, 시스템 동작에 필요한 환경 변수를 저장하는 프로퍼티 서비스를 제공한다. 그리고 init 프로세스가 해야 할 일을 기술한 init.rc 파일을 분석해서 해당 파일에 담긴 내용에 따른 기능을 수행한다.

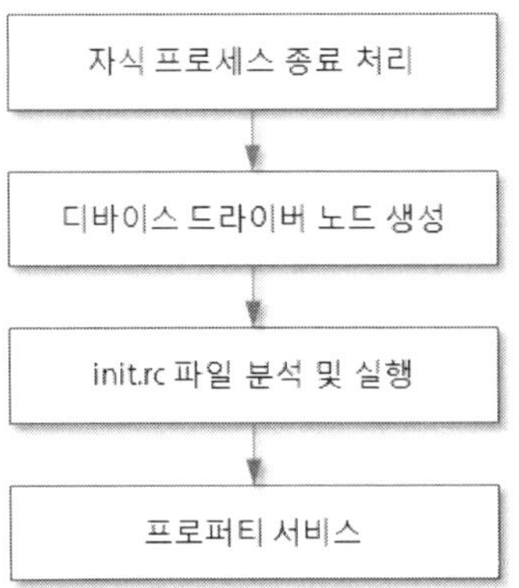

리눅스의 프로세스들은 서로 정보를 교환하기 위해 메시지를 주고받는데, 이러한 메시지를 시그널(signal)이라고 한다. 그리고 각 프로세스는 다른 프로세스에서 발생하는 시그널을 처리하기 위한 루틴을 등록하는 데 이를 시그널 핸들러(signal handler)라고 한다. 시그널에는 프로세스의 실행상태가 변경되거나 종료됐을 때 발생하는 시그널이 있으며, 모든 프로세스의 부모인 init 프로세스는 자신이 생성한 프로세스가 종료됐을 때 발생하는 SIGCHLD 시그널을 처리할 핸들러를 등록한다. 시그널 핸들러를 등록하기 위해서는 시그널 등록 함수인 sigaction() 함수에 sigaction 구조체의 내용을 채워 인자로 전달하면 된다.

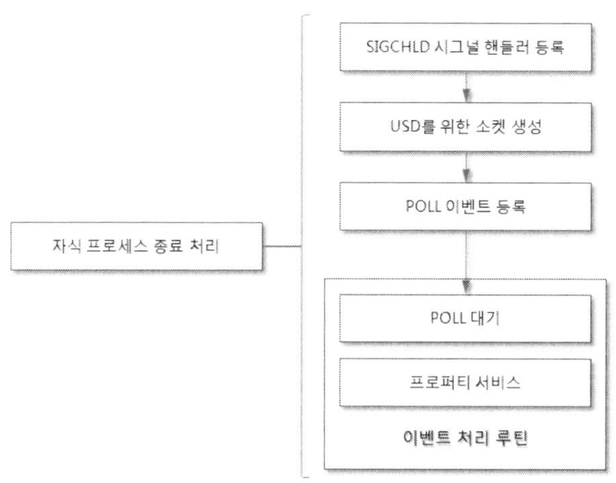

init 프로세스는 자신이 실행할 자식 프로세스에 대한 SIGCHLD 시그널 핸들러를 등록하고 sigaction 구조체의 sa_flag에 SA_NOCLDSTOP을 설정한다. 이 값은 프로세스가 종료되는 상황에서만 SIGCHLD 시그널을 받겠다는 의미이다. 여기서 등록되는 핸들러인 sigchld_handler는 전역으로 선언된 signal_fd 소켓에 SIGCHLD 시그널이 발생했음을 알리고 종료되는 역할을 수행한다. 그리고 시그널에 대한 실제 처리는 init 프로세스 동작 과정의 마지막 단계인 이벤트 처리 루프에서 수행된다. init 프로세스는 시그널 핸들러를 등록한 후 부팅에 필요한 디렉터리를 생성하고 마운트한다.

안드로이드 빌드를 통해 생성되는 루트 파일 시스템은 /dev/, /proc, /sys와 같은 디렉터리가 존재하지 않는다. 이러한 디렉터리는 시스템의 운용 중에만 필요한 디렉터리로 init 프로세스가 동작중에 생성하고 시스템이 종료되면 다시 사라진다.

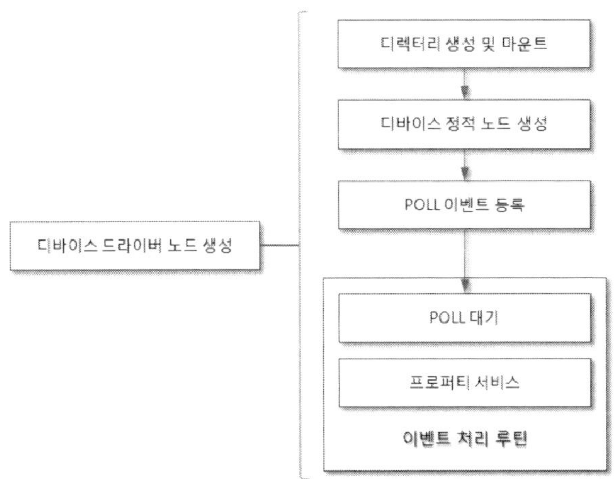

init 프로세스는 시스템 운용에 필요한 디렉터리를 생성하는데 다음의 그림은 해당 디렉터리가 마운트된 파일 시스템을 나타낸다.

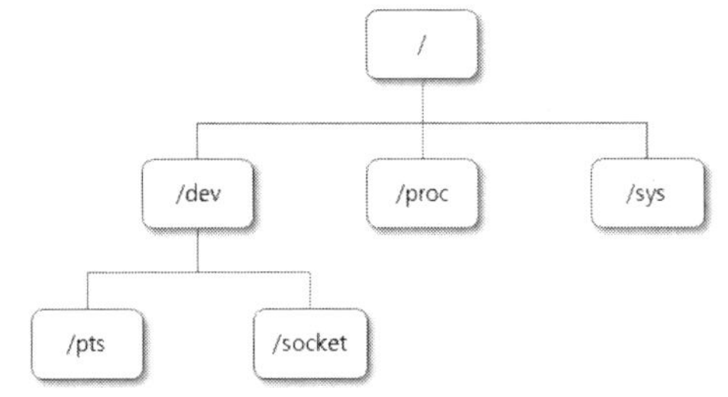

init 프로세스는 디바이스 노드가 위치하는 /dev 디렉터리가 생성된 이후 open_devnull_stdio() 함수를 통해 실행 로그를 출력하기 위한 장치를 생성한다. open_devnull_stdio() 함수는 /dev 디렉터리 하위에 __null__이라는 디바이스 노드 파일을 생성하고 표준 입력, 표준 출력, 표준 에러 출력을 모두 __null__ 장치로 리다이렉션(redirection)한다.

init 프로세스는 log_init() 함수를 통해 "/dev/__msg__" 디바이스 노드 파일을 생성한다. __kmsg__ 장치는 커널의 메시지 출력 함수인 printk() 함수를 사용하게 해주는데, init 프로세스는 이 장치를 통해 로그 메시지를 출력한다. init 프로세스는 __kmsg__ 장치를 통해 메시지를 출력하는 매크로를 정의해 두고 있으며, 해당 매크로를 통한 출력 메시지는 커널의 메시지를 보여주는 dmesg 유틸리티를 통해 확인할 수 있다.

init 프로세스는 출력 장치를 생성한 이후 init.rc 파일을 파싱한다. init.re 파일은 init 프로세스가 수행할 기능들을 기술해 놓은 파일이다. 일반적인 리눅스 시스템에서는 주로 '/etc/rc.d/' 디렉터리 하위에 부팅 시 실행할 실행 파일을 정의해 놓고, '/etc' 하위에는 환경 변수를 설정하는 스크립트를 둔다. 하지만 안드로이드는 init.rc, init.{하드웨어}.rc 두 파일만 사용하여 실행 파일과 환경 변수를 정의한다. init.rc 파일은 안드로이드 플랫폼이 동작하는데 있어 공통적으로 필요한 환경 설정 및 프로세스에 대해 정의해 놓았고, init.{하드에어}.rc는 안드로이드가 적용되는 플랫폼에 따라 특화된 프로세스나 환경 설정 등을 정의해 둔다.

init 프로세스는 'early-init, init, early-boot, boot' 섹션에 포함된 명령어들을 순서대로 실행한다.

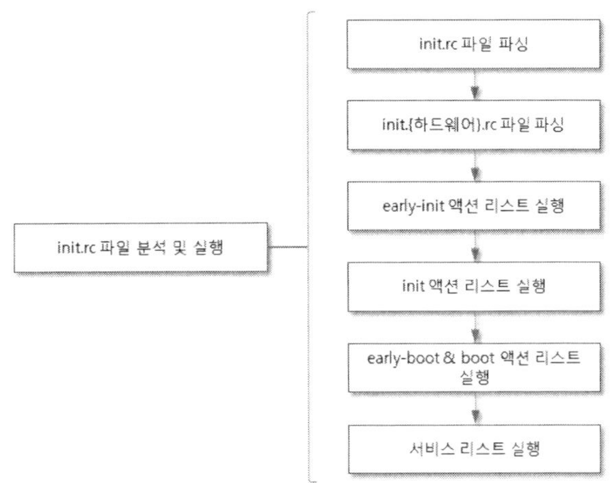

안드로이드는 시스템의 모든 프로세스에서 시스템의 설정값을 공유하기 위해 프로퍼티라는 이름의 저장소를 제공한다. 프로퍼티 영역은 init 프로세스가 property_init() 함수가 호출되면서 공유 메모리 영역에 생성 및 초기화 된다. 이후, 동작중인 모든 프로세스에서 제공되는 API를 통해 프로퍼티 영역에 설정된 값을 조회할 수 있다. 그러나 값을 변경하는 것은 init 프로세스에서만 가능하다. 그렇기 때문에 값을 변경하고자 할 경우에는 init 프로세스에 변경 요청을 하고, init 프로세스는 이 요청을 처리해 프로퍼티의 값을 변경한다.

이 단계에서 load_565rle_image() 함수는 인자로 전달된 이미지 파일을 로드해서 LCD 화면에 출력한다. 사용자가 부팅 로고를 변경하고 싶으면 "rle565 포맷"의 이미지를 수정하면 된다.

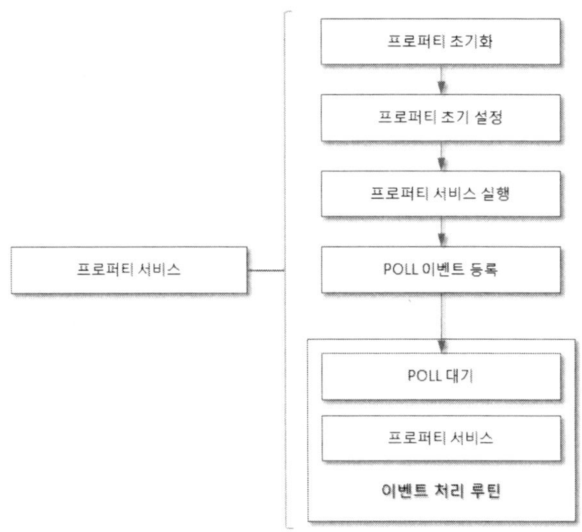

init 프로세스는 propery_set() 함수를 이용하여 앞서 생성한 프로퍼티 영역에 시스템 운용에 필요한 몇몇 초기 값들을 설정한다. 부트 로더로부터 커널로 전달된 부팅 옵션의 내용을 분석해서 프로퍼티 값을 설정하게 된다. 이렇게 설정된 프로퍼티들은 동작중인 여러 프로세스에서 property_get() API를 통해 조회할 수 있다.

start_property_service() 함수에서는 앞에서 설정한 프로퍼티 외에 몇 개의 설정 파일을 읽어 프로퍼티를 초기화한다. 루트 파일 시스템의 /data/property에는 운용 중에 프로세스에서 생성하거나 변경된 내용이 저장돼 있다. 앞에서 설명한 것처럼 프로퍼티 값의 변경은 init에서만 가능하다. 따라서 다른 프로세스에서 값을 변경하는 것은 init 프로세스로 요청하여 처리가 되는데 이러한 요청을 받기 위해 "/dev/socket/property_service" 소켓을 생성한다.

다음은 이벤트 처리 루프에 들어가기 전에 감시할 이벤트 설정을 한다. POLL에 등록된 파일 디스크립터는 poll() 함수에서 이벤트를 기다리게 되며, 이벤트가 발생하면 poll() 함수를 빠져나와 이벤트를 처리하게 된다.

11.1.2 init.rc파일 분석 및 실행

안드로이드 부팅 시 시스템의 환경 설정과 실행할 프로세스를 기술해 놓은 파일인 2init.rc와 액션 리스트와 서비스 리스트에 대해 설명한다.

init.rc 파일은 안드로이드를 빌드해야 생성되는 init 프로세스와는 달리 안드로이드 플랫폼의 소스코드에서 살펴볼 수 있다. init.rc 파일 내용은 크게 'on' 키워드로 시작하는 액션 리스트와 'service' 키워드로 시작하는 서비스 리스트로 나뉜다. 액션 리스트는 시스쳄 환경변수나 리눅스 명령어들을 통해 부팅시 필요한 디렉터리 생성이나 특정 파일에 대한 퍼미션을 지정한다. 그리고 서비스 리스트는 부팅 시 실행하는 프로세스를 기술한다.

(1) 액션 리스트

액션리스트의 'on init' 섹션에서는 환경변수를 등록(export)하고, 시스템동작시 필요한 파일 및 디렉토리 생성하고 퍼미션을 조작한다. 그리고 시스템 동작과 관련된 디렉터리를 마운트한다. on init 섹션의 루트 파일 시스템 마운트 부분에서는 /system과 /data 디렉터리를 마운트한다. 두 디렉터리를 마운트하고 나면 안드로이드의 루트 파일 시스템이 완성된다. 안드로이드의 전체 루트 파일시스템은 다음과 같다.

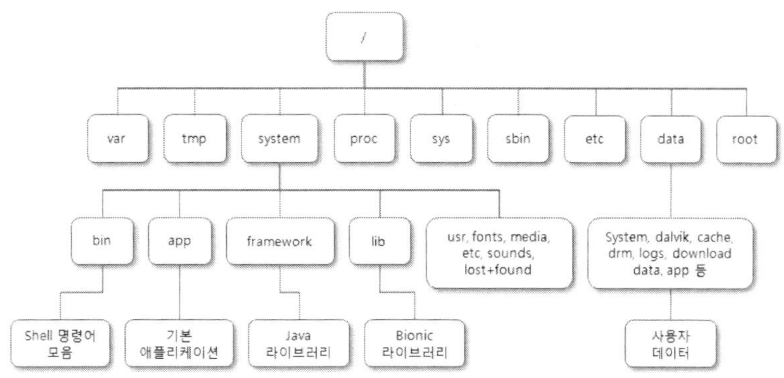

그림 25 안드로이드의 루트 파일 시스템

루트 파일 시스템은 크게 쉘 유틸리티, 라이브러리 그리고 기본 애플리케이션을 제공하는 SYSTEM 디렉터리와 안드로이드 동작 중에 개발자가 탑재한 사용자 애플리케이션이나 사진 데이터 같은 사용자 데이터를 저장하는 data 디렉터리로 나뉜다. 이중 system/bin 디렉터리는 쉘에서 동작하는 유틸리티를 모아 두는 곳인데, 리눅스에서 자주 사용하는 busybox 명령어 모음과 유사하다. 하지만 안드로이드는 busybox가 아닌 toolbox라는 이름의 명령어 모음을 제공한다.

안드로이드는 휴대폰을 타겟으로 제작된 OS이므로 기본적으로 휴대폰의 하드웨어 상태를 많이 따른다. 휴대폰분야는 다양한 메모리 장치 중에서 공간 활용성이 좋은 저장장치인 NAND 플래쉬를 선호한다. 따라서 NAND 플래쉬를 위한 파일 시스템인 yaff2를 사용해 /system과 /data 디렉터리를 마운트한다. 만약 개발자가 마운트할 디렉터리나파일 시스템을 변경하고 싶다면 루트 파일 시스템을 마운트하는 부분을 수정해줘야 한다.

'on boot' 섹션에서는 애플리케이션 종료 조건 설정, 애플리케이션 구동에 필요한 디렉터리 및 파일 퍼미션 설정 등을 한다. 'on boot' 섹션의 애플리케이션 종료 조건 설정부분에서는 애플리케이션별 OOM(Out of Memory) 조정 값(Adjustment Value : ADJ)을 지정한다. OOM은 커널 상에서 애플리케이션에 할당되는 메모리를 모니터링하면서 메모리 부족할 때 애플리케이션을 종료시키는 역할을 한다. OOM 조정값은 메모리가 부족할 때 종료시킬 애플리케이션을 구분하는데 사용되며, 값이 높을수록 종료 우선순위가 높아진다.

(2) 서비스 리스트

init.rc 파일에서 'service' 섹션은 init 프로세스가 실행시키는 프로세스를 기술한다. init 프로세스가 실행하는 자식 프로세스로는 부팅음을 출력하는 프로세스와 같은 일회성 프로그램이나 백그라운드로 구동되면서 애플리케이션이나 시스템 운용에 관여하는 데몬 프로세스가 있다.

'service' 섹션에서 service 키워드 다음의 문자열은 실행할 프로세스의 이름을 나타내고 다음 문자열은 프로세스의 경로를 나타낸다. 그리고 다음 줄에는 프로세스의 실행에 관련된 옵션이 기술되는데, 여기에는 실행 권한, 실행 조건, 재시작 할 때 동작 등에 관한 옵션이 기술된다. 'service' 섹션의 프로세스는 모두 서비스 리스트에 등록되며, init 프로세스가 실행되면서 서비스 리스트에 등록된 프로세스를 순차적으로 실행하게 된다.

11.1.3 디바이스 노드 파일 생성

리눅스와 마찬가지로 안드로이드에서도 응용 프로그램은 디바이스 드라이버를 통해 하드웨어에 접근한다. 애플리케이션에서는 디바이스 드라이버에 접근하기 위해 디바이스 드라이버의 논리적 파일인 디바이스 노드 파일을 사용한다. 리눅스에서는 디바이스 노드 파일을 생성할 수 있게 mknod 유틸리티를 제공하지만, 안드로이드에서는 보안문제로 mknod와 같은 디바이스 생성 유틸리티를 제공하지 않는다. 따라서 안드로이드에서 디바이스 노드 파일을 생성하려면 안드로이드에서 제공하는 디바이스 노드 파일 생성 방법을 따라야 한다.

일반적으로 리눅스에서는 동작 중에 필요한 디바이스 노드 파일을 "/dev" 디렉토리에 미리 정의해 둔다. 따라서 응용 프로그램은 별도의 절차를 거치지 않고도 미리 정의된 디바이스 노드 파일을 통해 디바이스 드라이버에 접근한다. 하지만 안드로이드의 루트 파일 시스템에는 "/dev" 디렉토리가 존재하지 않는다. 따라서 시스템 운용 중에 누군가가 디바이스 노드 파일을 생성해줘야 하는데, 이러한 역할을 init 프로세스가 담당한다. init 프로세스는 두 가지 방법으로 디바이스 노드 파일을 생성한다.

첫 째는 미리 정의된 디바이스 정보를 바탕으로 init 프로세스가 실행될 때 일괄적으로 디바이스 노드 파일을 생성하는 방법이며, 이것을 콜드 플러그(Cold Plug)라고 한다.

두 번째는 시스템 동작 중 USB와 같은 장치가 삽입될 때 이에 대한 이벤트 처리로 init 프로세스가 해당 장치의 디바이스 노드 파일을 동적으로 생성하는 방법으로, 핫 플러그(Hot Plug)라고 한다.

11.1.4 프로세스 종료와 재시작

init 프로세스는 init.rc 파일로부터 파싱한 서비스 리스트를 통해 자식 프로세스를 순차적으로 실행한다. init 프로세스가 실행하는 주요 프로세스를 살펴보자.

- sh

  안드로이드가 탑재된 디바이스에 대해 터미널, 시리얼 혹은 adbd 접속 시 콘솔

입출력을 제공하는 쉘 프로그램이다.

- adbd
  Android Debud Bridge 데몬을 의미하며, QEMU 에뮬레이터나 실제 디바이스의 상태를 관리하는데 쓰는 도구이다. 이 도구는 클라이언트-서버 프로그램의 일종으로 타겟(에뮬레이터 혹은 디바이스) 상에서 동작하는 서버이며, PC는 서버에 접속하는 클라이언트가 된다.
- servicemanager
  안드로이드 시스템 서비스의 목록을 관리하는 콘텍스트 매니저이다.
- vold
  Volume 데몬을 의미하며, USB 스토리지나 SD 카드 장치를 마운트하고 관리한다.
- playmp3
  안드로이드 부팅 시 부팅 사운드를 출력한다.

위에서 설명한 프로세스 외에도 다양한 init 프로세스에 의해 실행된다. init 프로세스가 실행하는 프로세스 가운데에는 종료되면 시스템 동작에 영향을 미치는 것들이 존재한다. 특히, servicemanager의 경우 응용 프로그램이 시스템 서비스를 사용하는 데 반드시 필요한 프로세스인데, 이 프로세스가 종료되면 프로세스 간 통신이나 그래픽 출력, 오디오 출력과 같은 기능을 사용할 수 없게 된다. 따라서 init 프로세스가 실행하는 프로세스는 일부를 제외하고 대부분 종료되더라고 init 프로세스에 의해 재시작 된다.

11.1.5 프로퍼티 서비스

init 프로세스의 이벤트 처리 루틴에서 처리하는 또 한 가지 이벤트는 프로퍼티의 변경 요청이다. 안드로이드 플랫폼은 시스템이 동작하는 데 필요한 각종 설정 값을 동작 중안 모든 프로세스에서 공유하기 위해 프로퍼티라는 저장 공간을 사용하고 여기에 접근할 수 있는 API를 제공한다. 프로퍼티는 키(key)와 값(value)으로 구성되며, '키 = 값'의 형태로 사용된다.

일반적인 리눅스 시스템에서는 환경변수를 설정하고, 각 프로세스에서 설정된 환경변수의 값을 조회하여 사용하는 것이 보편적이나, 안드로이드 플랫폼에서는 이를 좀 더 체계적으로 사용하고, 값을 변경하는 경우 권한을 확인하는 과정을 추가해 보안을 강화한 프로퍼티가 사용된다. 모든 동작 중인 프로세스에서는 프로퍼티의 값을 조회할 수 있다. 그러나 프로퍼티의 값을 변경하는 것은 오직 init 프로세스만이 가능하며, init 이외의 프로세스는 init 프로세스에 변경 요청을 한 뒤 프로퍼티의 값을 변경할 수 있다. 이때 init 프로세스는 각 프로퍼티에 대한 접근 권한을 검사한 뒤에 프로퍼티의 값을 변경한다. 프로퍼티의 값이 변경되면 init.rc에 정의된 특정 조건을 만족하는 경우 조건에 해당하는 동작을 실행한다.

이러한 동작을 수행하는 것을 트리거(trigger)라고 하며, “on property” 키워드에 기술된 명령이 실행된다. 다음의 [그림 26]은 간략하게 init 프로세스와 기타 프로세스 간에 프로퍼티 값을 조회하고 변경하는 모습을 나타낸 것이다.

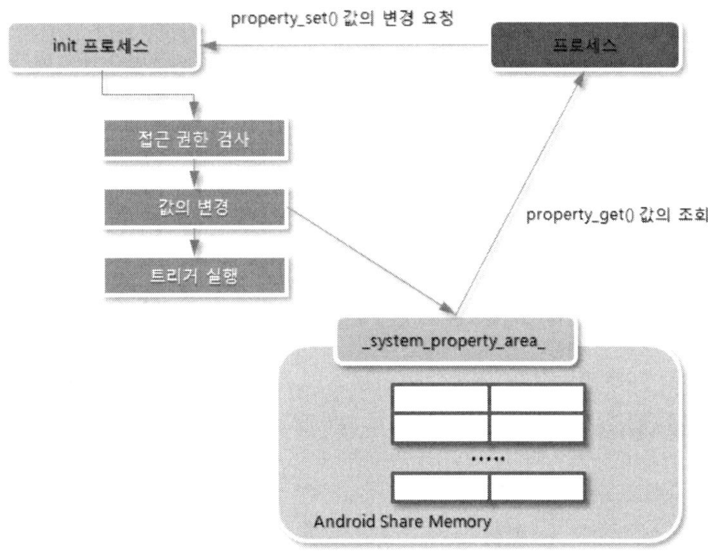

그림 26 프로퍼티 서비스의 역할

11.2 JNI(Java Native Interface)

안드로이드 프레임워크는 자바와C/C++기반 모듈이 계층별로 구성돼 있다. 이러한 C/C++ 레이어와 자바 레이어의 계층별 모듈 대부분은 서로 밀접하게 연관돼 있다. C/C++ 레이어와 자바 레이어가 서로 상호 작용하면서 동작하고 있는 것이다.

이처럼 안드로이드 프레임워크에서 C/C++과 자바 레이어가 유기적으로 동작하게 만들려면 자바 레이어와 C/C++ 레이어를상호 연결해 주는 매개체가 필요하다. 자바와 C/C++ 모듈간의 인터페이스를 가능하게 해주는 것이 바로 JNI (Java Native Interface)이다.

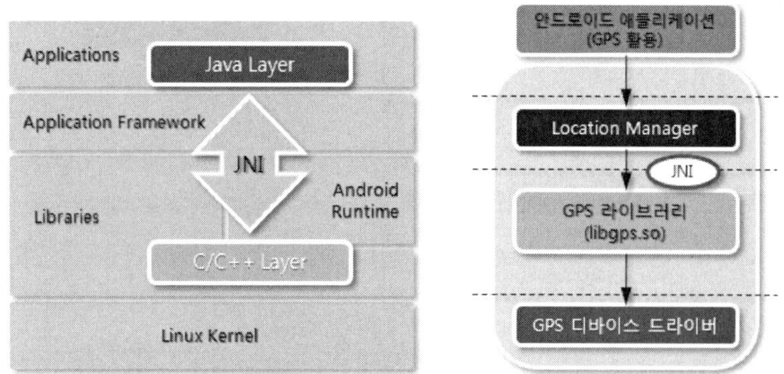

그림 27 안드로이드 프레임워크에서 JNI/안드로이드 GPS 서브 시스템

JNI는 C/C++ 같은 자바 이외의 언어(JNI에서는 네이티브 언어라고 한다.)로 만들어진 모듈이나 애플리케이션과 자바 클래스가 서로 상호 작용할 수 있게 정의한 인터페이스를 의미한다. 예를 들면, 자바 클래스에서 C 언어로 작성된 라이브러리에 포함된 특정 함수를 사용하고 싶다거나, 반대로 C 프로그램에서 자바 클래스라이브러리를 사용하고 싶다면 JNI를 사용해야 한다.

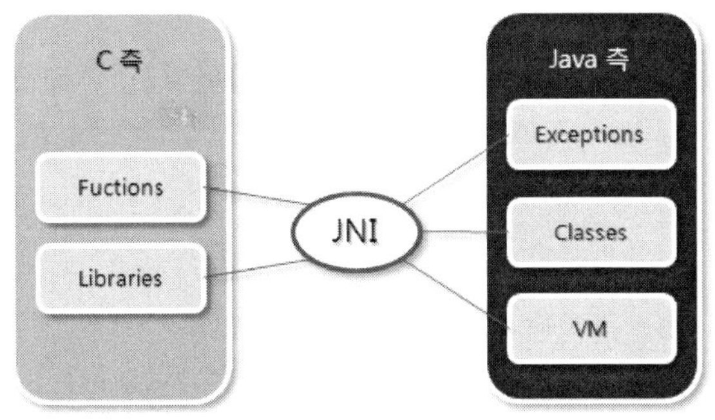

그림 28 JNI의 역할

JNI는 일반적으로 다음과 같은 경우에 주로 활용한다.

- 빠른 처리 속도를 요구하는 루틴 작성
- 하드웨어 제어
- 기존 C/C++ 프로그램의 재사용

대개 자바는 네이티브 코드(C/C++ 등)에 비해 느리다. 따라서 빠른 처리 속도를 요하는 부분은 C/C++로 작성하고 이를 JNI를 통해 호출하는 방법으로 속도 향상을 꾀할 수 있다. 또한 하드웨어 제어 코드를 C로 작성한 다음 JNI를 통해 자바 레이어와 연결하면 자바에서도 하드웨어 제어가 가능하다. 그리고 이미 기존 코드가 대부분 C/C++로 작성돼 있다면 굳이 자바로 동일한 코드를 다시 작성하기 보다는JNI를 통해 기존 코드를 활용할 수 있다.

이 처럼 안드로이드 프레임워크에서는 JNI를 이용해서 자바의 장점과 C/C++ 같은 네이티브 언어의 장점을 동시에 활용하고 있다. 따라서 애플리케이션 개발자나 플랫폼 개발자 모두 안드로이드 프레임워크를 제대로 활용하려면 JNI에 대해 잘 알아야 한다.

우선 안드로이드 애플리케이션 개발자 입장에서 JNI의 필요성에 대해 알아보자. 안드로이드 SDK를 토대로 만든 안드로이드 애플리케이션은 달빅 가상 머신(Dalvik Virtual Machine) 위에서 동작하는 자바 기반의 프로그램이다. 그렇기 때문에 C/C++로 생성한 애플리케이션에 비해 느린 실행 속도 등 자바가 지닌 여러 한계를 그대로 가지고 있다. 가령, 그래픽 처리나 시그널 프로세싱처럼 CPU의 처리 속도가중요한 부분에서는 자바보다는 C/C++ 같은 네이티브 코드로 작성한 모듈이 훨씬 더 나은 성능을 낼 것이다. 이런 경우 프로그램의 주요 모듈은 자바 개발자가, 성능에 민감한 모듈은 C/C++ 개발자가 작성한 다음 JNI를 통해 각 모듈을 서로 연결하는 방식으로 협업한다면 기존 방식보다 훨씬 성능이 뛰어난 프로그램을 개발할 수 있다.

실제로 안드로이드 애플리케이션 개발자는 안드로이드 SDK(Software Development Kit)를 이용해서 자바 기반의 프로그램을 작성한다. 반면에 성능 향상 등의 이유로 JNI를 사용하려면 안드로이드에서 제공하는 NDK(Native Development Kit)를 이용해서 자바 애플리케이션과 연결 가능한 C/C++ 기반의 네이티브 라이브러리를 작성해야 한다. NDK는 네이티브 라이브러리를 작성하기 위한 단순 도구 모음일 뿐 실제로 구현하려면 JNI에 대한 지식이 필수이다.

안드로이드 플랫폼 개발자도 JNI를 알아야 하는 건 마찬가지이다. 예를 들어, 안드로이드를 탑재할 장치에 안드로이드 프레임워크에서 지원하지 않는 하드웨어가 설치돼 있다고 가정하자. 이 경우 플랫폼 개발자는 안드로이드에서 지원하지 않는 장치를 제어하기 위해 드바이스 드라이버를 C 언어로 구현해야 할 것이다. 하지만 C 언어로 드라이버를 구현했다고 하더라도 자바를 사용하는 안드로이드 애플리케이션 개발자가 하드웨어를 이용하기 위해서는 C언어로 구현된 디바이스 드라이버를 직접 사용할 수는 없다.

따라서 안드로이드 플랫폼 개발자는 [그림 27]의 안드로이드 GPS 서브시스템처럼 안드로이드 애플리케이션 개발자가 GPS 수신기의 기능을 사용할 수 있게 하드웨어 제어용 자바 API를 제공해야 한다. 이러한 자바 API를 구현하려면 C/C++로 구현된 하드웨어 디바이스 드라이버를 JNI를 이용해 자바 API로 매핑시켜야 한다. 이렇게 하면 안드로이드 애플리케이션 개발자는 자바로 작성된 API를 통해 새로 추가된 하드웨어를 사용할 수 있다.

11.3 NDK(Native Development Kit)

안드로이드 애플리케이션 개발자들은 구글에서 제공하는 안드로이드 SDK를 이용해서 달빅 가상 머신에서 구동되는 자바 기반의 안드로이드 애플리케이션을 개발한다. 앞서 언급했듯이 안드로이드 애플리케이션에서 성능이 요구되는 일부 모듈은 C/C++ 같은 네이티브 코드로 개발한다거나 이미 개발된 C/C++ 라이브러리를 재활용하려면 JNI를 이용해야 한다.

안드로이드 NDK(Native Development Kit)는 애플리케이션 개발자가 이러한 JNI를 활용한 작업을 쉽게 할 수 있도록 구글에서 제공하는 개발도구이며, 다음과 같은 사항들을 제공한다.

- C/C++ 소스를 네이티브 라이브러리를 빌드하기 위한 도구(컴파일러, 링커 등)
- 빌드된 네이티브 라이브러리를 안드로이드 패키지 파일(.apk)에 삽입
- 네이티브 라이브러리 작성시 안드로이드 플랫폼에서 지원 가능한 시스템 헤더 파일 및 라이브러리
- NDK 개발 관련 문서, 예제, 튜토리얼

결국 안드로이드 NDK는 다음의 [그림 29]처럼 안드로이드에서 C/C++같은 네이티브 코드를 빌드해서 라이브러리를 만든 다음, 이를 안드로이드 애플리케이션 패키지에 삽입해주는 도구이다. 실제로 JNI를 활용하기 위한 네이티브 코드를 작성하는 것은 애플리케이션 개발자의 몫이다.

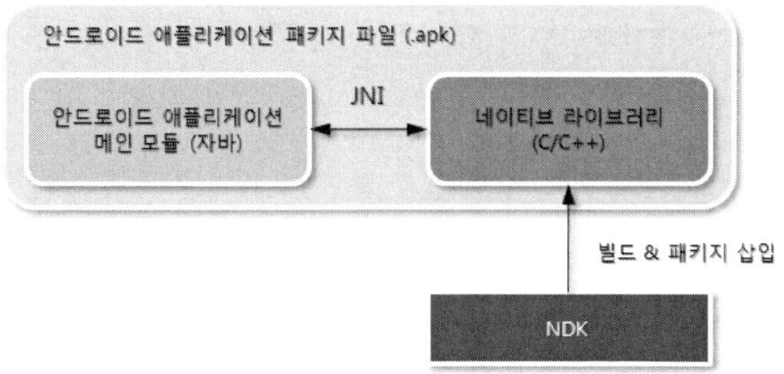

그림 29 안드로이드 NDK의 역할

안드로이드 NDK는 안정적인 동작이 보장된 몇 개의 시스템 헤더 파일 및 라이브러리를 제공한다. 이러한 라이브러리는 앞으로 개발될 안드로이드 플랫폼에서도 계속 지원되며, NDK 버전이 올라갈 때마다 계속 추가될 것이다. 실제로 OpenGL ES 2.0 라이브러리는 NDK r3에서 추가됐으며, r4에서는 안드로이드 2.2에서 Bitmap 객체의 픽셀 버퍼에 접근하기 위한 API 지원을 위해 libjnigraphics 라이브러리가 추가됐다.

만약 애플리케이션이 위 라이브러리 외에 NDK에서 지원하지 않는 시스템

라이브러리를 사용한다면 추후 안드로이드 플랫폼 업데이트로 인한 라이브러리 삭제나 업데이트 등이 있을 경우 정상 작동을 보장하지는 못한다는 데 유의한다.

11.4 Zygote

Zygote라는 단어의 사전적 의미는 '분할 전의 세포미수정란'이다. 즉, 핵이 합쳐지기 이전의 미수정란은 핵과 결합이 되면, 유사분열을 시작하여 개체 발생이 진행된다. 정의가 조금 난해하지만, 개체가 생성되기 이전의 불완전한 상태를 의미한다는 것이다. 안드로이드 플랫폼의 중요한 특징인 Zygote도 바로 이러한 점에서 비슷하다는 것이다. 안드로이드 시스템에서 새로운 애플리케이션을 실행하면 미수정란과 핵이 결합해 세포분열을 시작하는 것과 마찬가지로 실행에 필요한 요소들을 미리 준비해 준 미수정란 상태의 Zygote 프로세스와 새로운 애플리케이션이 결합되어 실행되기 때문이다.

Zygote 프로세스는 실행되면서 달빅(Dalvik) 가상 머신을 초기화하고 구동시킨다. 안드로이드 애플리케이션은 자바로 작성돼 있어 리눅스 상에서 네이티브 프로세스로 실행될 수 없으며 달빅 가상 머신에서 동작한다. 각 안드로이드 애플리케이션은 독립적인 가상 머신 위에서 동작하는데, 실행될 때마다 자신이 동작할 가상 머신을 초기화하고 실행하는 과정에는 많은 시간이 소요되며 애플리케이션의 실행을 느리게 하는 요인이 된다. 때문에 안드로이드에서 Zygote 프로세스는 애플리케이션이 실행되기 전에 실행된 가상 머신의 코드 및 메모리 정보를 공유함으로써 애플리케이션이 실행되는 시간을 단축시킬 수 있다. 여기에 더해 안드로이드 프레임워크에서 동작하는 애플리케이션이 사용할 클래스와 자원을 미리 메모리에 로딩해 두고 이러한 자원에 대한 연결 정보를 구성한다. 새로 실행되는 안드로이드 애플리케이션은 필요한 자원들에 대한 연결 정보를 매번 새롭게 구성하지 않고 그대로 사용하기 때문에 빠르게 실행된다.

안드로이드 플랫폼에서 Zygote 프로세스를 사용하는 목적을 생각해 보자. 안드로이드 플랫폼은 휴대용 임베디드 가가에서 동작할 것을 고려해 설계됐다. 대부분의 휴대용 임베디드 디바이스는 배터리를 사용하는 환경에서 비교적 성능은 떨어지지만 전력 소모가 적은 CPU에서 동작한다. 한정된 자원으로 효율적으로 동작하는 것, 즉 애플리케이션의 생성 속도를 빠르게 해서 한정된 자원을 효율적으로 사용해 사용 시간을 늘리는 것은 임베디드 디바이스 플랫폼의 중요한 성능 지표 중 하나이다. 앞서 간단히 설명한 것처럼 Zygote 프로세스는 새로운 프로세스를 생성할 때 발생하는 부담을 줄이고 프로세스를 빠르게 생성할 수 있게 함으로써 이러한 성능 지표를 달성하고자 한다.

앞 부분에서 안드로이드 시스템이 기동된 이후 사용자 영역에서 최초로 실행되는 init 프로세스에 대해 살펴보았다. Zygote 프로세스는 init 프로세스가 시스템 구동에 필요한 각종 데몬을 실행하고 난 뒤 실행된다. Zygote 프로세스가 실행된 이후에는 안드로이드 서비스 및 애플리케이션은 Zygote 프로세스를 통해 실행되는데, 실제 구동 중인 장치의 프로세스 목록을 통해 이를 확인할 수 있다. 안드로이드 SDK에 포함된 도구 중에 adb(Android Debug Bridge) 도구를 이용하면 AVD(Android Virtual Device)나 실제 동작중인 안드로이드 장치에 쉘로 연결할 수 있다.

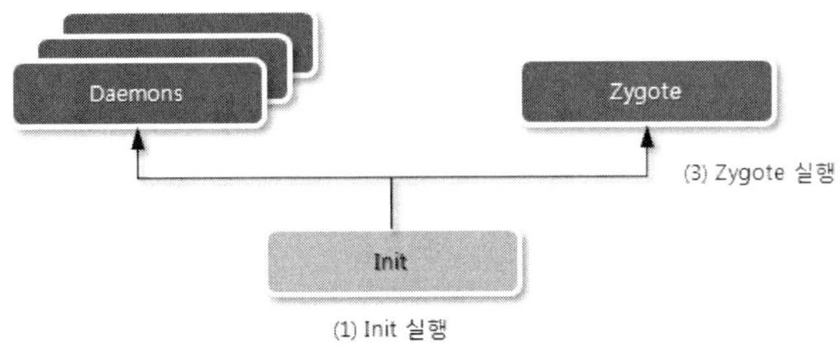

그림 30 안드로이드의 초기 시작 과정 – Zygote 실행

참/고/문/헌

[1] 김정훈 著, "구글의 안드로이드 프로그래밍", 성안당.

[2] 송현주외 4인 著, "인사이드 안드로이드", 위키북스.

[3] 리토 마이어 著/조성만 飜譯, "프로페셔널 안드로이드2 애플리케이션 개발", 제이펍.

[4] 유동근, 박정민 著, "안드로이드 API 바이블", 정보문화사.

[3] 진저브레드 안드로이드 2.3프로그래밍, 이준호, 위키북스, 2011.6.24.

[4] 안드로이드 마스터북, 사이드하시미 외, 제이펍, 2010.7.19.

[5] 센차터치 모바일 프로그래밍, 이병옥, 최성민, 에이콘출판, 2011.10.31.

[6] 열혈강의 객체중심 Java, 프리렉, 강요천, 2010.11.1.

[7] The Android Developer's Cookbook, JAMES STEELE, 에이콘 출판, 2011.2.23.

[8] 안드로이드 프로그래밍 정복, 김상형, 한빛미디어, 2011.3.4.

[9] 안드로이드 앱 개발 완벽 가이드, 이두진, 피씨북, 2010.10.21.

[10] STEP BY STEP 안드로이드 앱 개발, 장용식, 성낙현, 인피니티북스, 2011.4.25.

[11] 안드로이드 아나토미 시스템 서비스, 김태연, 박지훈, 개발자가 행복한 세상, 2011.8.11.

[12] 안드로이드를 지배하는 통신 프로그래밍, 박헌재, 프리렉, 2011.3.21.

[13] Building 안드로이드 웹앱(with HTML CSS Java-Script), 조나단 스타크, 변정훈, 한빛미디어, 2011.7.29.

[14] 단계별 예제로 배우는 안드로이드 프로그래밍, 한동호, 제이펍, 2011.4.15.

[15] 안드로이드 API 바이블 (200개 예제로 배우는 ANDROID API 핵심 원리) 유동근, 박정민 저, 정보문화사, 2010.12.15.

[16] 안드로이드 시스템 프로그래밍 완전정복 (실전) 박선호, 오영환 저, D&WWAVE, 2010.10.27.

[17] JAVA와 C를 이용한 프로 안드로이드 게임 개발, 블라디미르 실바, 제이펍, 2010.5.10.

안드로이드 프로그래밍

지 은 이	차병래 · 오덕신 · 김용일
펴 낸 이	김형근
펴 낸 곳	도서출판 기한재
신 주 소	경기도 파주시 회동길 56
구 주 소	경기도 파주시 교하읍 문발리 535-11 (파주출판문화정보산업단지)
전 화	031)955-0900~2
팩 스	031)955-0100
등 록	1990년 3월 15일 제2-968호
발 행	2012년 4월 10일 1판 1쇄
정 가	18,000원

Published by Kihanjae Co.

ISBN 978-89-7018-644-3

http://www.kihanjae.com

E-mail : kihanjae@hanmail.net